CB026998

RELAÇÕES
HOMOAFETIVAS
DIREITOS & CONQUISTAS

ADOÇÕES HOMOAFETIVAS

Lute com determinação, abrace a vida com paixão, perca com classe e vença com ousadia, porque o mundo pertence a quem se atreve e a vida é muito para ser insignificante.

Charles Chaplin

O livro é a porta que se abre para a realização do homem.

Jair Lot Vieira

Ana Brúsolo Gerbase

RELAÇÕES HOMOAFETIVAS
DIREITOS & CONQUISTAS

ADOÇÕES HOMOAFETIVAS

Participaram desta publicação

Flavio Fahur
Marcelo Napolitano
Silvana do Monte Moreira

RELAÇÕES HOMOAFETIVAS
Direitos & Conquistas
Adoções homoafetivas

Ana Brúsolo Gerbase

1ª edição 2012
© *desta edição: Edipro Edições Profissionais Ltda. – CNPJ nº 47.640.982/0001-40*

Editores: Jair Lot Vieira e Maíra Lot Vieira Micales
Produção editorial e diagramação: Murilo Oliveira de Castro Coelho (CNPJ 14.630.816/0001-03)
Revisão: Wânia Milanez
Arte: Danielle Mariotin e Mariana Ricardo

Dados de Catalogação na Fonte (CIP) Internacional
(Câmara Brasileira do Livro, SP, Brasil)

Gerbase, Ana Brúsolo
  Relações homoafetivas : direitos e conquistas / Ana Brusolo Gerbase.
São Paulo : EDIPRO, 2012.

  Bibliografia
  ISBN 978-85-7283-818-4

  1. Casamento homossexual 2. Família 3. Homossexuais Casamento 4. Homossexuais
Direitos civis 5. Homossexualidade 6. Relações homoafetivas I. Título.

12-03802   CDU-347.62:613.885

Índices para catálogo sistemático:
  1. Homossexuais : União afetiva : Direito civil 347.62:613.885
  2. União afetiva : Homossexuais : Direito civil 347.62:613.885

edipro

edições profissionais ltda.
São Paulo: Fone (11) 3107-4788 – Fax (11) 3107-0061
Bauru: Fone (14) 3234-4121 – Fax (14) 3234-4122
www.edipro.com.br

À minha família plural:

Antonio: marido e companheiro de todas as horas,
pela compreensão e cumplicidade;
Bárbara e Bruno, fontes de amor eterno;
Maria Cecília, pela confiança;
Joseléa, pela doação de amor e incentivo constantes.

Agradecimentos

Agradecer é uma tarefa muito simples e fácil. Agradecer de forma justa, nem tanto. Percebo, então, como é difícil fazer justiça. Bem já dizia Vitor Hugo: "Ser bom é fácil. O difícil é ser justo".

Diante da dificuldade de apresentar aqui agradecimentos a todos que contribuíram direta e indiretamente com este trabalho de pesquisa, sem correr o risco de cometer injustiças, decidi homenagear a todos aqueles que se sentiram parte desta obra, permitindo que ela se concretizasse, escolhendo algo que demonstra a sua essência: o desejo de um mundo melhor, sem hipocrisia, repleto de satisfação e respeito.

Tempos Modernos
Lulu Santos

Eu vejo a vida melhor no futuro
Eu vejo isso por cima de um muro
De hipocrisia
Que insiste em nos rodear...
Eu vejo a vida mais clara e farta
Repleta de toda satisfação
Que se tem direito
Do firmamento ao chão...
Eu quero crer no amor numa boa
Que isso valha pra qualquer pessoa
Que realizar,
A força que tem uma paixão...
Eu vejo um novo começo de era
De gente fina elegante e sincera
Com habilidade pra dizer mais sim
Do que não, não, não...
Hoje o tempo voa amor
Escorre pelas mãos
Mesmo sem se sentir
E não há tempo que volte amor
Vamos viver tudo que há pra viver
Vamos nos permitir...

Sumário

Apresentação

Um bando de delirantes!

São assim chamados os que duvidam da verdade aceita por todos como imutável. Não há outra forma de se referir a quem não se conforma com o que está posto. E quando o posto como verdade se expressa por meio de comportamentos sociais ou dogmas religiosos, questionamentos tornam o desafio ainda maior. Quase uma heresia.

Mais desafiador ainda é revolver temas permeados de preconceito e discriminação, como a diversidade sexual e identidade de gênero, que exigem uma dose muito maior de coragem. Quem ousa incursionar nesta área é invariavelmente – e de forma pejorativa – chamado de homossexual. Uma verdadeira estratégia banal de intimidação para blindar qualquer debate.

É por isso que a população de lésbicas, gays, bissexuais, travestis e transexuais – identificada pela sigla LGBT – jamais recebeu atenção, quer da sociedade, quer do legislador. Como são alvo do preconceito da própria família, é o segmento mais vulnerável entre os excluídos. Sem voz e sem vez, sempre foram condenados à inviabilidade. Restam à margem do direito e fora do sistema jurídico.

Não ver ou negar a sua existência é a forma mais perversa de exclusão. Trata-se de postura recorrente das sociedades que marginalizam as minorias, os que não detêm o poder ou aqueles que vivem fora do modelo convencional.

Certamente, foi o sentimento de indignação que motivou advogados de todos os cantos do país a se mobilizarem. Começaram a surgir grupos de debates e fóruns de discussões, visando a qualificação profissional e a difusão das conquistas obtidas no âmbito do Poder Judiciário. Daí a criação de Comissões de Diversidade Sexual junto a OAB e de Comissões de Direito Homoafetivo pelo Instituto Brasileiro de Direito de Família (IBDFAM). Foi assim que, em âmbito nacional, teve início um arrojado projeto que visa a alteração da Constituição Federal; a aprovação de um estatuto para assegurar todos os direitos e criminalizar a homofobia; a adequação da legislação infraconstitucional; além de impor a adoção de políticas públicas nas esferas federal, estadual e municipal.

Após ter sido nomeada uma comissão especial pelo Conselho Federal da OAB, foi elaborado o projeto que contou com a participação de professores e especialistas e de representantes dos movimentos sociais. Quando foi apresentado o Estatuto da Diversidade Sexual ao Conselho Federal da OAB, este recebeu parecer favorável do relator. As propostas de emenda constitucional que acompanharam o projeto encontram-se em tramitação nas casas legislativas.

Ainda que a Ordem dos Advogados do Brasil tenha legitimidade para encaminhá-lo ao Congresso Nacional, a proposta é de tal envergadura, que impõe uma mudança de comportamento. Como há a necessidade de construção de uma nova consciência social, foi aceito um novo desafio: apresentar o Estatuto por iniciativa popular. A mobilização de toda a sociedade, além de dar maior legitimidade ao projeto, permite a contribuição de todos os segmentos, que podem apresentar propostas, encaminhar sugestões e alterações.

Esse sonho de transformação, não só das leis, mas da própria sociedade, tem um outro ganho, que é imensurável: a possibilidade de se identificarem todos que comungam das mesmas ideias e ideais.

Foi isso que me possibilitou conhecer Ana Gerbase, uma pessoa incrível, que não tem limites na incessante busca da justiça. Além de ter abraçado o direito homoafetivo como especialidade profissional, ela faz parte da Comissão da Diversidade Sexual da OAB do Rio de Janeiro, sendo uma das realizadoras do I Congresso Nacional de Direito Homoafetivo. Agora, lança a primeira obra que aborda o Estatuto da Diversidade Sexual, e o traz em anexo.

A ânsia pela construção de uma sociedade mais rente à realidade da vida também contagiou Silvana Monte Moreira, cuja dedicação à adoção homoafetiva tornou o Rio de Janeiro o estado mais avançado nesse tema.

Mas não dá para falar em direito homoafetivo sem enfrentar a homofobia. A omissão do legislador é suprida pela coragem do Judiciário quanto à concessão de direitos. Mas o juiz é impotente para criminalizar os crimes de ódio. Esta foi a tarefa assumida por Flavio Fahur, nesta obra.

Para não dizer que nada existe, a única referência legal à orientação sexual está na Lei Maria da Penha que, além de coibir a violência doméstica, tem outros dois méritos significativos: define família como relação íntima de afeto e expressamente insere nesse conceito as uniões homoafetivas. Desse tema se encarrega Marcelo Napolitano.

A visão caleidoscópica das relações homoafetivas, trazendo os direitos e elencando as conquistas, permite afirmar que só agora a sociedade brasileira está ingressando no século da tolerância, da igualdade. Claro que a codificação dos direitos vai emprestar segurança às conquistas que se somam, mas é preciso ter tenacidade, responsabilidade e persistência para vislumbrar novas auroras.

Todos têm de aprender a sentir a dor do seu semelhante. Só assim construiremos uma sociedade em que os delírios de uns se tornam a realidade de todos.

Maria Berenice Dias

Advogada

Vice-presidente do IBDFAM

Presidenta da Comissão Nacional da Diversidade Sexual

Introdução

A grande busca por informações que percebo no dia a dia de meu trabalho sobre as relações homoafetivas demonstra que as pessoas envolvidas em tal situação desconhecem seus direitos e a forma de tê-los garantidos, o que faz com que acabem desistindo ou pagando muito caro para alcançarem esses direitos e benefícios, que devem ser assegurados a todos indistintamente e sem qualquer discriminação ou burocracia.

Partindo dessa premissa, surgiu a ideia de sistematizar a matéria, trazendo, da forma mais clara possível, os esclarecimentos acerca desses direitos e benefícios, assim como os procedimentos de sua obtenção, a fim de evitar que esse público, vítima de tanta discriminação, seja submetido a uma verdadeira gincana e tenha que enfrentar os mais descabidos entraves, submetendo-se aos preconceitos dos burocratas e, na maioria das vezes, sendo forçado a buscar no Judiciário o reconhecimento de um direito legítimo.

O objetivo deste trabalho é agrupar informações de como obter um benefício previdenciário, um visto para permanência junto ao parceiro estrangeiro, a adoção e outros direitos, tarefas estas que se tornam estafantes pela falta de informação clara ou pela má vontade de funcionários que ainda acalentam o preconceito em relação ao público homossexual em pleno século XXI, a despeito de todo avanço que a humanidade vem demonstrando em muitos aspectos.

A informação clara é uma chance maior que os indivíduos têm para se assegurarem da garantia e obtenção desses direitos.

Em pleno século XXI, o reconhecimento das relações homoafetivas esbarra em preconceitos arraigados, que caminham na contramão da realidade, deixando milhares de pessoas à margem do respeito e de direitos.

A aceitação das uniões homossexuais é um fenômeno mundial. Em alguns países, se dá de forma implícita, com a ampliação do conceito de família dentro das regras já existentes. Outros países buscam a modificação em seu ordenamento jurídico para reconhecer legalmente as uniões entre pessoas do mesmo sexo.

A Constituição Federal Brasileira de 1988 projeta a construção de um Estado Democrático de Direito destinado a assegurar o exercício dos direitos sociais e individuais, a liberdade, a segurança, o bem-estar, o desenvolvimento, a igualdade e a justiça como valores supremos de uma sociedade fraterna, pluralista e sem preconceitos. Com isso, introduz indiscutível avanço na consolidação legislativa das garantias e direitos fundamentais e na especial proteção da família, proteção essa voltada especialmente para as pessoas humanas, componentes da família.

Consagra-se, então, um novo modelo de família. Uma família plural, múltipla em suas estruturas, baseada em novos valores: afeto, ética e solidariedade. A união homoafetiva é, inexoravelmente, uma entidade familiar dela decorrente e, portanto, com todos os efeitos jurídicos de ordem patrimonial e existencial.

O Direito é uma ciência dinâmica que deve acompanhar as mudanças da sociedade, não podendo silenciar diante das transformações sociais. A mentalidade conservadora existente na grande maioria dos membros do Legislativo, do Judiciário e da sociedade representa a covardia nacional, impedindo que tão cedo tenhamos uma legislação abrangente e que assegure claramente direitos aos conviventes de uma relação homoafetiva, à semelhança das relações heterossexuais.

Grande parte do Judiciário, na falta de legislação clara, usava a analogia das sociedades de fato como se os companheiros se unissem tão somente com o fim de exercerem uma atividade econômica, e não pelo afeto mútuo e o desejo de constituírem uma entidade familiar baseada nos deveres de lealdade, respeito e assistência recíproca.

Necessário foi o Supremo Tribunal Federal, em decisão unânime, erga omnes (que alcança a todos), reconhecer as uniões homoafetivas à semelhança das uniões estáveis entre homem e mulher, abrindo, assim, o caminho para que essas uniões tenham o tratamento jurídico merecido.

O reconhecimento destas relações atende à garantia constitucional da unidade familiar, da promoção do bem-estar, da igualdade e da dignidade da pessoa humana, envolvendo, ainda, a valorização das identidades individuais e coletivas. Não subsiste qualquer fundamento razoável para se negar aos homossexuais o direito ao reconhecimento das relações afetivas, com todas as consequências jurídicas dele advindas.

Ao abordar este tema, pretendemos contribuir com a discussão sobre a questão, haja vista a carência de informações a respeito ou a forma equivocada com que normalmente estas se dão. Tentaremos, pois, no decorrer da presente obra, esclarecer alguns questionamentos, tais como quais os direitos garantidos aos casais homoafetivos e as formas de obtê-los.

Não reconhecer as uniões homoafetivas como entidades familiares é negar direitos aos parceiros que, à semelhança dos casais heterossexuais, buscam constituir família baseados nos deveres da lealdade, respeito e assistência mútuos. As relações homossexuais, assim como as heterossexuais, podem consubstanciar-se em unidades afetivamente comprometidas e estáveis. Havendo união pública, contínua e duradoura, o fato merecerá a proteção normativa.

No Brasil, alguns juízes das Varas de Família em que as ações eram propostas declinavam de sua competência enviando os processos às Varas Cíveis, e consolidando a discriminação existente ao tratar as relações homoafetivas como sociedades de fato e não como entidades familiares.

O entendimento dos magistrados, nestes casos, é que a união se dá, tão somente, com o fim de exercerem uma atividade econômica e não pelo afeto. Com o fim da sociedade, dividem-se os haveres, e toda uma vida de dedicação, cumplicidade e carinho se encerra num balanço patrimonial. Hoje esta é uma das conquistas alcançadas, com a questão praticamente superada, sendo as relações homoafetivas tratadas nas Varas de Família, apesar de algumas resistências pontuais.

Negar direitos não impedirá a constituição das uniões homoafetivas, pois, à semelhança dos demais casais, é o afeto que une os parceiros e que gera os efeitos jurídicos. O não reconhecimento da união entre pessoas do mesmo sexo, além de privar os parceiros de direitos e garantias, alimenta e legitima a homofobia.

Construir uma vida ao lado de um parceiro, com dedicação, participação, interesse, cuidado, amparo, apoio, amor, dividindo e somando esforços, inclusive materiais, no que diz respeito ao patrimônio, não pode, simplesmente, ser considerado um negócio comercial. Trata-se de uma união permeada de sentimento, e como tal deve ser respeitada e protegida como verdadeira entidade familiar, merecedora de todo amparo legal.

É necessário que o respeito às diferenças prevaleça e que os princípios norteadores do Direito permeiem não só as relações homoafetivas, mas todas as relações estabelecidas com base na afetividade.

A homossexualidade no mundo

Breve histórico

Pesquisa realizada[1], que transcrevemos a seguir, demonstra que as questões relacionadas à homossexualidade sempre estiveram presentes na história da humanidade.

Segundo narra R.. P. Costa[2], "a história da humanidade é repleta de paixão, amor e sexo. Relações amorosas entre homens e mulheres ou entre homens e outros homens muitas vezes chegaram até mesmo a decidir o destino de nações inteiras".

Na tradição ocidental, relatos de relações homossexuais são frequentes na Antiguidade Clássica e no que tange especificamente ao Império Romano. Não há indício de homofobia senão o surgido mais tarde, com o advento do cristianismo como culto único, após a expansão do Império Romano e a conversão religiosa maciça de povos bárbaros que formaram a nova cultura cristã ocidental, que aboliu de seu ordenamento canônico qualquer permissão a esse comportamento humano.

A igreja católica então se impõe de forma veemente, passando a condenar criminalmente o ato sexual entre homens e, durante o período Justiniano, a prática homossexual era tratada com mais rigor ainda.

Na Idade Média o ato sexual estava estritamente ligado à procriação, fruto do avassalador domínio que a Igreja exercia sobre a sociedade, e qualquer outro ato sexual que fugisse a esse objetivo era entendido como pecado. O pensamento daquela época estava concentrado na Igreja Católica Apostólica Romana, e os pensadores naquele momento histórico eram representados por figuras como Santo Agostinho e São Thomás de Aquino, que reiteravam os ecoantes pecados praticados *secundun naturam* e *contra naturam,* na abo-

1 OLIVEIRA, Caio Monteiro de Castro Damian. Pesquisa utilizada do Trabalho de Conclusão de Curso (Graduação) Disponível na Biblioteca Faculdades Integradas FAFIBE, Bebedouro – SP. 2010.

2 Costa, R. P. *Os onze sexos: as múltiplas faces da sexualidade humana.* 4ª ed. São Paulo: Gente, 1995. p. 69.

minação dos atos sexuais extraconjugais, ou mesmo os conjugais quando os objetivos fossem apenas o prazer carnal.[3]

Com a Revolução Industrial e o surgimento do capitalismo, o processo de urbanização se acelera, e a produção cultural é incrementada, fugindo do controle da Igreja, como era até então.

Estudos voltados à psique humana, trazidos por Freud, retiram de certa forma o caráter marginal que envolvia os indivíduos homossexuais.

Entre as décadas de 1910 e 1920 surge na Europa o ápice do movimento que pretendia a reforma das estruturas legais de punição a homossexuais, repercutindo na Rússia e Alemanha com a queda de suas leis anti-homossexuais. Já nas décadas de 1940 e 1950, o foco do movimento passa a ser os EUA, cuja maior luta era a construção de um espaço social mais "respeitável" para homens e mulheres *gays*.[4]

O recente relatório anual da International Lesbian, Gay, Bisexual, Trans and Intersex Association (ILGA)[5], datado de maio de 2012, demonstra que hoje ainda existem 78 países do mundo com leis vigentes criminalizando as relações homossexuais. A edição atual mostra um aumento em numero de países, se comparado com os 76 apontados no relatório anterior.

Segundo o relatório, o fator mais preocupante vem da Rússia, onde a cidade de São Petersburgo e outras regiões vizinhas acrescentaram legislação para punir, inclusive, as pessoas que trabalham como defensores dos direitos humanos, o que é muito perigoso, pois pode se tornar uma prática em todo o país.

O relatório apresenta também uma visão global dos direitos LGBT pelo mundo, mostrando os países que permitem o casamento, a adoção e aqueles que apenas concedem alguns direitos decorrentes das uniões entre pessoas do mesmo sexo.

---

3 Brandão, D. V. C. *Parcerias homossexuais: aspectos jurídicos*. São Paulo: RT, 2002.

4 SIMÕES, J. A; FACCHINI, R. *Na trilha do arco-íris: do movimento homossexual ao LGBT*. São Paulo; Editora Fundação Perseu Abramo, 2009.

5 A ILGA - Associação Internacional de Lésbicas, Gays, Bissexuais, Trans e Intersexuais é uma federação mundial que congrega grupos locais e nacionais dedicados à promoção e defesa da igualdade de direitos para a população LGBT em todo o mundo. Fundada em 1978, a ILGA reúne entre seus membros mais de 900 organizações, representando mais de 110 países, de todos os continentes. Atualmente a ILGA é única federação internacional a reunir ONGs e entidades sem fins lucrativos que concentram sua atuação, em âmbito global, na luta pelo fim da discriminação por orientação sexual. Disponível em www.ilga.org. Acesso em 23.mai.2012.

Os direitos LGBT no mundo

Reconhecimento das uniões homoafetivas e o casamento entre pessoas do mesmo sexo

Existem países que punem com morte a manifestação da homossexualidade. Outros lhes são indiferentes. Alguns reconhecem direitos aos companheiros homossexuais.

Conforme pesquisa realizada:[1]

Em alguns países considerados desenvolvidos, como a Inglaterra, a prática homossexual era crime até a década de 1960 do século passado. Já em países fundamentalistas islâmicos, como Irã, Iêmen, Arábia Saudita, Iêmen e algumas nações africanas, a prática homossexual ainda é crime, por vezes punível com a pena de morte, conforme destaca a International Lesbian, Gay, Bissexual, Trans And Intersex Association (ILGA).[2] Novos horizontes estavam por se abrir frente à opressão política, sexual e comportamental até então em estado de latência, pois não estavam mortas as reivindicações e as lutas. As décadas de 1960 e 1970 trazem as mais exuberantes conquistas no tocante à visibilidade de minorias étnicas, sexuais ou ideológicas.

Nos Estados Unidos da América, personagens como Martin Luther King dão voz aos negros segregados. Enquanto isso, o Movimento Feminista ganha força nos EUA e na Europa. A liberação sexual, com o advento da pílula contraceptiva, traz consigo uma nova ordem sexual. O até então reprimido grupo *gay*, que teve por vezes ocultada sua existência, ganha voz na década de 70. O movimento *gay* eclode em Nova York, após a invasão e chacina no bar Stonewall[3].

---

1 OLIVEIRA, Caio Monteiro de Castro Damian. Pesquisa utilizada do Trabalho de Conclusão de Curso (Graduação). Disponível na Biblioteca Faculdades Integradas FAFIBE, Bebedouro/SP. 2010.

2 Disponível em: http://ilga.org/ilga/pt/countries/SAUDI%20ARABIA/Law. Acesso em 23.mai.2012.

3 A Rebelião Stonewall constitui um conjunto de episódios de conflito violento entre o público LGBT e a

O cenário jurídico internacional já apresenta importantes mudanças. Segundo pesquisa realizada pela ILGA[4], muitos países já reconhecem as relações homoafetivas, como é o caso da Dinamarca (1989), primeiro país a garantir aos casais homossexuais direitos semelhantes aos dos casais heterossexuais, inclusive a adoção (2010).

Uganda substituiu a pena de morte por prisão perpétua para aqueles que mantiverem relações homossexuais.

Na Holanda, desde 2001 é possível o casamento. Antes, porém, direitos semelhantes aos dos casais héteros já eram garantidos. Também é possível a adoção. Suécia (2009), Groenlândia, Israel (2009), Islândia e Hungria garantem os direitos.

A Noruega, a partir de janeiro de 2009, admite o casamento entre homossexuais e também a adoção. A Finlândia, da mesma forma, no entanto, proíbe a adoção de crianças e o uso do nome do parceiro. Na Alemanha, a partir de 2001, é permitido o registro legal como "parceria de vida". A Inglaterra permite o registro, mas não concede os mesmos direitos.

Portugal, desde 2010 permite o casamento, mas não permite a adoção. Luxemburgo (2004), algumas regiões da Austrália, Andorra (2005), Eslovênia (2006) e Nova Zelândia (2005) concedem alguns direitos aos parceiros homossexuais.

A Itália não proíbe, mas não garante qualquer direito decorrente do casamento nem permite a adoção. Na República Tcheca (2006) são garantidos alguns poucos direitos por morte do parceiro. Na Suíça, a proteção se deu em 2007 por lei federal. Antes, entretanto, alguns estados já protegiam as relações dos parceiros do mesmo sexo.

A cidade do México permite o casamento e a adoção desde 2010. Na Argentina, desde 2011, Buenos Aires passou a permitir o casamento e a adoção de crianças. Nos Estados Unidos, 7 dos 50 Estados permitem o casamento entre pessoas do mesmo sexo e a adoção: Connecticut(2008), Columbia (2010), Massachusetts (2004), Vermont (2009), New Hampshire (2010), Nova York (2011). Iowa (2009) permite o casamento, mas não a adoção. Outros concedem alguns direitos: Colorado (2009), Havai (1997) e Maryland (2008), por exemplo.

---

polícia de New York em 28 de julho de 1969, e ficou conhecida como o movimento catalisador dos demais movimentos de defesa dos direitos e interesses do público LGBT na história contemporânea, caracterizada pela primeira resistência aos maus tratos da polícia para com sua comunidade.

4 Disponível em: http://ilga.org/ilga/pt/article/1161. Acesso em 26.mai.2012.

O presidente americano Barack Obama, em entrevista publicada em 09/05/12, declarou seu apoio à união matrimonial entre casais homossexuais. "Devo dizer que ao longo de anos eu venho falando com amigos, família e vizinhos e, quando eu penso em membros da minha própria equipe que estão em relações monogâmicas homossexuais, chego à conclusão que para mim pessoalmente é importante seguir e afirmar que casais do mesmo sexo devem poder se casar", Ainda segundo ele, o casamento gay não é um assunto desconfortável para os EUA, e ressaltou que as filhas e a mulher dele seguem a mesma opinião.

Em maio de 2012, eleitores da Carolina do Norte aprovaram uma medida judicial proibindo o casamento homoafetivo no estado, tornando-se o 31º a tomar essa decisão, mas uma mobilização entre mais de 71 mil pessoas na internet reivindica a revogação da medida.[5]

A Califórnia desde 2000 garante alguns direitos, inclusive a adoção. Aprovou o casamento em 2008, tendo sido logo em seguida proibido. Em 7 de fevereiro de 2012, a proibição do casamento foi considerada inconstitucional pela Corte Federal. Nevada (2009), New Jersey (2007), Oregon (2008), Washingron (2007-2009) e Wisconsin (2009) concedem a maioria dos direitos decorrentes do casamento.

Na França (1999) existe o Pacto Civil de Solidariedade (PACS): uma declaração conjunta, registrada em cartório, por duas pessoas, independentemente se do mesmo sexo ou não, como alternativa para o casamento, mas que não permite a adoção.

A União Europeia se empenha em tornar possível o casamento homossexual: O Parlamento Europeu aprovou, em março de 2012, uma proposta de resolução que busca garantir igualdade de direitos entre homens e mulheres na União Europeia, chamando a atenção para as políticas discriminatórias por parte de alguns países que insistem em restringir as definições de *família*:

> 7. Lamenta a aplicação, por parte de alguns Estados-membros, de definições restritivas de "família" com o intuito de negar proteção jurídica a casais do mesmo sexo e respetivos filhos; recorda que a legislação da UE é aplicável sem discriminação com base no género ou orientação sexual, de acordo com a Carta dos Direitos Fundamentais da União Europeia.[6]

---

5 Disponível em: http://www.sidneyrezende.com/noticia/170435+barack+obama+declara+apoio+ao+c asamento+homossexual Acesso em 04 jul 2011.

6 Carta dos Direitos Fundamentais da União Europeia – Art. 21 - Não discriminação: 1. É proibida a discriminação em razão, designadamente, do sexo, raça, cor ou origem étnica ou social, características

A adoção da resolução resultará na obrigação de os Estados-membros reconhecerem os casamentos entre pessoas do mesmo sexo, celebrados nos países da União Europeia.

A União Europeia vem promovendo importantes ações na luta contra a discriminação; mas apesar de todo empenho, o objetivo da igualdade de gênero está muito longe de ser alcançado entre os países componentes da Comunidade, especialmente a Itália.··

Na Bélgica, o casamento já é possível desde 2003; e a adoção, desde 2006. Na África do Sul (2006), tanto o casamento quanto a adoção (2002) são reconhecidos, assim como na Espanha (2005). O Canadá (2005) permite o casamento, mas não permite a adoção.

No Brasil, no dia 5 de maio de 2011, a Corte Suprema decidiu a favor do reconhecimento de casais do mesmo sexo vivendo em união estável como unidade familiar, portanto, possuindo os mesmos direitos dos casais heterossexuais que vivem nesse mesmo tipo de união.

Segundo relata Maria Berenice Dias[7]:

> No Brasil, é constrangedor o silêncio. O projeto de Lei n° 1.151, regulamentando a parceria civil registrada, data de 1995 e está emperrado no Congresso Nacional desde então, sem qualquer chance de ser aprovado. Aliás, trata-se de legislação que já se encontra defasada, pois os direitos que pretendia assegurar não mais correspondem aos anseios da comunidade LGBTT. A própria Justiça confere direitos de mais amplitude. A única referência legal que existe é a feita pela Lei Maria da Penha (Lei n° 11.340/2006), que define família como uma relação íntima de afeto independente da orientação sexual.

À frente do silêncio do legislador, entretanto, algumas entidades, através de atos próprios, já vêm deliberando sobre o assunto, suprindo tal omissão, além da atuação do Judiciário na busca das soluções mais adequadas à demanda apresentada.

---

genéticas, língua, religião ou convicções, opiniões políticas ou outras, pertença a uma minoria nacional, riqueza, nascimento, deficiência, idade ou orientação sexual. Disponível em: http://eur-lex.europa.eu/LexUriServ/LexUriServ.do?uri=OJ:C:2010:083:0389:0403:pt:PDF http://www.europarl.europa.eu/sides/getDoc.do?type=REPORT&reference=A7-2012-0041&language=pt&mode=XML#title2. Acesso em 23.mai.2012.

7 DIAS, Maria Berenice. *União homoafetiva: o preconceito & a justiça*. 4ª. ed. rev. e atual. São Paulo: Ed. Revista dos Tribunais, 2009. p 65

O Supremo Tribunal Federal e a decisão que muda o rumo da história LGBT

O julgamento do STF se deu em virtude da Ação de Descumprimento de Preceito Fundamental (ADPF/178)[1] proposta pela Procuradoria Geral da República, pedindo que casais homossexuais tenham os mesmos direitos dos companheiros em uniões estáveis heterossexuais. Da mesma forma, a ADPF de nº 132, proposta pelo Governo do Estado do Rio de Janeiro.

Sobre o mérito da ação, a Procuradoria Geral da República defende a tese de que se deve extrair diretamente da Constituição de 1988, notadamente dos princípios da dignidade da pessoa humana (art. 1º, inciso III), da igualdade (art. 5º, *caput*), da vedação de discriminações odiosas (artigo 3º, inciso IV), da liberdade (artigo 5º, *caput*) e da proteção à segurança jurídica, a obrigatoriedade do reconhecimento da união entre pessoas do mesmo sexo como entidade familiar.

A ação foi julgada nos dias 4 e 5 de maio de 2011, pelo Supremo Tribunal Federal, quando os ministros, por unanimidade, reconheceram as uniões entre pessoas do mesmo sexo como entidade familiar, desde que atendidos os requisitos exigidos para a constituição da união estável entre homem e mulher.

Fundamentou a histórica decisão uma coletânea de jurisprudência de diversos juízes e desembargadores corajosos o bastante para provocar a mudança no rumo da história da comunidade LGBT, que desde o final da década de 1990 já vinha reconhecendo o afeto como base das uniões homoafetivas.

Os ministros do STF assim manifestaram seus votos[2]:

---

1 ADPF 178. Disponível em http://www.stf.jus.br/portal/processo/verProcessoAndamento. Acesso em 19.set.2011.

2 Fonte: http://www.direitohomoafetivo.com.br/NoticiaView.php?idNoticia=167. Acesso em 20.nov.2011.

1 x 0 – ministro Ayres Britto: relator do caso, defendeu a garantia de uniões estáveis para casais de pessoas do mesmo sexo e disse que a preferência sexual de cada indivíduo não pode ser utilizada como argumento para se aplicar leis e direitos diferentes aos cidadãos. Ressaltou o direito à intimidade sexual de cada um, a ampliação do conceito de família para além do par homem-mulher e defendeu uma concreta liberdade para os casais homossexuais. Disse ele: "Aqui o reino é da igualdade pura e simples, pois não se pode alegar que os heteroafetivos perdem se os homoafetivos ganham. E quanto à sociedade como um todo, sua estruturação há de se dar, já o dissemos, com fincas na fraternidade, no pluralismo e na proibição do preconceito, conforme os expressos dizeres do preâmbulo da nossa Constituição". Em seu voto, o ministro relator julga procedentes as ações e dá, ao art. 1.723 do Código Civil "interpretação conforme a Constituição para dele excluir qualquer significado que impeça o reconhecimento da união contínua, pública e duradoura entre pessoas do mesmo sexo como 'entidade familiar', entendida esta como sinônimo perfeito de 'família'. Reconhecimento que é de ser feito segundo as mesmas regras e com as mesmas consequências da união estável heteroafetiva".

2 x 0 – ministro Luiz Fux: "Ignorar a existência e a validade jurídica das uniões homoafetivas é o mesmo que as por em situação de injustificada desvantagem em relação às uniões estáveis heterossexuais. Compete ao Estado assegurar que a lei conceda a todos a igualdade de oportunidades, de modo que cada um possa conduzir sua vida autonomamente segundo seus próprios desígnios e que a orientação sexual não constitua óbice à persecução dos objetivos pessoais. O raciocínio se aplica, decerto, em todos os aspectos da vida e não apenas os materiais ou profissionais – sob esse prisma, submeter um individuo homossexual ao constrangimento de ter que ocultar seu convívio com o(a) parceiro(a) ou de não poder esperar de suas relações os efeitos legalmente decorrentes das uniões estáveis é, sem dúvida, reduzir arbitrariamente as suas oportunidades".

3 x 0 – ministra Cármen Lúcia A. Rocha: "É certo, nem sempre a vida é entendível. E pode-se tocar a vida sem se entender; pode-se não adotar a mesma escolha do outro; só não se pode deixar de aceitar essa escolha, especialmente porque a vida é do outro e a forma escolhida para se viver não esbarra nos limites do Direito. Principalmente porque o Direito existe para a vida, não a vida para o Direito".

4 x 0 – ministro Ricardo Lewandowski: "Não há, penso eu, como escapar da evidência de que a união homossexual, em nossos dias, é uma realidade de elementar constatação empírica, a qual está a exigir o devido enquadramento

jurídico, visto que não podem colocar-se à margem da proteção do Estado, ainda que não haja norma específica a assegurá-los".

5 x 0 – ministro Joaquim Barbosa: Admitiu que o Direito não foi capaz de acompanhar as mudanças e criações de novos perfis familiares e, ao defender o reconhecimento de direitos civis a parceiros homossexuais, disse que não há na Constituição "qualquer alusão ou proibição ao reconhecimento jurídico das uniões homoafetivas". "Todos, sem exceção, tem direito a igual consideração", resumiu.

6 x 0 – ministro Gilmar Mendes: Disse que a decisão garante um "modelo mínimo de proteção institucional como instrumento para evitar uma caracterização continuada de crime, de discriminação". Evitou afirmar em que proporção a decisão da maioria afetaria na prática os direitos dos casais gays e observou que a proteção aos homossexuais poderia ser feita por meio de leis no Congresso Nacional, mas que teve de ser levada a cabo pelo STF porque o Poder Legislativo não agiu.

7 x 0 – ministra Ellen Gracie: A ministra ressaltou que o reconhecimento de direitos aos casais homossexuais coloca o Brasil entre os países mais avançados do mundo. "Uma sociedade decente é uma sociedade que não humilha seus integrantes", disse ela.

8 x 0 – ministro Marco Aurélio de Mello: "Com base nesses fundamentos, concluo que é obrigação constitucional do Estado reconhecer a condição familiar e atribuir efeitos jurídicos às uniões homoafetivas. Entendimento contrário discrepa a mais não poder, das garantias e direitos fundamentais, dá eco a preconceitos ancestrais, amesquinha a personalidade do ser humano e, por fim, desdenha o fenômeno social, como se a vida comum com intenção de formar família entre pessoas de sexo igual não existisse ou fosse irrelevante para a sociedade".

9 x 0 – ministro Celso de Mello afirma que "ninguém, absolutamente ninguém, pode ser privado de direitos nem sofrer quaisquer restrições de ordem jurídica por motivo de sua orientação sexual".

Assim decidiu a Corte:

10 x 0 – ministro Cesar Peluzo "**Decisão**: (...) o Tribunal, ainda por votação unânime, julgou procedentes as ações, com eficácia *erga omnes* e efeito vinculante; autorizados os Ministros a decidirem monocraticamente sobre a mesma questão, independentemente da publicação do acórdão. Plenário, 05.05.2011."[3]

---

3 Ofício do ministro do STF, Cesar Peluso, aos Tribunais Regionais de todo Brasil, comunicando a decisão:

Diante disso, nenhuma questão envolvendo o reconhecimento das uniões homoafetivas, em âmbito judicial ou administrativo poderá contrariar a decisão do Supremo Tribunal Federal.

A decisão é uma provocação ao Legislativo para que este cumpra sua função quanto à aprovação de leis que venham positivar direitos e garantias à população LGBT – direitos esses legítimos, diante do quê se torna necessário o reconhecimento imediato.

A decisão do STF não é "lei". Ela apenas supre a lacuna da lei, uma vez que nenhuma legislação trata das uniões entre pessoas do mesmo sexo, sem, entretanto, proibi-las.

Supremo Tribunal Federal

Pagina 2 do Ofício nº 81/P-MC, de 9 de maio de 2011

Senhor Presidente,

Comunico a Vossa Excelência que o Supremo Tribunal Federal, na sessão plenária realizada em 5 de maio de 2011, por unanimidade, conheceu da Argüição de Descumprimento de Preceito Fundamental 132 como ação direta de inconstitucionalidade. Também por votação unânime julgou procedente a ação, com eficácia *erga omnes* e efeito vinculante, para dar ao art. 1.723 do Código Civil interpretação conforme à Constituição para dele excluir qualquer significado que impeça o reconhecimento da união contínua, pública e duradoura entre pessoas do mesmo sexo como "entidade familiar", entendida esta como sinônimo perfeito de "família". Reconhecimento que é de ser feito segundo as mesmas regras e com as mesmas conseqüências da união estável heteroafetiva.

Atenciosamente,

Ministro CEZAR PELUSO
Presidente

\jrcf

O Superior Tribunal de Justiça autoriza o casamento entre pessoas do mesmo sexo*

A Quarta Turma do Superior Tribunal de Justiça (STJ), em decisão inédita do dia 25 de outubro de 2011, deu provimento ao recurso especial no qual duas mulheres pediam para serem habilitadas ao casamento civil.

O processo trata de duas cidadãs do Rio Grande do Sul que recorreram ao STJ após terem o pedido de habilitação para o casamento negado na primeira e na segunda instância. A decisão do Tribunal gaúcho afirmou não haver possibilidade jurídica para o pedido. No recurso especial, elas sustentaram não existir impedimento no ordenamento jurídico para o casamento entre pessoas do mesmo sexo. Afirmaram, também, "que deveria ser aplicada ao caso a regra de direito privado, segundo a qual é permitido o que não é expressamente proibido".

Em seu voto, o ministro Luis Felipe Salomão afirmou que "a dignidade da pessoa humana não é aumentada nem diminuída em razão do concreto uso da sexualidade das pessoas, salvo quando é usada com intenção de negar a dignidade e a liberdade de outro, como ocorre nos casos de crimes sexuais". E complementou: "O sexo, entendido como gênero - e, por consequência, a sexualidade, o gênero em uma de suas múltiplas manifestações - não pode ser fator determinante para a concessão ou cassação de direitos civis, porquanto o ordenamento jurídico explicitamente rechaça esse fator de discriminação".

O ministro lembrou que um dos objetivos fundamentais da República, motivo da própria existência do Estado, é promover o bem de todos, sem preconceitos de origem, raça, sexo, cor, idade e quaisquer outras formas de discriminação. "É importante ressaltar, ainda, que o planejamento familiar se faz presente tão logo haja a decisão de duas pessoas em se unir, com escopo de constituir

• Disponível em: http://www.stj.gov.br/portal_stj/publicacao/engine.wsp?tmp.area=398&tmp.texto=103687&tmp.areaanterior=44&tmp.argumentopesquisa=homoafetivo. Acesso em 25.jan.2012.

família, e desde esse momento a Constituição lhes franqueia ampla liberdade de escolha pela forma em que se dará a união", asseverou, fundamentando:

> Incumbe a cada indivíduo formular as escolhas de vida que levarão ao desenvolvimento pleno da personalidade. A Corte Interamericana de Direitos Humanos há muito reconhece a proteção jurídica conferida ao projeto de vida (v. Loayza Tamayo *versus* Peru, Cantoral Benavides *versus* Peru), que indubitavelmente faz parte do conteúdo existencial da dignidade da pessoa humana. Sobre esse ponto, consignou Antônio Augusto Cançado Trindade no caso Gutiérrez Soler versus Colômbia, julgado em 12 de setembro de 2005:

> > Todos vivemos no tempo, que termina por nos consumir. Precisamente por vivermos no tempo, cada um busca divisar seu projeto de vida. O vocábulo "projeto" encerra em si toda uma dimensão temporal. O projeto de vida tem, assim, um valor essencialmente existencial, atendo-se à ideia de realização pessoal integral. É dizer, no marco da transitoriedade da vida, a cada um cabe proceder às opções que lhe pareçam acertadas, no exercício da plena liberdade pessoal, para alcançar a realização de seus ideais. A busca da realização do projeto de vida desvenda, pois, um alto valor existencial, capaz de dar sentido à vida de cada um. (tradução livre)

> O Estado existe para auxiliar os indivíduos na realização dos respectivos projetos pessoais de vida, que traduzem o livre e pleno desenvolvimento da personalidade. O Supremo já assentou, numerosas vezes, a cobertura que a dignidade oferece às prestações de cunho material, reconhecendo obrigações públicas em matéria de medicamento e creche, mas não pode olvidar a dimensão existencial do princípio da dignidade da pessoa humana, pois uma vida digna não se resume à integridade física e à suficiência financeira. A dignidade da vida requer a possibilidade de concretização de metas e projetos. Daí se falar em dano existencial quando o Estado manieta o cidadão nesse aspecto. Vale dizer: ao Estado é vedado obstar que os indivíduos busquem a própria felicidade, a não ser em caso de violação ao direito de outrem, o que não ocorre na espécie.[1]

Continua o ministro: "Por consequência, o mesmo raciocínio utilizado, tanto pelo STJ quanto pelo Supremo Tribunal Federal (STF), para conceder aos pares homoafetivos os direitos decorrentes da união estável, deve ser utilizado para lhes franquear a via do casamento civil, mesmo porque é a própria Constituição Federal que determina a facilitação da conversão da união estável em casamento".

---

1 Disponível em: http://www.stj.gov.br/portal_stj/publicacao/download.wsp?tmp.arquivo=2249. Acesso em 20.fev.2012.

E conclui seu voto:

8. Nessa toada, enquanto o Congresso Nacional, no caso brasileiro, não assume, explicitamente, sua coparticipação nesse processo constitucional de defesa e proteção dos socialmente vulneráveis, não pode o Poder Judiciário demitir-se desse mister, sob pena de aceitação tácita de um Estado que somente é "democrático" formalmente, sem que tal predicativo resista a uma mínima investigação acerca da universalização dos direitos civis.

9. Diante do exposto, dou provimento ao recurso especial para afastar o óbice relativo à diversidade de sexos e para determinar o prosseguimento do processo de habilitação de casamento, salvo se por outro motivo as recorrentes estiverem impedidas de contrair matrimônio. É como voto.

Em seu voto-vista, o ministro Marco Buzzi destacou que a união homoafetiva é reconhecida como família. Se o fundamento de existência das normas de família consiste precisamente em gerar proteção jurídica ao núcleo familiar, e se o casamento é o principal instrumento para essa opção, seria despropositado concluir que esse elemento não pudesse alcançar os casais homoafetivos. Segundo ele, intolerância e preconceito não se mostram admissíveis no atual estágio do desenvolvimento humano.

As decisões do STJ e STF garantem ao público homossexual os mesmos direitos dos casais heterossexuais e, alguns estados brasileiros já reconhecem as decisões e permitem não só a conversão das uniões homoafetivas em casamento civil, mas também o casamento direto entre pessoas do mesmo sexo, conforme se verifica em algumas cidades brasileiras: Jacareí –SP; Brasilia – DF; São Bernardo do Campo – SP; Itajaí – SC; Bragança Paulista – SP; Recife – PE; Araçatuba – SP; Jardinópolis – SP; Porto feliz – SP; Rio de Janeiro – RJ; Hortolândia – SP; Franco da Rocha (2) – SP; Limeira – SP; Maceió – AL; Alagoinhas – BA. A tendência é que a cada dia surja uma nova decisão contribuindo para a transformação da sociedade.

A união estável

A Constituição Federal de 1988 consagra a união estável em seu art. 226, § 3º, regulamentado pela Lei nº 9.278, de 10 de maio de 1996: "Para efeito de proteção do Estado, é reconhecida a união estável entre homem e mulher como entidade familiar, devendo a lei facilitar sua conversão em casamento".

A mesma disposição encontra-se no Código Civil, em seu art. 1.723, que reconhece a união estável entre homem e mulher como entidade familiar.

> Art. 1.723. É reconhecida como entidade familiar a união estável entre o homem e a mulher, configurada na convivência pública, contínua e duradoura e estabelecida com o objetivo de constituição de família.
>
> § 1º A união estável **não se constituirá** se ocorrerem os impedimentos do art. 1,521; não se aplicando a incidência do inciso VI no caso de a pessoa casada se achar separada de fato ou judicialmente.
>
> § 2º As causas suspensivas do art. 1.523 não impedirão a caracterização da união estável.

Foi a este artigo que o Supremo Tribunal Federal determinou que fosse dada interpretação conforme a Constituição, tendo excluído dele qualquer significado que pudesse impedir o reconhecimento de união contínua, pública e duradoura entre pessoas do mesmo sexo, como entidade familiar.

Em que pese o efeito vinculante da decisão, alguns órgãos insistem em não reconhecer os direitos por ela assegurados, num total desrespeito ao julgamento realizado.

Enquanto os direitos à população LGBT não são reconhecidos e concedidos de forma plena e igualitária pelo Brasil, restam alguns cuidados fundamentais e necessários à garantia dos direitos dos companheiros.

Antigamente, o casamento era a única união formal, com o objetivo de constituir família. Aqueles que não pudessem casar, por um dos impedimentos previstos na lei, viviam em concubinato impuro ou, quando ambos não possuíam impedimento para o casamento, em combinado puro. Esta ultima modalidade originou a união estável.

Do ponto de vista legal, tanto o casamento como a união estável são entidades familiares, conforme determina o artigo 226 da Constituição Federal merecendo, portanto, a proteção do Estado. Os efeitos jurídicos, entretanto, são diferentes. O casamento se materializa na certidão expedida, que por si só prova o vínculo entre os cônjuges. Na união estável esse vínculo precisa ser comprovado, devido à informalidade.

Entretanto, para fins de direito, a informalidade não basta. É preciso comprovar a união informal a cada vez que se busca um direito, e nem sempre isto é uma tarefa simples. A escritura pública de união estável é a forma segura de garantir e proteger, mutuamente, os companheiros. É um meio de garantia de direitos dos conviventes que se uncm com a indubitável intenção pública de constituir família, de forma sólida, contínua e duradoura.

As dificuldades e intransigências encontradas pelos casais do mesmo sexo ao buscarem o reconhecimento de direitos, aliadas ao constrangimento diante da intolerância humana, acabam por deixar os companheiros homossexuais distantes de qualquer segurança jurídica. Recomenda-se, pois, a busca por um advogado especializado para melhor orientação na elaboração do documento de escritura pública de união estável, embora os cartórios, em sua grande maioria, disponham de modelo padrão. É importante salientar que se trata de um documento pessoal com particularidades específicas a cada caso. Nem sempre o que se aplica a um se aplica a todos. Deve ser feita, preferencialmente, no Registro Civil ou em Cartório de Notas, e sempre na presença de duas testemunhas.

Segundo o art. 1.725, do CC, na união estável o regime será de comunhão parcial de bens se, de outra forma não dispuserem os conviventes. Assim, os conviventes podem decidir sobre a participação de cada um na questão patrimonial, como afirma Francisco José Cahali[2]: "É perfeitamente viável que os conviventes possam determinar sobre seu patrimônio passado e futuro".

Podem constar, ainda, manifestações quanto às responsabilidades de cada companheiro na eventual impossibilidade do outro, podendo-se indicar o companheiro para a tomada de decisões quanto às questões práticas e administrativas da vida cotidiana assim como na condução e escolha de tratamento de saúde em casos extremos, e até mesmo como seu curador, em caso de interdição, conforme previsão do art. 1.775 do CC, afastando--se assim qualquer outro membro da família, descritos nos parágrafos 1º, 2º e 3º do mesmo artigo.

Devem indicar, de forma clara, os direitos de cada um em caso de dissolução da relação, principalmente nas questões financeiras e patrimoniais.

Quando uma relação acaba por morte de um dos companheiros, algumas pessoas, levadas pela necessidade e urgência em comprovar a união estável exigida para a obtenção de um direito, como pensão por morte, por exemplo, acabam fazendo uma escritura pública de união estável *post mortem*, em cartório e diante de testemunhas, por falta de orientação correta. No entanto, a maioria dos órgãos administrativos não aceita a escritura *post mortem*, como prova de união estável. Após a morte do companheiro, se não houver documentos suficientes comprovando a convivência, será necessário buscar o reconhecimento através de ação judicial onde deverão ser produzidas todas as provas admitidas em Direito, como a testemunhal e a documental, com a utilização de cartas, fotografias, documentos, enfim, tudo que possa comprovar a união.

A união estável não modifica o estado civil dos companheiros que permanecem solteiros. A escritura pública poderá prever a alteração dos no-

---

2 CAHALI, Francisco José. *Contrato de convivência na união estável*. São Paulo: Saraiva, 2002. p. 76-77.

mes dos companheiros, segundo previsão do art. 57 e seus parágrafos, da Lei nº 6.015/1973.

Conversão da união estável em casamento

Para converter a união estável em casamento, os conviventes devem comparecer ao Cartório de Registro Civil do seu domicílio e dar entrada no pedido de conversão munidos dos documentos pessoais e prova de domicílio, com duas testemunhas (as mesmas presentes na assinatura da escritura de união estável, se houver) e indicando o regime de bens escolhido pelo casal. Devem também indicar o uso ou não do nome do companheiro.

Se solteiras, as partes deverão apresentar certidão de nascimento original e cópia, cédula de identidade e de CPF originais com suas respectivas cópias e comprovante de residência. As certidões de nascimento devem ser atualizadas e emitidas num prazo de seis meses para maior segurança jurídica. Divorciados devem apresentar também a certidão de casamento anterior com a averbação do divórcio e informação sobre os bens do casamento anterior, em original e cópia. Viúvos deverão apresentar também a certidão de casamento anterior e a certidão de óbito do cônjuge anterior, em originais e cópias.

No caso de estrangeiros, caso o noivo não entenda o idioma nacional, será necessária a presença de tradutor juramentado, além dos documentos habituais, da ficha consular provando o estado civil de solteiro (se for o caso), passaporte válido e visto válido. Todos os documentos deverão ser traduzidos por tradutor juramentado e a tradução registrada em cartório de títulos e documentos.

Em todos os casos, para dar entrada no pedido de habilitação ou conversão, ambos devem estar presentes, bem como duas testemunhas, maiores de 18 anos, munidas com documentos pessoais, originais e cópias.

É possível fazer todo o processo através de procuração por instrumento público, com validade máxima de 90 dias, feita no Brasil ou no exterior, que deverá conter poderes especiais para o ato. O referido processo de habilitação/conversão dura em torno de 30 a 40 dias a partir da data do pedido. Na conversão não existe a celebração do casamento prevista no art. 1.533 do Código Civil, isto é, não há a presença do juiz de paz para realizar a cerimônia. A certidão de casamento, neste caso, é expedida automaticamente pelo Cartório após 15/20 dias do deferimento do pedido.

Os pedidos de conversão da união estável homoafetiva em casamento devem ser encaminhados ao juiz da Vara de Registros Públicos, ou da Vara de Família. No município do Rio de Janeiro, o atual juiz da Vara de Registros

Públicos, Luiz Henrique Oliveira Marques, vem se manifestando contrário à conversão, diante do fundamento da falta de previsão legal, descumprindo a decisão do STF e também do STJ que julgaram especificamente essa questão. Diante da negativa, cabe recorrer ao Tribunal, que vem reformando as decisões. O importante é que os casais homossexuais não se recolham diante deste preconceito manifesto, mas insistam no exercício de seus direitos, pois, esta provocação é a chance de mudança.

Decisões e fundamentos negando o pedido:

2ª VRP/SP: Habilitação para Casamento. Conversão de União Estável (Homoafetiva) em Casamento. A ADPF n. 132 e da ADin n. 4.277 julgadas pelo Supremo Tribunal Federal não prevê tal possibilidade. Necessidade de orientação legislativa ou normativa. Sob o ponto de vista registral, inviável a conversão. Óbice que não elide a lavratura de escritura pública regrando referida entidade familiar. Pedido não acolhido. Proc. 0023359-87.2011.

Habilitação para casamento L.R.N.

Vistos.

Cuida-se de expediente suscitado pelo Oficial do 34º Subdistrito Cerqueira César, de interesse de L. N. e G. A. N., que pretendem a conversão de união estável em casamento. O expediente veio instruído com os documentos das fls. 03/12.O representante do Ministério Público ofereceu manifestação, tecendo considerações sobre a matéria, opinando pelo indeferimento do pedido (fls. 16/17).

É o breve relatório.

DECIDO.

O procedimento instaurado versa sobre dúvida na possibilidade de conversão de união estável em casamento entre pessoas do mesmo sexo, buscando Oficial orientação quanto ao procedimento para os casos dessa natureza. O recente julgamento pelo Supremo Tribunal Federal da ADPF n. 132 e da ADin nº 4.277, ao reconhecer a união entre pessoas do mesmo sexo como união estável, considerou os princípios da igualdade, liberdade,segurança jurídica e, sobretudo, da dignidade da pessoa humana, ou seja, pautou (aos que ainda não reconheciam o amor, a felicidade e a realização familiar entre pessoas do mesmo sexo) o regime jurídico das uniões homoafetivas e, sobretudo, declarou que a leitura do artigo 1.723 do Código Civil, de acordo com a Constituição Federal no tema família, abarca as uniões homoafetivas ao lado das heteroafetivas.

Destaco, no entanto, que o Supremo Tribunal Federal, ao julgar as ações acima mencionadas, em momento algum refere a possibilidade de conversão da união estável em casamento ou mesmo da possibilidade de casamento de pessoas do mesmo sexo.

Estender a interpretação dada ao julgado, no que tange ao casamento, a meu ver, não é possível, sem que com isso se sonegue aos interessados o direito de ter reconhecida a entidade familiar por estes constituída.

Nesse sentido, oportunas as palavras do Ministro Relator Ayres Britto, ao discorrer sobre a proteção à família na Constituição Federal, quando refere: "...permanece a invariável diretriz do não-atrelamento da formação da família a casais heteroafetivos nem a qualquer formalidade cartorária, celebração civil ou liturgia religiosa; vale dizer, em todos esses preceitos a Constituição limita o seu discurso ao reconhecimento da família como instituição privada que, voluntariamente constituída entre pessoas adultas, mantém com o Estado e a sociedade civil uma necessária relação tricotômica".

Portanto, o julgamento em questão reconheceu a ausência de vedação no texto constitucional à união estável homoafetiva, mesmo porque o artigo 226, 3º seria uma norma de inclusão, garantindo a toda e qualquer pessoa que mantenha vínculo estável com intuito de constituir família um regime jurídico que garanta direitos e deveres, tanto na esfera afetiva como na patrimonial, sem a pretendida possibilidade de conversão em casamento ou mesmo de casamento entre pessoas do mesmo sexo.

Ressalto que a impossibilidade do deferimento da habilitação para o casamento civil ou da conversão da união estável em casamento não significa atribuir a essas relações um subgrupo de união estável ou uma família de segunda classe, o que afrontaria claramente a interpretação conforme a Constituição fixada pelo julgamento, até porque, se assim entendido, seria o mesmo que dizer que o casamento civil tem um status social superior à união estável, o que não é verdadeiro, observado o regime jurídico brasileiro.

Embora haja equiparação da união estável com o casamento, por certo que se distinguem em alguns aspectos e, por isso mesmo, constituem duas modalidades de entidade familiar.

Com isso não se está hierarquizando relações de afeto ou valorando uma em detrimento da outra, mas apenas reconhecendo sua diversidade e, como é da essência desta, respeitando a opção de cada um. Ademais, a escolha do projeto de vida das pessoas passa, também, pela escolha da modalidade de família que pretendem constituir, seja esta homoafetiva ou heteroafetiva, observadas as regras jurídicas dispostas para cada uma destas entidades familiares.

A própria Constituição Federal optou por manter o casamento como ato solene, privilegiando, ao menos nesse aspecto, a noção de instituição, tanto que o regulamenta pormenorizadamente, exigindo, também, a chancela estatal para sua concretização.

Nesse sentido são as regras que dispõe sobre a realização, celebração, capacidade para o casamento, impedimentos e causas suspensivas. É da essência do matrimônio essa formalização, sem que se esteja a desmerecer, em hipótese alguma, as demais modalidades de família.

O que não se pode é, por decisão judicial, instituir ou alargar previsão legal que, até o momento, não existe. A propósito, a opção aqui é legislativa e caberá ao Poder Legislativo, se esse é o reclamo da sociedade atual, dispor sobre o casamento entre pessoas do mesmo sexo.

Portanto, ainda que se observem os princípios constitucionais da igualdade, liberdade e, sobretudo, da dignidade da pessoa humana, todos a reconhecer como família, também a união entre pessoas do mesmo sexo, a livre opção e escolha de vida dos interessados não gera a consequência registrária aqui almejada, certo que tal fato não deprecia, em nenhuma hipótese, a entidade familiar formada pelo casal.

Destaco que a questão não é nova, porque o casamento civil sempre foi concebido como ato solene e submetido a rígido regramento. Desse modo, por exemplo, há previsão expressa referindo causas suspensivas matrimoniais e mesmo a impossibilidade de conversão em casamento de união estável formada por pessoas separadas judicialmente ou de fato (artigo 1.723, 1º, do Código Civil). Como se vê, a opção decorre de lei, não cabendo a interpretação extensiva pretendida.

Logo, à míngua de previsão legal ou diretriz normativa disciplinando o tema, tenho que a pretensão formulada é inviável. A recusa registrária não significa que o espírito da entidade familiar contemplada na Constituição Federal em relação aos interessados não esteja sendo respeitado, como refiro acima. Não se trata de estabelecer desigualdade entre as uniões de pessoas do mesmo sexo e de sexos diversos, mas, na ótica registrária, definir a impossibilidade do casamento civil entre pessoas do mesmo sexo ou a conversão da união estável em casamento.

O óbice registrário, na forma concebida pelos interessados, não elide a possibilidade de o casal cogitar de lavrar escritura pública, exteriorizando a situação estabelecida, como ocorre com toda e qualquer união estável na qual se pretenda demarcar o termo inicial e demais direitos, sem prejuízo do regime jurídico correspondente, que já decorre da própria Constituição Federal.

De qualquer forma, no âmbito desta Corregedoria Permanente, tenho que a pretensão deduzida pelos interessados, consistente na conversão da união estável em casamento, não comporta acolhimento.

Diante da relevância do tema, submeta-se a presente decisão, com remessa de cópia de todo o expediente, à Egrégia Corregedoria Geral de Justiça, para a fixação de diretriz uniforme para todo o Estado, se for o caso. P.R.I.C. (D.J.E. de 15.07.2011)

APELAÇÃO CÍVEL. CASAMENTO HOMOSSEXUAL. HABILITAÇÃO. AUSÊNCIA DE POSSIBILIDADE JURÍDICA DO PEDIDO. ENTIDADE FAMILIAR. NÃO CARACTERIZAÇÃO. INTELIGÊNCIA DOS ARTS. 226, § 3º, DA CONSTITUIÇÃO FEDERAL E 1.514, 1.517, 1535 e 1.565 DO CÓDIGO CIVIL QUE TIPIFICAM A REALIZAÇÃO DO CASAMENTO SOMENTE ENTRE HOMEM E MULHER. Ao contrário da legislação de alguns países, como é o caso, por exemplo, da Bélgica, Holanda e da Espanha, e atualmente o estado de Massachussetts, nos USA, que prevêem o casamento homossexual, o direito brasileiro não prevê o casamento entre pessoas do mesmo sexo. Na hipótese, a interpretação judicial ou a discricionariedade do Juiz, seja por que ângulo se queira ver, não tem o alcance de criar direito material, sob pena de invasão da esfera de competência do Poder Legislativo e violação do princípio republicano de separação (harmônica) dos poderes. Ainda que desejável o reconhecimento jurídico dos efeitos civis de uniões de pessoas do mesmo sexo, não passa, a hipótese, pelo casamento, instituto, aliás, que já da mais remota antiguidade tem raízes não somente na regulação do patrimônio, mas também na legitimidade da prole resultante da união sexual entre homem e a mulher. Da mesma forma, não há falar em lacuna legal ou mesmo de direito, sob a afirmação de que o que não é proibido é permitido, porquanto o casamento homossexual não encontra identificação no plano da existência, isto é, não constitui suporte fático da norma, não tendo a discricionariedade do Juiz a extensão preconizada de inserir elemento substancial na base fática da norma jurídica, ou, quando não mais, porque o enunciado acima não cria direito positivo. Tampouco sob inspiração da constitucionalização do direito civil mostra-se possível ao Juiz fundamentar questão de tão profundo corte, sem que estejam claramente definidos os limites do poder jurisdicional. Em se tratando de discussão que tem centro a existência de lacuna da lei ou de direito, indesviável a abordagem das fontes do direito e até onde o Juiz pode com elas trabalhar. Ainda no que tange ao patrimônio, o direito brasileiro oferta às pessoas do mesmo sexo, que vivam em comunhão de afeto e patrimônio, instrumentos jurídicos válidos e eficazes para regular, segundo seus interesses, os efeitos materiais dessa relação, seja pela via contratual ou nc campo sucessório, a via testamentária. A modernidade no direito não está em vê-lo somente sob o ângulo sociológico, mas também normativo, axiológico e histórico. APELAÇÃO DESPROVIDA. (SEGREDO DE JUSTIÇA) – (TJ/RS – 7ª c. Civ. – A. C. 70030975098 – Rel. José Conrado Kurtz de Souza – j. em 30.09.2009).

DECISÕES FAVORÁVEIS

O Cartório de Registro Civil de Passo Fundo, no norte do Estado do Rio Grande do Sul, deu na manhã desta quarta-feira um passo na história contra a homofobia ao registrar a primeira união entre pessoas do mesmo sexo. Uniram-se oficialmente a auxiliar de farmácia Cláudia Almeida de Oliveira, 30 anos, e a auxiliar administrativa Caroline Antunes, 32 anos. A celebração histórica contou com a presença de familiares e amigos das duas.

O juiz de paz, Nei Jorge, parabenizou o Cartório de Registro Civil de Passo Fundo por ser o primeiro a receber uma habilitação de união entre duas mulheres. O juiz enfatiza que a sociedade passa uma borracha no passado e concretiza esse ato formal do casamento de pessoas do mesmo sexo.

A oficial substitua do cartório, Fernanda Ghelen Braga, explicou que a habilitação do matrimônio das duas mulheres não precisou de autorização judicial porque a homologação foi feita baseada na decisão do Supremo Tribunal Federal (STF) e também por meio de reconhecimento pelo Tribunal de Justiça do Estado (TJ-RS), que desde o ano passado, autoriza a união homoafetiva. A oficial disse que o ato abre as portas para que mais casas homossexuais oficializem a união.

Fernanda Ghelen Braga explicou que os trâmites legais do casamento civil homoafetivo são os mesmos utilizados para a união heterossexual. Ela disse que os interessados podem comparecer no cartório, onde receberão por escrito a documentação necessária e os prazos para marcar o casamento. Em maio de 2011, o STF reconheceu a união estável entre casais do mês sexo, com os mesmos direitos do matrimônio entre homens e mulheres. Fonte : Correio do Povo. Data Publicação : 16/02/2012. [3]

Trata-se de procedimento administrativo de habilitação para casamento iniciado na 6ª Zona do Registro Civil de Pessoas Naturais - 12 Circunscrição desta Comarca por M e J visando casamento sendo ambos do mesmo sexo. O pedido veio acompanhado dos documentos de fls. 04/12. Parecer desfavorável pelo Ministério Público a fls. 17/23. É o sucinto relatório decido.

3 http://www.arpensp.org.br/principal/index.cfm?tipo_layout=SISTEMA&url=noticia_mostrar. cfm&id=15586. Acesso em 19.fev.2012.

A união entre pessoas do mesmo sexo não é fato novo, havendo uma lenta e custosa aceitação social tendo como base a fundamentação de que a dignidade de uma pessoa não está atrelada à sua orientação sexual. Neste início de século XXI a sociedade brasileira vem sendo movida por novos parâmetros de liberdade quanto àqueles que exercitam a própria sexualidade. Não restam dúvidas que a orientação sexual é um direito de cada um devendo a todos, mesmo aqueles contrários por motivos pessoais e religiosos, respeitar e tolerar para que haja uma convivência harmoniosa sem conflitos sectários típicos de sociedades antigas. A tolerância é um sinal de sabedoria e quem não pensa igual a mim não pode ser tratado com desprezo como lamentavelmente ainda verificamos todos os dias na imprensa. O Juiz brasileiro, mesmo aqueles de formação religiosa mais rigorosa trabalha em um Estado laico com os princípios e normas jurídicas laicas cujo valor principal é a dignidade humana. Não podemos com base em valores morais pessoais deformação distinguir indivíduos pela sua orientação sexual. Analisando o caso concreto dos requerentes, através dos documentos que juntam podemos notar que possuem direito ao casamento sendo maiores, solteiros, não apresentando os impedimentos do artigo 1521 do Código Civil ou as causas suspensivas do artigo 1523 também do Código Civil que nada falam quanto' ao sexo. Quanto à redação dos artigos 1514 e t535 do Código Civil se referir ao homem e à mulher e a marido, e mulher, respectivamente, não vislumbro como obstáculo ao casamento civil entre os requerentes, já que as normas trataram da regulamentação do casamento heterossexual não havendo disposição proibitiva expressa ao casamento ora requerido permitindo-se a aplicação da analogia e da interpretação extensiva decorrente do princípio constitucional da dignidade, que se encontra no topo da hierarquia das normas. Ouvido o Ministério Público, este manifestou desfavoravelmente ao argumento de ausência de menção expressa na norma civil que regula o casamento entre pessoas do mesmo sexo. Com a devida vênia compreendo sua opinião baseada na nossa cansada tradição romano-germânica de ver o Direito. Na verdade todo este problema hermenêutico decorre da inércia 'legislativa que devido a interesses diversos não cumpre seu papel constitucional de pacificar relações sociais conflituosas deixando para o Judiciário essa função positiva. Para evitar conflitos a interpretação do Direito deve sucumbir à visão mais abrangente da realidade, examinando e debatendo os diversos aspectos jurídicos que emergem das novas formas de entidades familiares. Em sendo assim, e tudo o mais que dos autos consta, julgo os nubentes devidamente habilitados para casar um com o outro sob o regime mencionado a fls. 12 e determino que seja expedida em favor dos mesmos a necessária certidão de habilitação, a fim de que, no prazo da lei, requeiram a celebração do ato civil do casamento. P. R. Intime-se o Ministério Público. Cumpra-se. 26 de janeiro de 2012. Lindalva Soares Silva - Juíza de Direito.

PROCESSO DE HABILITAÇÃO DE CASAMENTO – Proc nº 16249/2011. Reqtes: Felipe Mendonça Corrêa e Josernar .Rodrigues de Lima. Decisão: Vistos, etc... Em sendo assim, e tudo o mais que dos autos consta, julgo os nubentes devidamente habilitados para casar um com o outro sob o regime mencionado a fls. 12 e determino que seja expedido em favor dos mesmos a necessária certidão de habilitação, a fim de que, no prazo da lei, requeiram a celebração ao ato civil do casamento. P. R. Intime-se o Ministério Público. Cumpra-se. Rio de Janeiro, 26 de janeiro de' 2012. Quem souber de algum impedimento acuse-o na forma da Lei. Rio de Janeiro, 09 de fevereiro de 2012.

TJRJ, AC 0007252-35.21012.8.19.0000, 8ª C. Cív., Rel. Des. Luiz Felipe Francisco, j. 17/04/2012. - Procedimento de jurisdição voluntária. Relacionamento homoafetivo. Pedido de conversão de união estável em casamento. Indeferimento pelo juízo de primeiro grau. Inconformismo dos requerentes. O Supremo Tribunal Federal, em decisão proferida na ADI nº 4-277/DF, atribuiu eficácia erga omnes e efeito vinculante à interpretação dada ao art. 1.723, do Código Civil, para excluir qualquer significado que impeça o reconhecimento das uniões homoafetivas como entidades familiares, desde que configurada a convivência pública, contínua e duradoura e estabelecida com o objetivo de constituição de família. A Constituição da República determina seja facilitada a conversão da união estável em casamento. Portanto, presentes os requisitos legais do art. 1.723, do Código Civil, não há como se afastar a recomendação constitucional, conferindo à união estável homoafetiva os mesmos direitos e deveres dos casais heterossexuais, tal como sua conversão em casamento. Precedente do STJ que admitiu o próprio casamento homoafetivo, a ser realizado por simples habilitação in casu, forçoso é de concluir que merece reforma a decisão monocrática, convertendo-se a união estável caracterizada nos autos em casamento. Provimento do recurso.

Tramitam no STF reclamações em face de descumprimento da decisão sobre o reconhecimento das uniões estáveis homoafetivas quanto à negativa ao pedido da conversão em casamento.

Como os pedidos são recentes, até o encerramento deste livro não havia decisão da Corte sobre os processos em andamento.

O casamento

Apesar de todo avanço que temos tido, ainda há muita divergência entre os registradores civis e entre magistrados quanto aos pedidos de casamento. Com relação ao processamento dos pedidos, em alguns estados, especialmente do Rio de Janeiro, percebe-se um trâmite equivocado pelos Cartórios de Registro Civil, ao processarem os pedidos.

Dispõe o Código Civil:

> Art. 1.526. A habilitação será feita pessoalmente perante o oficial do Registro Civil, com a audiência do Ministério Público.
>
> Parágrafo único. Caso haja impugnação do oficial, do Ministério Público ou de terceiro, a habilitação será submetida ao juiz.

Da mesma forma, prevê a Lei nº 6.515/1973, em seu art. 67, § 2º: "Se o órgão do Ministério Público impugnar o pedido ou a documentação, os autos serão encaminhados ao juiz, que decidirá sem recurso."

Assim, pela norma, somente se houver alguma impugnação, conforme previsto acima, deverá o pedido ser submetida ao juiz da Vara de Registros Públicos. Entretanto, no município do Rio de Janeiro, os pedidos são necessariamente encaminhados ao juiz da Vara de Registros Públicos, que vem negando sob o argumento de falta de previsão legal, discriminando e prejudicando as partes envolvidas. Nestes casos, não resta alternativa senão utilizar os recursos cabíveis.

O deputado federal Jean Wyllys encaminhou ofício, em fevereiro de 2012, à Corregedoria Geral da Justiça do Rio de Janeiro solicitando a expedição de provimento determinando que os Cartórios de todo o Estado recebam os pedidos de habilitação para casamento de pessoas do mesmo sexo, procedendo na forma do parágrafo 1º do art. 67 da Lei nº 6.015/1973, bem como pedidos de conversão de união estável homoafetiva em casamento, nos termos do art. 8º da Lei nº 9.278/1996.

O pedido está baseado nos princípios da igualdade e da proibição do preconceito, além das decisões recentes do STF e STJ. Em sua justificativa, alega o deputado que as 60.000 famílias apontadas pelo censo de 2010[1], constituídas por casais homossexuais, não podem depender de uma ação judicial para serem reconhecidas como entidades familiares.

Indica ainda que a Associação dos Registradores Civis das Pessoas Naturais do Brasil (ARPEN-Brasil) já emitiu nota oficial pedindo apoio de todos os cartórios para que reconheçam a ausência de impedimentos jurídicos ao casamento civil entre pessoas do mesmo sexo.[2]

Em resposta ao pedido, a Corregedoria emitiu um parecer com a seguinte conclusão:

> [...] Acolho o parecer supra e, por conseguinte, não se faz necessária a edição de ato normativo disciplinando a matéria, sendo certo que os Serviços de RCPN do Estado do Rio de Janeiro têm o dever de receber os requerimentos que lhes são dirigidos (habilitação para casamento de pessoas do mesmo sexo e pedido de conversão de união estável homoafetiva em casamento) e submetê-los à apreciação do r. Juízo competente.

Ou seja, permanece a discriminação declarada em relação aos casais do mesmo sexo, com a chancela da Corregedoria do Estado.

---

1 De acordo com dados obtidos do IBGE, disponível em: http://www.ibge.gov.br/home/estatistica/populacao/censo2010/caracteristicas_da_populacao/resultados_do_universo.pdf. Acesso em 20.mar.2012.

2 Carta aberta
A Arpen Brasil – Associação dos Registradores Civis das Pessoas Naturais torna pública sua posição, adotada em reunião de 25 de maio de 2011, de apoiar, em sua totalidade, a decisão exarada pelo Supremo Tribunal Federal de reconhecer a entidade familiar configurada pelas uniões homoafetivas.
Mais que isso, a Arpen Brasil defende, uma vez consagrada a união estável homoafetiva, que, em nome da segurança jurídica e da garantia dos direitos dos interessados, essas relações tenham seu vínculo reconhecido definitivamente, transformando-o de precário em vínculo civil, mediante sua conversão em casamento, nos exatos termos do art. 226, § 3º, da Constituição da República. Por isso conclama todos os interessados e todos os operadores do Direito para que, juntos, desenvolvam esforços no sentido de superar os obstáculos que permeiam a matéria, a fim de não só possibilitar essa conversão em casamento, mas, sobretudo, reconhecer a ausência de óbices jurídicos ao casamento civil de pessoas do mesmo sexo. É hora de o assunto ser tratado abertamente, sem sectarismos. E a ARPEN se propõe ser o foro inicial para isso, pois, de certa maneira, a cidadania nasce no Registro Civil das Pessoas Naturais. Brasília, 25 de maio de 2011. Disponível em: http://www.arpenbrasil.org.br/index.php?option=com_content&task=view&id=5406&Itemid=83. Acesso em 04.mar.2012.

O registro de casamento estrangeiro e sua transcrição no registro civil brasileiro

O casamento de brasileiro celebrado no exterior será válido no Brasil mediante registro no 1º Cartório do domicílio de uma das partes brasileiras. Se não tiverem domicílio no País, o registro deverá ser feito no 1º Cartório do Distrito Federal.

O Código Civil Brasileiro, Lei nº 10.406, de 10/01/2002, estabelece, em seu art. 1.544, que:

> o casamento de brasileiro, celebrado no estrangeiro, perante as respectivas autoridades ou os cônsules brasileiros, deverá ser registrado em 180 (cento e oitenta) dias, a contar da volta de um ou de ambos os cônjuges ao Brasil, no cartório do respectivo domicílio ou, em sua falta, no 1º Ofício da Capital do Estado em que passarem a residir.

Regras gerais[3]:

O casamento celebrado no estrangeiro é considerado válido no Brasil. Entretanto, para que produza efeitos jurídicos no país, deverá ser registrado na repartição consular brasileira e, posteriormente, transcrito em Cartório do 1º Ofício do Registro Civil do município do seu domicílio no Brasil ou no Cartório do 1º Ofício do Distrito Federal, conforme as regras do Ministério das Relações Exteriores. A transcrição deve ser efetuada preferencialmente na primeira oportunidade em que um dos cônjuges viaje ao Brasil ou no prazo de 180 dias a contar da data do retorno definitivo ao país.

Para o registro de casamento, faz-se necessária a presença do cônjuge brasileiro no consulado, o qual será o declarante e assinará o termo a ser lavrado no livro de registros. Se ambos forem brasileiros, qualquer um dos dois poderá ser o declarante.

Documentação

Os documentos necessários estão disponíveis no portal consular do governo brasileiro: http://www.portalconsular.mre.gov.br. Todos os documentos devem ser originais ou cópias autenticadas, acompanhados de cópias simples. As certidões expedidas ou autenticadas pelas repartições consulares brasileiras devem, obrigatoriamente, ser transcritas no Brasil para que produzam efeitos.

---

3 Disponível em: http://www.portalconsular.mre.gov.br = Circtel 77658. Acesso em 28.ago.2012.

Em caso de comprovado impedimento físico ou jurídico do cônjuge brasileiro, a autoridade consular poderá autorizar, excepcionalmente, que o cônjuge estrangeiro seja o declarante. Na impossibilidade do comparecimento de ambos, o registro de casamento poderá ser feito através de procuração específica para este fim.

A certidão de casamento deverá ser previamente legalizada pela repartição consular da jurisdição competente. Se houver pacto antenupcial, deverá ser apresentado o original e, quando julgado necessário pela autoridade consular, a tradução oficial para o português.

Caso não constem da certidão local de casamento os dados necessários ao termo de registro consular de casamento, tais como filiação, nacionalidade e data e local de nascimento, entre outros, a autoridade consular deverá solicitar documentos comprobatórios tanto do cônjuge de nacionalidade brasileira como do estrangeiro. Se a certidão de casamento local não mencionar o regime de bens ou a existência de pacto antenupcial, o regime de bens a ser declarado no registro de casamento brasileiro será o regime legal previsto na legislação do local de celebração.

O direito de herança nas
uniões homoafetivas

O STF, em decisão de novembro de 2011, ao tratar do direito sucessório em união estável homoafetiva, em Recurso Extraordinário, reconheceu a existência de repercussão geral da questão constitucional suscitada (STF, RE 646.721, Rel. ministro Marco Aurélio, p. 11/11/2011).[1] Assim, as questões envolvendo o mesmo tema questionado obedecerão à decisão do STF, podendo ser decididas nas mesmas Varas de origem. Decisões anteriores também poderão ser objeto de retratação na origem.

A questão sucessória, em regra, já é muito difícil em qualquer relação e, particularmente, entre os companheiros do mesmo sexo, pois é nessa hora que surgem os conflitos ligados ao preconceito dos familiares até então camuflados. Em muitos casos, a convivência familiar se mantém "civilizada" e "aceitável" até que morra um dos companheiros. A família deste passa então a olhar o outro como se ele nunca tivesse existido. Acaba ali a relação "familiar", nascendo a disputa pelos bens do companheiro morto ou pela pensão, que termina, indubitavelmente, em grandes litígios judiciários.

O caso mais antigo e mais conhecido se deu na década de 1980 envolvendo o artista plástico Jorge Guinle Filho, falecido em 1987 e seu companheiro. Na época, uma decisão inédita do juiz da 28ª Vara Cível do Rio de Janeiro reconheceu a sociedade de fato entre os companheiros (sócios) garantindo metade do patrimônio ao companheiro supérstite. A família do morto conseguiu modificar a decisão em segunda instância. Mais de 20 anos no Judiciário garantiu ao companheiro apenas a metade dos objetos de arte. O direito de residir no imóvel em que o casal viveu junto durante anos foi questionado através de uma ação de despejo, contra-atacada por uma ação de usucapião da qual o companheiro saiu vitorioso em primeira instância.

---

1 Disponível em http://www.stf.jus.br/portal/jurisprudenciaRepercussao/verAndamentoProcesso.asp?incide nte=4100069&numeroProcesso=646721&classeProcesso=RE&numeroTema=498# Acesso em 20.fev.2012.

A importância da escritura de união estável definindo regras para vigorarem tanto durante o relacionamento como no caso de separação e, ainda, quando da morte de um dos companheiros, é a maior segurança de que hoje desfrutam os membros de um casal homoafetivo para protegerem um ao outro.

No julgamento da ADPF, em maio de 2011, o ministro Ayres Brito deixou consignado em seu voto que a união estável homoafetiva é:

> [...] vínculo de caráter privado, mas sem o viés do propósito empresarial, econômico, ou, por qualquer forma, patrimonial, pois não se trata de uma mera sociedade de fato ou parceria mercantil. Trata-se, isto sim, de um voluntário navegar por um rio sem margens fixas e sem outra embocadura que não seja a experimentação de um novo a dois que se alonga tanto que se faz universal. [...] Pelo que dou ao art. 1.723 do Código Civil interpretação conforme à Constituição para dele excluir qualquer significado que impeça o reconhecimento da união contínua, pública e duradoura entre pessoas do mesmo sexo como entidade familiar, entendida esta como sinônimo perfeito de família. Reconhecimento que é de ser feito segundo as mesmas regras e com as mesmas consequências da união estável heteroafetiva.

Assim, após a decisão do STF, às uniões homoafetivas aplicam-se as mesmas regras sucessórias previstas no art. 1.790 do Código Civil, concernentes aos companheiros ou companheiras.

Se a lei facilitará a conversão da união estável em casamento, conforme prevê o § 3º do art. 226 da Constituição, a união homoafetiva, uma vez convertida em casamento, sofrerá a incidência do art. 1.829 do Código Civil no tocante à sucessão entre cônjuges, com todos os efeitos jurídicos aplicados aos casais heterossexuais, em respeito aos princípios constitucionais de igualdade, da não discriminação e da dignidade da pessoa humana.

Na hipótese da união estável, o art. 1.790 do CC prevê as condições para a companheira ou o companheiro participar da sucessão do outro quanto aos bens adquiridos onerosamente na vigência da união estável, considerando também a possibilidade de haver filho comum – adotado, ou havido através de inseminação artificial, por exemplo. Considera, ainda, a possibilidade de filhos somente do autor da herança, da não existência de descendentes, de apenas ascendentes ou outros parentes. Para cada caso, uma regra.

Segundo previsão legal, caberá ao companheiro sobrevivente o compromisso de ser inventariante dos bens do falecido, conforme art. 1.797, I, do Código Civil, além do direito à assistência material.

Sobre o direito real de habitação, previsto no art.7º, parágrafo único da Lei nº 9.278/1996 – Lei da União Estável - o Código Civil nada fala.

Nesse sentido, diz o professor Zeno Veloso[2]:

> Tem prevalecido na doutrina e em algumas decisões judiciais uma interpretação mais benéfica, tipicamente humanitária, invocando princípios de solidariedade social, com o intuito de atender ao objetivo de amparar e proteger a família constituída pela união estável, que a Constituição Federal, no art. 226, caput, também inclui e homenageia. Destarte, para evitar uma "injustificável discriminação", com o "tratamento desigual" entre aqueles que vivem em união estável e no casamento, os Professores Gustavo Tepedino e Ana Luiza Nevares propuseram um enunciado na I Jornada de Direito Civil, patrocinada pelo Conselho da Justiça Federal/Centro de Estudos Judiciários, que foi aprovado, tem o nº 117 e a seguinte redação: Art. 1837. O direito real de habitação deve ser estendido ao companheiro, seja por não ter sido revogada a previsão da Lei n. 9278/96, seja em razão da interpretação analógica do art. 1831, informado pelo art. 6º, *caput*, da CF/88.

Decisões

Sergipe - Agravo de instrumento. Civil e processual civil. Relação homoafetiva. Tutela antecipada. Cabimento. Requisitos presentes. Princípio da dignidade da pessoa humana e da igualdade. Direito real de habitação assegurado ao suposto convivente. Modificação da decisão a quo. A concessão da tutela antecipada, prevista no art. 273 do CPC, exige prova inequívoca e verossimilhança da alegação, conjugados com receio fundado de dano irreparável ou de difícil reparação. A homossexualidade é um fato social que se perpetua através dos séculos, não mais podendo o judiciário se olvidar de emprestar a tutela jurisdicional a uniões que, enlaçadas pelo afeto, assumem feições de família. A marginalização dessas relações constitui afronta aos direitos humanos, violando os princípios da dignidade da pessoa humana e da igualdade. No caso concreto dos autos, as provas acostadas aos autos demonstram, nesta fase recursal, indícios da existência da suposta união homoafetiva, o que se torna imperiosa a modificação da decisão *a quo*, assegurando ao agravante, até a decisão final da ação declaratória tombada sob o nº 200910600216, o direito real de habitação no imóvel em que residia com o seu suposto companheiro, já falecido. Recurso conhecido e provido. (TJSE, AI 2009207507, Ac. 8124/2009, 1ª C. Cív., Rel. Desa. Suzana Maria Carvalho Oliveira, p. 16/11/2009).

2 VELOSO, Zeno. *Direito hereditário do cônjuge e do companheiro*. São Paulo: Saraiva, 2010. p.162

Sergipe - Civil e processo civil. Ação de reconhecimento e dissolução de união estável. Tutela antecipada. Cabimento. Requisitos presentes. Direito real de habitação assegurado ao convivente. Modificação da decisão *a quo*. Recurso provido. I. A concessão da tutela antecipada, prevista no art. 273 do CPC, exige prova inequívoca e verossimilhança da alegação, conjugados com receio fundado de dano irreparável ou de difícil reparação; II. As provas acostadas aos autos apontam, nesta fase recursal, para o fato de realmente ter havido a alegada união homoafetiva, o que se torna imperiosa a modificação da decisão a quo, assegurando ao agravante direito real de habitação no imóvel em questão até a decisão final da respectiva demanda; III. Recurso conhecido e provido. (TJSE, AI 2008205122, Ac. 9615/2008, 2ª C. Cív., Rel. Desa. Marilza Maynard Salgado de Carvalho, p. 17/12/2008).

Sucessão e partilha de bens[3]

Paraná - Civil. Recurso especial. Família. Ação de reconhecimento e dissolução de união afetiva entre pessoas do mesmo sexo post mortem cumulada com pedido de partilha de bens. Presunção de esforço comum. 1. Despida de normatividade, a união afetiva constituída entre pessoas de mesmo sexo tem batido às portas do Poder Judiciário ante a necessidade de tutela. Essa circunstância não pode ser ignorada, seja pelo legislador, seja pelo julgador, que devem estar preparados para regular as relações contextualizadas em uma sociedade pós-moderna, com estruturas de convívio cada vez mais complexas, a fim de albergar, na esfera de entidade familiar, os mais diversos arranjos vivenciais. 2. Os princípios da igualdade e da dignidade humana, que têm como função principal a promoção da autodeterminação e impõem tratamento igualitário entre as diferentes estruturas de convívio sob o âmbito do direito de família, justificam o reconhecimento das parcerias afetivas entre homossexuais como mais uma das várias modalidades de entidade familiar. 3. O art. 4º da LICC permite a equidade na busca da Justiça. O manejo da analogia frente à lacuna da lei é perfeitamente aceitável para alavancar, como entidades familiares, as uniões de afeto entre pessoas do mesmo sexo. Para ensejar o reconhecimento, como entidades familiares, de referidas uniões patenteadas pela vida social entre parceiros homossexuais, é de rigor a demonstração inequívoca da presença dos elementos essenciais à caracterização de entidade familiar diversa e que serve, na hipótese, como parâmetro diante do vazio legal – a de união estável – com a evidente exceção da diversidade de sexos.

---

3 Disponível em: http://direitohomoafetivo.com.br/jurisprudencia.php?a=12&s=52#t. Acesso em 30.mai.2012.

4. Demonstrada a convivência, entre duas pessoas do mesmo sexo, pública, contínua e duradoura, estabelecida com o objetivo de constituição de família, sem a ocorrência dos impedimentos do art. 1.521 do CC/02, com a exceção do inc. VI quanto à pessoa casada separada de fato ou judicialmente, haverá, por consequência, o reconhecimento dessa parceria como entidade familiar, com a respectiva atribuição de efeitos jurídicos dela advindos. 5. Comprovada a existência de união afetiva entre pessoas do mesmo sexo, é de se reconhecer o direito do companheiro sobrevivente à meação dos bens adquiridos a título oneroso ao longo do relacionamento, mesmo que registrados unicamente em nome do falecido, sem que se exija, para tanto, a prova do esforço comum, que nesses casos, é presumida. 6. Recurso especial provido. (STJ, REsp nº 930.460/PR, Rel. Min. Nancy Andrighi, j. 19/05/2011).

Mato Grosso - Direito civil. Família. Ação de reconhecimento de união homoafetiva post mortem. Divisão do patrimônio adquirido ao longo do relacionamento. Existência de filho adotado pelo parceiro falecido. Presunção de esforço comum. 1. Despida de normatividade, a união afetiva constituída entre pessoas de mesmo sexo tem batido às portas do Poder Judiciário ante a necessidade de tutela. Essa circunstância não pode ser ignorada, seja pelo legislador, seja pelo julgador, que devem estar preparados para regular as relações contextualizadas em uma sociedade pós-moderna, com estruturas de convívio cada vez mais complexas, a fim de albergar, na esfera de entidade familiar, os mais diversos arranjos vivenciais. 2. Os princípios da igualdade e da dignidade humana, que têm como função principal a promoção da autodeterminação e impõem tratamento igualitário entre as diferentes estruturas de convívio sob o âmbito do direito de família, justificam o reconhecimento das parcerias afetivas entre homossexuais como mais uma das várias modalidades de entidade familiar. 3. O art. 4º da LICC permite a equidade na busca da Justiça. O manejo da analogia frente à lacuna da lei é perfeitamente aceitável para alavancar, como entidades familiares, as uniões de afeto entre pessoas do mesmo sexo. Para ensejar o reconhecimento, como entidades familiares, de referidas uniões patenteadas pela vida social entre parceiros homossexuais, é de rigor a demonstração inequívoca da presença dos elementos essenciais à caracterização de entidade familiar diversa e que serve, na hipótese, como parâmetro diante do vazio legal – a de união estável – com a evidente exceção da diversidade de sexos. 4. Demonstrada a convivência, entre duas pessoas do mesmo sexo, pública, contínua e duradoura, estabelecida com o objetivo de constituição de família, sem a ocorrência dos impedimentos do art. 1.521 do CC/02, com a exceção do inc. VI quanto à pessoa casada separada de fato ou judicialmente, haverá, por consequência, o reconhecimento dessa parceria como entidade familiar, com a respectiva atribuição de efeitos jurídicos dela advindos. 5. Comprovada a existência de união afetiva entre pessoas do mesmo sexo, é de se reconhecer o direito do companheiro sobrevivente à meação dos bens adquiridos a título oneroso ao longo do relacionamento, em nome de um apenas ou de ambos, sem que se exija, para tanto, a prova do esforço comum, que nesses casos, é presumida. 6. Recurso especial não provido. (STJ, REsp 1.199.667 (2010/0115463-7), Rel. Min. Nancy Andrighi, j. 19/05/2011).

Rio Grande do Sul - Civil. Recurso especial. União homoafetiva. Sociedade de fato. Partilha. Patrimônio amealhado por esforço comum. Prova. 1. Esta Corte Superior, sob a ótica do direito das obrigações (art. 1.363 do CC/1916) e da evolução jurisprudencial consolidada na Súmula n.º 380/STF, firmou entendimento, por ocasião do julgamento do REsp n.º 148.897/MG, no sentido da possibilidade de ser reconhecida sociedade de fato entre pessoas do mesmo sexo, exigindo, para tanto, a demonstração do esforço comum para aquisição do patrimônio a ser partilhado. 2. A repartição dos bens, sob tal premissa, deve acontecer na proporção da contribuição pessoal, direta e efetiva de cada um dos integrantes da dita sociedade. 3. "A aplicação dos efeitos patrimoniais advindos do reconhecimento de união estável a situação jurídica dessemelhante, viola texto expresso de lei, máxime quando os pedidos formulados limitaram-se ao reconhecimento e dissolução de sociedade de fato" (REsp n.º 773.136/RJ, Rel. Min. Nancy Andrighi, DJU de 13/11/2006). 4. Recurso especial provido. (STJ, REsp 704.803/RS (2004/0162027-0), Rel. Des. Convocado Min. Vasco Della Giustina, j. 16/12/2010).

Minas Gerais - Sociedade de fato. Homossexuais. Partilha do bem comum. O parceiro tem o direito de receber a metade do patrimônio adquirido pelo esforço comum, reconhecida a existência de sociedade de fato com os requisitos previstos no art. 1363 do C. Civil. Responsabilidade civil. Dano moral. Assistência ao doente com AIDS. Improcedência da pretensão de receber do pai do parceiro que morreu com Aids a indenização pelo dano moral de ter suportado sozinho os encargos que resultaram da doença. Dano que resultou da opção de vida assumida pelo autor e não da omissão do parente, faltando o nexo de causalidade. Art. 159 do C. Civil. Ação possessória julgada improcedente. Demais questões prejudicadas. Recurso conhecido em parte e provido. (STJ, REsp 148897/MG, 4ª T., Rel. Min. Ruy Rosado de Aguiar, j. 10/02/1998).

Santa Catarina - Apelação cível. Ação declaratória de união estável homoafetiva c/c inventário. Demanda extinta sem exame do mérito, com fulcro no art. 267, VI, do CPC. Pedido juridicamente possível. Ausência de vedação legal à pretensão do autor. Constitucionalidade recentemente confirmada pelo STF. Clara ofensa aos princípios da igualdade e dignidade da pessoa humana. Sentença cassada. Retorno dos autos à origem para a devida instrução. Recurso provido. O Supremo Tribunal Federal. Apoiando-se em valiosa hermenêutica construtiva e invocando princípios essenciais (como os da dignidade da pessoa humana, da liberdade, da autodeterminação, da igualdade, do pluralismo, da intimidade, da não discriminação e da busca da felicidade). Reconhece assistir, a qualquer pessoa, o direito fundamental à orientação sexual, havendo proclamado, por isso mesmo, a plena legitimidade ético-jurídica da união homoafetiva como entidade familiar, atribuindo-lhe, em conseqüência, verdadeiro estatuto de cidadania, em ordem a permitir que se extraiam, em favor de parceiros homossexuais, relevantes conseqüências no plano do direito, notadamente no campo previdenciário, e, também, na esfera das relações sociais e familiares. (...) a família resultante da união homoafetiva não pode sofrer discriminação, cabendo-lhe os mesmos direitos, prerrogativas, benefícios e obrigações que se mostrem acessíveis a parceiros de sexo distinto que integrem uniões heteroafetivas. (ministro Celso de Mello, STF). (TJSC, AC 2008.029815-9, 2ª C. Dir. Civ., Rel. Des. Sérgio Izidoro Heil, j. 01/09/2011).

Mato Grosso do Sul - Agravo interno em agravo de instrumento ação declaratória de reconhecimento de união estável homoafetiva. Antecipação dos efeitos da tutela. Ausência dos requisitos. Fundamentos que não justificam a reforma da decisão. Recurso não provido. Não havendo razões que justifiquem a reforma do julgado, deve ser mantida a decisão agravada regimentalmente. (TJMS, AgRg-AG 2011.019675-2/0001-00, 2ª T. Cív., Rel. Des. Julizar Barbosa Trindade, p. 16/08/2011).

Pernambuco - Constitucional. Civil. Apelação cível. Ação declaratória de união homoafetiva. Sentença que julgou procedente o pleito exordial. Amparo na constituição. Dignidade da pessoa humana. Igualdade. Provas nos autos que atestam a existência da união. Apelação cível não provida. 1. Trata-se de Apelação Cível interposta nos autos de Ação Declaratória de União Estável, cuja sentença julgou procedente o pleito exordial para declarar a existência de entidade familiar homoafetiva entre S.L.C.P.doL. e G.S.deM. 2. De início, cumpre observar ser plenamente possível demandar em Juízo a declaração de união homoafetiva. A orientação sexual não deve ser utilizada como critério de segregação. Negar a existência dessa entidade familiar é afrontar um dos fundamentos da República Federativa do Brasil previsto na Constituição: a dignidade da pessoa humana. 3. É certo que o Código Civil de 2002 não prevê expressamente a hipótese de união estável homoafetiva, uma vez que define haver a necessidade de que a união se opere entre pessoas de sexo oposto (caput do art. 1723 do Código Civil). Nada obstante, não há qualquer empecilho na utilização da analogia para importar os efeitos da união estável para a união homoafetiva. Isso tendo em vista que ignorar a existência dessa modalidade de família é agredir o preceito da igualdade, que norteia nosso ordenamento jurídico. 4. O Código Civil deve ser lido a partir da Constituição, o que nos leva à conclusão de que, em nome dos princípios da dignidade da pessoa humana e da igualdade, devemos emprestar os efeitos civis da união estável à entidade familiar fundada na homoafetividade. 5. Diante das provas acostadas aos autos, temos que restou caracterizada a existência da união homoafetiva entre S.L.C.P.D.L. e G.S.deM., a qual deve importar os efeitos da união estável prevista em nosso Diploma Civil (art. 1723 e seguintes do C.C.), através de analogia, e em nome dos princípios da igualdade e da dignidade da pessoa humana, os quais têm assento constitucional (art 1º inc. III e art. 5º *caput* da CF/88). 6. Apelação Cível não provida à unanimidade. (TJPE, AC 0232925-3, 3ª C. Cív., Rel. Des. Alfredo Sergio Magalhães Jambo, j. 14/07/2011).

Rio Grande do Sul - Apelação cível e agravo retido. Ação declaratória de união estável homossexual. Ocorrência. Agravo retido. Antes mesmo da decisão do egrégio Supremo Tribunal Federal, no sentido de equiparar as uniões estáveis homossexuais às uniões estáveis heterossexuais, a corte já reconhecia a possibilidade jurídica do pedido de reconhecimento de união estável homossexual. Precedentes jurisprudenciais. Portanto, de rigor o não provimento do agravo retido. Apelação. A prova produzida nos autos retrata que, dentro da peculiaridade própria de um casal homossexual, as partes conviveram de forma contínua, duradoura e com ânimo de constituição de família. Caso em que deve ser mantida a sentença. Negaram provimento ao agravo retido e à apelação. Por maioria. (TJRS, AC 263084-35.2010.8.21.7000, 8ª C. Civ., Rel. Des. Rui Portanova, j. 30/06/2011).

Distrito Federal - Direito constitucional e administrativo. Servidora pública. União homoafetiva. Reconhecimento para fins funcionais. Lacuna no ordenamento jurídico. Analogia. 1. A união homoafetiva merece proteção jurídica, ainda que não encontre no ordenamento jurídico em vigor regramento legal específico, porquanto traz em seu bojo a hodierna concepção de família que leva em conta os laços afetivos que unem essas pessoas em vida comum, bem como os princípios constitucionais da liberdade, da igualdade, da dignidade da pessoa humana e da proibição de discriminação por motivo de orientação sexual. 2. O princípio da legalidade estrita, que impõe à administração pública o dever de realizar apenas o que está previsto em Lei, não caracteriza óbice à equiparação entre uniões homoafetiva e estável. UBI *eadem* *legis ratio, ibi eadem legis dispositio.* Ademais, o juiz não pode valer-se do *non liquet, ex vi* do art. 126 do CPC, do art. 4º da LICC e do art. 5º, XXXV, da CF/88. Precedente do STJ. 4. Recurso de apelação conhecido e desprovido. Unânime. (TJDF, Rec. 2010.01.1.013690-7, Ac. 481.435, 2ª T. Cív., Rel. Des. Waldir Leôncio Júnior, p. 22/02/2011).

Rio de Janeiro - Apelação cível. Ação declaratória de reconhecimento de união homoafetiva. Direito à sucessão. Imóvel adquirido pelas companheiras em partes iguais. Sentença parcialmente procedente. Reconhecimento da sociedade de como união homoafetiva e da parcela de apenas 20,62% do imóvel adquirido pelo casal na constância da união. Pedido da autora relativo à herança julgado improcedente. Pedido contraposto dos réus, irmãos da falecida, pela fixação de taxa de ocupação julgado improcedente. Reforma do decisum. Óbito ocorrido na vigência da Lei 8.971/94 que deve ser aplicada analogicamente ao caso vertente, sob pena de violação da isonomia e da dignidade da pessoa humana. Parcela de 50% do único imóvel do casal que já integrava o patrimônio da autora, eis que esta figura RGI com, o co-proprietária do referido bem. Direito da autora à totalidade da herança deixada por sua companheira, que não deixou ascendentes nem descendentes, representada pela outra metade do imóvel (50%), na forma do art. 2º, III do antecitado diploma legal. Aplicação das regras da união estável às relações homoafetivas, mormente quando as conviventes se uniram como entidade familiar e não como meras sócias. Lacuna na lei que deve ser dirimida a luz dos princípios gerais e do direito comparado. Impossibilidade de dar tratamento diferenciado entre união heterossexual e união homossexual, eis que a própria Constituição veda expressamente a segregação da pessoa humana por motivo sexo, origem, raça, cor, idade ou quaisquer outras formas de discriminação. Precedentes jurisprudenciais do Tribunal Gaúcho e do STJ nesse mesmo sentido. Apelos conhecidos. Desprovimento

do apelo dos réus, dando-se provimento ao apelo da parte autora. (TJRJ, AC 0007309-38.2003.8.19.0204, 19ª C. Cív., Rel. Des. Ferdinaldo Nascimento, j. 28/09/2010).

O testamento

Trata-se da manifestação de vontade, em vida, para disposição dos bens do autor da herança após sua morte. A qualquer momento os companheiros poderão proteger um ao outro através de testamento recíproco, **dispondo da totalidade dos seus bens, na ausência de herdeiros necessários,** ou da metade deles para depois de sua morte. É o que reza o art. 1.857, do Código Civil:

> Havendo herdeiros necessários, conforme previsto no art. 1.845 – descendentes, ascendentes e o cônjuge – a parte desses, equivalente a 50% da totalidade da herança, não poderá ser incluída no testamento. Por força do art. 1.846, do CC, **pertence aos herdeiros necessários**[1], de pleno direito, a metade dos bens da herança.

O testamento poderá ser público ou privado e cada companheiro poderá eleger o outro como seu beneficiário em caso de morte. O testamento, para ser válido, deve respeitar a forma prevista em lei, especificamente a que consta no art. 1.862 e seguintes do Código Civil.

O testamento poderá conter, ainda, a manifestação de vontade quanto à doação de órgãos, tecidos e partes do corpo após a morte, e também ao funeral, cremação etc., determinando o companheiro como a pessoa

---

1 1) **Os herdeiros necessários do autor da herança**, modalidade obrigatória por imposição dos artigos 1.845 e 1.846 do Código Civil. São eles: a) - os filhos; b) na falta destes, os ascendentes (pais do de cujus); c) se deixou cônjuge vivo - hoje considerado herdeiro necessário, e em certas circunstâncias concorrerá à herança com os descendentes ou com os ascendentes do morto. Neste caso o autor da herança somente poderá dispor livremente da metade dos bens havidos quando da sua morte (art. 1.789 do Código Civil).
2) Os herdeiros facultativos, ou seja, os que **dependem da faculdade de querer do autor da herança e somente herdarão se ele assim o desejar.** Essa modalidade é constituída de seus irmãos, sobrinhos, tios e demais herdeiros colaterais. Estes, por não estarem entre os necessários, são apenas facultativos, sendo **lícito ao autor da herança dispor da integralidade de todos os seus bens em prol de quem bem entender sem contemplar qualquer um deles, bastando, para isso, ao fazer o seu testamento, não incluir nele o nome de nenhum deles.** (grifo nosso)

responsável por tais decisões, em detrimento de qualquer outra, independentemente da ordem sucessória.

Poderá, ainda, o testador, se assim o desejar, excluir da sucessão os herdeiros facultativos (irmãos, tios, sobrinhos e demais colaterais), conforme previsão do art. 1.850 do Código Civil bastando, neste caso, dispor da totalidade de seus bens sem contemplá-los.

Jurisprudência:

> União homoafetiva. Possibilidade jurídica. Observância dos princípios da igualdade e dignidade da pessoa humana. Pela dissolução da união havida, caberá a cada convivente a meação dos bens onerosamente amealhados durante a convivência. **Falecendo a companheira sem deixar ascendentes ou descendentes caberá à sobrevivente a totalidade da herança.** Aplicação analógica das Leis n.º 8.871/94 e nº 9.278/96. Por maioria, negaram provimento, vencido o revisor.[2] (grifo nosso)

Terceira Turma do Superior Tribunal de Justiça (STJ)- Ministra Nancy Andrighi[3] .

O reconhecimento da união homoafetiva com os mesmos efeitos jurídicos da união estável entre homem e mulher foi defendido pela Ministra, ao iniciar o julgamento de um recurso especial do Paraná. "O afeto homossexual saiu da clausura", disse a ministra ao final de seu voto. O julgamento foi interrompido por um pedido de vista do ministro Sidnei Beneti. Segundo a relatora, este é o primeiro caso em que o STJ vai firmar uma posição ampla e de mérito sobre os direitos relativos à união homoafetiva. Em processos anteriores, o Tribunal já reconheceu direitos específicos, como em relação à adoção de crianças, benefícios previdenciários e cobertura de planos de saúde.

O processo do Paraná corre em segredo de Justiça. Duas mulheres, L. e S., conviveram em relação estável de 1996 a 2003, quando S. morreu em consequência de complicações após um transplante de pulmão. Segundo os autos, durante o período de convivência, o patrimônio registrado em nome de S. foi aumentado, com o acréscimo de uma chácara e de parte dos direitos sobre um apartamento. Após a morte, os familiares de S. pediram a partilha dos bens entre eles, excluindo L.

A companheira sobrevivente vem lutando, desde então, para garantir a meação do patrimônio, que, segundo diz, foi constituído conjuntamente. O

---

2 Disponível in: http://www.arpenbrasil.org.br/index.php?option=com_content&task=view&id=2818&Itemid=83 . Acesso em 20.fev.2012.

3 http://www.stj.gov.br/portal_stj/publicacao/engine.wsp?tmp.area=398&tmp.texto=100691. Acesso em 20.fev.2012.

Tribunal de Justiça do Paraná (TJPR) reconheceu a sociedade de fato entre as duas, mas considerou que L. não conseguiu demonstrar sua participação no esforço comum para a formação do patrimônio, razão pela qual não reconheceu seus direitos sobre os bens.

Para a ministra Nancy Andrighi, no entanto, a prova do esforço comum não deve ser exigida, pois "é algo que se presume", tanto quanto no caso da união entre heterossexuais. Ela afirmou que, à falta de leis que regulamentem os direitos dos homossexuais, deve-se recorrer à analogia, aplicando as mesmas regras válidas para a união estável. "A ausência de previsão legal jamais pode servir de pretexto para decisões omissas", acrescentou. De acordo com a relatora, desde que a relação afetiva seja estável e pública e tenha o objetivo de constituir família – como se exige para a caracterização da união estável –, negar à união de homossexuais as proteções do direito de família e seus reflexos patrimoniais seria uma afronta ao princípio da dignidade da pessoa humana e a dois objetivos fundamentais estabelecidos pela Constituição: a erradicação da marginalização e a promoção do bem de todos, sem qualquer forma de preconceito. O voto da ministra Nancy Andrighi – aplicando por analogia o instituto da união estável para reconhecer os direitos reivindicados por L. sobre os bens adquiridos a título oneroso durante o relacionamento – foi seguido, no aspecto patrimonial, pelo ministro Massami Uyeda, presidente da Terceira Turma. Faltam votar os ministros Sidnei Beneti e Paulo de Tarso Sanseverino e o desembargador convocado Vasco Della Giustina. STJ – 08/02/2011. O número deste processo não é divulgado em razão de sigilo.

A seguir, uma síntese das principais normas das instituições que vêm concedendo benefícios aos companheiros homossexuais, demonstrando os avanços no sentido do reconhecimento das uniões homoafetivas e garantindo direitos aos parceiros homossexuais, independentemente da vontade do legislador. Alguns se dão de forma simples, devendo, entretanto, se ter em vista alguns cuidados necessários à sua obtenção.

A falta de legislação não pode impedir o exercício do direito. Diante da realidade das relações homoafetivas, crescem os pedidos dos parceiros homossexuais junto aos órgãos administrativos e repartições públicas.

A fim de se precaver de eventuais constrangimentos, ainda impostos por pessoas pouco esclarecidas ou cegas pelo preconceito, grande parte da população LGBT reluta em buscar seus direitos com receio da discriminação que sempre sofreu por parte da sociedade e também por parte de operadores do direito. Muitas vezes as informações oferecidas não são exatamente verdadeiras e tampouco apresentadas as possibilidades de se alcançar as garantias e direitos inerentes a cada caso.

A pensão por morte
Instituto Nacional de Seguridade Social

Trata-se de benefício pago aos dependentes do trabalhador quando do seu falecimento. Para este benefício não existe tempo mínimo de contribuição. Basta que o trabalhador *seja segurado*, de acordo com as regras do artigo 11, da Lei nº 8.213/1991[1].

Dependentes do segurado: A pensão por morte será concedida aos dependentes do segurado que falecer. São dependentes, segundo a Lei nº 8.213/1991:

- O cônjuge, a companheira, o companheiro e o filho não emancipado, de qualquer condição, menor de 21 (vinte e um) anos ou inválido ou que tenha deficiência intelectual ou mental que o torne absoluta ou relativamente incapaz, assim declarado judicialmente. Para estas pessoas, a dependência econômica é presumida e não necessita de provas.

- Os pais;

- O irmão não emancipado, de qualquer condição, menor de 21 (vinte e um) anos ou inválido ou que tenha deficiência intelectual ou mental que o torne absoluta ou relativamente incapaz, assim declarado judicialmente;

Enteados ou menores de 21 anos que estejam sob tutela do segurado possuem os mesmos direitos dos filhos, desde que não possuam bens para garantir seu sustento e sua educação.

Considera-se companheira ou companheiro a pessoa que, sem ser casada, mantém união estável com o segurado ou com a segurada. O Ministério da Previdência Social, através da Portaria nº 513, de 9 de dezembro de

---

1 Disponível em http://www.planalto.gov.br/ccivil_03/leis/L8213cons.htm Acesso em 28.jan.2012.

2010, assinada pelo ministro Carlos Eduardo Gabas[2], estabelece que, no âmbito do Regime Geral de Previdência Social, os dispositivos da Lei nº 8.213, de 24 de julho de 1991, que tratam de dependentes para fins previdenciários, devem ser interpretados de forma a abranger a união estável entre pessoas do mesmo sexo.

Antes, porém, o Instituto Nacional da Previdência Social, considerando a decisão judicial proferida na Ação Civil Pública nº 2000.71.00.009347- 0 através da Instrução Normativa nº 25, de 07 de junho de 2000, já disciplinava os procedimentos para concessão de pensão por morte e auxílio-reclusão a serem pagos ao companheiro ou companheira homossexual e, posteriormente pela Instrução Normativa INSS/PRE nº 45, de 6 de agosto de 2010[3].

Documentos para se habilitar à pensão por morte:

a) Requerimento disponível no *site* da Previdência Social[4];

b) Documentos pessoais do Requerente e do companheiro falecido;

c) Certidão de óbito do falecido.

Devem ser apresentados, no mínimo, três dos documentos que comprovem a união estável, como: escritura pública declaratória de união estável; declaração de Imposto de Renda do segurado em que conste o interessado como seu dependente; disposições testamentárias; anotação constante na Carteira de Trabalho, feita pelo órgão competente; anotação constante de Ficha ou Livro de Registro de Empregados; certidão de nascimento de filho comum; prova de encargos domésticos evidentes e existência de sociedade ou comunhão nos atos de vida civil (contas de luz, gás, telefones, condomínio etc., em nome de ambas as partes); procuração ou fiança reciprocamente outorgada; conta bancária conjunta; registro em associação de qualquer

---

2 Portaria MPS Nº 513, de 9 de dezembro de 2010 - DOU de 10/12/2010. **O ministro de Estado da Previdência Social**, no uso das atribuições constantes do art. 87, parágrafo único, inciso II, da Constituição, tendo em vista o Parecer nº 038/2009/DENOR/CGU/AGU, de 26 de abril de 2009, aprovado pelo Despacho do Consultor-Geral da União nº 843/2010, de 12 de maio de 2010, e pelo Despacho do Advogado-Geral da União, de 1º de junho de 2010, nos autos do processo nº 00407.006409/2009-11, resolve:
Art. 1º Estabelecer que, no âmbito do Regime Geral de Previdência Social - RGPS, os dispositivos da Lei nº 8.213, de 24 de julho de 1991, que tratam de dependentes para fins previdenciários devem ser interpretados de forma a abranger a união estável entre pessoas do mesmo sexo.
Art. 2º O Instituto Nacional do Seguro Social - INSS adotará as providências necessárias ao cumprimento do disposto nesta portaria.
Carlos Eduardo Gabas – Ministro de Estado da previdência Social

3 Disponível em http://www81.dataprev.gov.br/sislex/indexpub.asp

4 http://www.dataprev.gov.br/servicos/pesmor/pesmor_ajuda_req.htm

natureza onde conste o interessado como dependente do segurado; apólice de seguro na qual conste o segurado como instituidor do seguro e a pessoa interessada como sua beneficiária; escritura de compra e venda de imóvel pelo segurado em nome do dependente ou em nome de ambos; e quaisquer outros documentos que possam levar à convicção do fato a comprovar; procuração se for o caso, e documento de identificação do procurador. Embora possam ser requeridos através de procurador, os serviços da Previdência Social são gratuitos, simples e não precisam de intermediários.

A Previdência Social mantém um sistema de atendimento através do telefone 135 (gratuito), através do portal na Internet: http://www.previdencia. gov.br, ou ainda em suas agências.

O contribuinte individual deve manter atualizado seu cadastro junto ao INSS para dele fazer constar os dados do companheiro como seu dependente em caso de morte. Desde que cumpridos os requisitos mínimos, capazes de comprovar a condição de dependente, será analisado pelo órgão que se manifestará em até 30 dias do pedido.

Com documentos suficientes que comprovem a união estável, o processo leva, em média, 30 dias para a expedição da carta de concessão de pensão por morte. O pagamento será feito a partir da data do óbito se o pedido for feito até 30 dias deste, caso contrário será considerada a data do pedido. Os pagamentos serão creditados em conta bancária do beneficiário. Caso o morto tenha deixado filho menor ou incapaz, a pensão por morte será dividida entre os dependentes. Alcançando o filho a maioridade, o companheiro passa a receber a integridade do benefício.

Caso o pedido seja negado pelo órgão, ainda será possível pedir a revisão da decisão através de um recurso administrativo junto ao Conselho de Recursos da Previdência Social (CRPS) num prazo de 30 dias contados da ciência da decisão, conforme previsto no art. 625, da IN nº 45/2010, na mesma unidade em que deu entrada ao seu pedido de benefício, que o encaminhará à Junta Recursal competente. Da decisão das Juntas Recursais caberá, ainda, recurso às Câmaras de Julgamento localizadas em Brasília, encaminhado através da própria unidade.

O recurso deverá ser apresentado em duas vias, sendo que uma cópia, após devidamente protocolizada, datada e com a identificação e assinatura do servidor que a receber, servirá como comprovante do requerente.

O Conselho de Recursos da Previdência Social (CRPS) é um órgão do Ministério da Previdência Social cuja competência é o controle jurisdicional das decisões do INSS, em grau de recurso, nos processos de interesse dos segurados e beneficiários. É constituído por 29 Juntas de Recursos instaladas em todos os Estados Brasileiros e no Distrito Federal, e de 6 Câmaras de Julgamento instaladas em Brasília, a quem compete uniformizar a jurisprudência administrativa e dirimir as divergências de entendimento das Unidades Julgadoras.

Todos os processos encaminhados para as Juntas ou Câmaras podem ser acompanhados pelo endereço: www.previdencia.gov.br/crps ou nas unidades locais. Os recursos junto ao INSS levam muito tempo para serem julgados, razão pela qual muitas vezes se prefere a Justiça Federal a partir da primeira negativa do pedido.

Servidores públicos

No caso dos servidores públicos, é a Lei nº 8.112/1990 que trata do direito dos dependentes à pensão por morte dos servidores titulares de cargo efetivo e dos aposentados de qualquer dos Poderes da União, dos estados, do Distrito Federal e dos municípios, incluídas as autarquias e fundações.

> Art. 216: As pensões distinguem-se, quanto à natureza, em vitalícias e temporárias.
>
> § 1º A pensão vitalícia é composta de cota ou cotas permanentes, que somente se extinguem ou revertem com a morte de seus beneficiários.
>
> § 2º A pensão temporária é composta de cota ou cotas que podem se extinguir ou reverter por motivo de morte, cessação de invalidez ou maioridade do beneficiário.

O art. 217 indica como beneficiários vitalícios o cônjuge, a pessoa separada judicialmente ou divorciada, com percepção de pensão alimentícia, e *o companheiro que comprove união estável como entidade familiar.*

A pensão deverá ser requerida diretamente junto ao órgão pagador através de requerimento específico mediante a apresentação dos documentos pessoais do requerente, certidão de óbito do segurado e demais documentos que comprovem a união estável.

À semelhança do INSS, dos pedidos indeferidos cabem recursos administrativos, de acordo com a estrutura de cada órgão pagador. Independentemente do órgão pagador, sendo indeferido o pedido em âmbito administrativo, pode-se recorrer a uma ação judicial para rever a decisão junto à Justiça Federal.

Ex-combatentes – A Lei nº 5.698, de 31 de agosto de 1971, dispõe sobre a aposentadoria e pensões para ex-combatentes, segurados da previdência social e seus dependentes, além dos arts. 535/542 da Instrução Normativa nº 45/2010 - INSS.

Além do direito à pensão, há ainda outros direitos a que o companheiro deve estar atento, como, por exemplo: verbas indenizatórias (se o falecido era trabalhador ativo); FGTS, PIS / PASEP; seguros obrigatórios; planos de pensão complementar; pecúlios.

Caso não haja registro do companheiro junto ao empregador como dependente, o documento hábil para recebimento das verbas rescisórias será a escritura de união estável ou a carta de concessão de pensão do INSS.

O Fundo de Garantia por Tempo de Serviço (FGTS) é o valor depositado mensalmente pelo empregador na conta do funcionário. Entre as várias hipóteses de saque previstas no art. 20 da Lei nº 8.0368/1990, uma delas é por morte do trabalhador. Portanto, podem sacar o FGTS os dependentes do trabalhador informados na relação de dependentes, firmada por instituto oficial de Previdência Social, de âmbito federal, estadual ou municipal ou declaração de dependentes habilitados à pensão, fornecida pelo órgão pagador da pensão. Na falta de dependentes, farão jus ao recebimento do saldo da conta vinculada os seus sucessores previstos na lei civil, indicados em alvará judicial, expedido a partir de requerimento do interessado, independentemente de inventário ou arrolamento.Documentos necessários para o saque: Documento de identificação do requerente e a carta de concessão da pensão por morte fornecida pelo INSS são suficientes para o recebimento do FGTS. Além disso, outros documentos aceitos pela Caixa Econômica, como a declaração de dependentes habilitados ao recebimento de pensão fornecida por Instituto Oficial de Previdência Social. O saque se dá em qualquer agência da Caixa Econômica Federal, num prazo em torno de cinco dias do pedido.

PIS/PASEP[5]

Abono salarial é um benefício anual, equivalente a um salário mínimo vigente no ato do pagamento, assegurado ao trabalhador cadastrado no programa Programa de Integração Social (PIS) há mais de cinco anos, que tenha trabalhado, pelo menos, 30 dias no ano-base, para empregador contribuinte do PIS; que tenha recebido, em média, até dois salários mínimos mensais no ano-base que for considerado para a atribuição do benefício; e que tenha sido informado na Relação Anual de Informações Sociais (RAIS) do ano-base considerado. Informações podem ser obtidas por meio

5 Fonte: http://www.caixa.gov.br/Voce/Social/Beneficios/Abono_Salarial/saiba_mais.asp. Acesso em 13.fev.2012.

do nome e CPF do trabalhador junto à Caixa Econômica Federal, agente operador dos PIS ou junto ao Banco do Brasil, agente operador do Programa de Formação do Patrimônio do Servidor Público (Pasep). Os documentos a serem apresentados para saque, no caso de morte do trabalhador, são os mesmos no caso do FGTS.

Ação judicial

Não sendo possível a apresentação dos documentos mínimos requeridos, ou sendo negado o pedido pelo órgão pagador, a pensão por morte deverá ser requerida através de ação judicial junto à Justiça Federal, na qual deverá ser comprovada a união estável com o segurado, utilizando-se, então, de todos os meios de provas em juízo admitidos.

A decisão da Justiça Federal só faz coisa julgada quanto ao direito à pensão por morte. O reconhecimento de união estável para fins patrimoniais somente poderá ser requerida na Justiça Estadual. Nada impede que a decisão da Justiça Federal sirva como prova na Justiça Estadual, ou vice-versa. Embora tenha força de prova, uma não vincula a decisão da outra. A concessão de pensão por morte na Justiça Federal não obriga a Justiça Estadual a reconhecer a união estável e vice-versa.

Os juízos estaduais, entretanto, poderão processar e julgar as causas contra a Previdência Social quando não houver sede de Vara da Justiça Federal na Comarca, por força do artigo 109, parágrafo 3º da Constituição Federal. O melhor caminho é buscar o direito à pensão na Justiça Federal e, se houver questões patrimoniais, na Justiça Estadual, concomitantemente. Ficar aguardando a decisão da Justiça Estadual para fazer prova na Federal, por exemplo, poderá causar prejuízos. Na vida, tudo tem um tempo certo para se fazer as coisas, e quando ele chega, não se deve perder um segundo sequer. No Direito isso é mais do que verdadeiro: é lei e se chama *prescrição e decadência*.

Conforme previsão legal, o art. 103 da Lei nº 8.213[6] estabelece o prazo de cinco anos (da data em que deveriam ter sido pagas) para o beneficiário mover ação com o objetivo de haver as prestações vencidas da Previdência

---

6 Lei nº 8.213/1991, art. 103: É de dez anos o prazo de decadência de todo e qualquer direito ou ação do segurado ou beneficiário para a revisão do ato de concessão de benefício, a contar do dia primeiro do mês seguinte ao do recebimento da primeira prestação ou, quando for o caso, do dia em que tomar conhecimento da decisão indeferitória definitiva no âmbito administrativo.
Parágrafo único. Prescreve em cinco anos, a contar da data em que deveriam ter sido pagas, toda e qualquer ação para haver prestações vencidas ou quaisquer restituições ou diferenças devidas pela Previdência Social, salvo o direito dos menores, incapazes e ausentes, na forma do Código Civil. (Incluído pela Lei nº 9.528, de 1997)

Social. Ou seja, se algum pagamento for devido pela Previdência nos últimos oito anos, por exemplo, somente será possível haver as diferenças relativas aos últimos cinco anos, por conta da prescrição ocorrida.

Na decadência ocorre a perda do direito à ação, ou seja, passados 10 anos do indeferimento de um pedido de pensão, por exemplo, não existe possibilidade de se recorrer administrativa ou judicialmente para rever a decisão. Poderá, entretanto, ser requerido novo pedido junto ao INSS sendo os valores devidos a partir do novo pedido e não a partir da morte do beneficiário ou do pedido anterior. Diante da nova recusa, restará a ação na Justiça Federal. O cuidado, como se vê, é necessário, pois poderá significar prejuízo de alguns anos sem o direito à pensão.

A escritura declaratória de união estável feita em vida pelos companheiros é a prova mais importante para assegurar direitos a ambos, principalmente no caso da morte do outro.

Algumas pessoas, levadas pela informação errada, tentam fazer a escritura de união estável *post mortem*, junto ao cartório e diante de testemunhas. Este documento não é aceito pelo INSS como prova de união estável. A informação correta nestes casos faz toda diferença e a presença de um profissional especializado poderá significar muita tranquilidade no futuro.A assistência jurídica gratuita é prestada na maioria dos Estados através das defensorias públicas da União, cujos endereços poderão ser obtidos pelo site http://www.dpu.gov.br.

Jurisprudência [7]

> PREVIDENCIÁRIO. PENSÃO POR MORTE. UNIÃO HOMO-AFETIVA EQUIPARADA À UNIÃO ESTÁVEL. CONVIVÊNCIA DURADOURA. INICIO DE PROVA DOCUMENTAL. PROVA TESTEMUNHAL. DEPENDÊNCIA ECONÔMICA PRESUMI-DA. JUROS. REEXAME NECESSÁRIO PARCIALMENTE PRO-VIDO. APELAÇÃO NÃO PROVIDA. 1. **Ao equiparar a união homoparental à união estável (ADI 4277 e ADPF 132- RJ), a Suprema Corte consolidou o entendimento que já vinha sendo adotado por esta Corte e pelo STJ quanto à possibilidade de concessão do benefício de pensão por morte de companheiro homoafetivo** (AC 2002.38.00.043831-2/MG, Rel. Desembargadora Federal Neuza Maria Alves Da Silva, Segunda Turma, DJ p.25 de 19/01/2007; RESP 395904, Rel. Min. Hélio Quaglia Barbosa, DJ de 06/02/2006). 2.

---

7 Disponível em: http://columbo2.cjf.jus.br/juris/unificada/Resposta. Acesso em 28.jan.2012.

Uma vez reconhecida, numa interpretação dos princípios norteadores da constituição pátria, a união entre homossexuais como de união compreendida dentro do conceito de entidade familiar e afastados quaisquer impedimentos de natureza atuarial, deve a relação da Previdência para com os casais de mesmo sexo dar-se nos mesmos moldes das uniões estáveis entre heterossexuais. (TRF 4° Região, AC 9347 RS 2000.71.00.009347-0. Rel. João Batista Pinto Silveira). 3. Consoante é cediço, a concessão do benefício, segundo a legislação previdenciária pertinente, exige comprovação do óbito, da qualidade de segurado do falecido e a condição de dependente do Requerente. 4. Na hipótese, a prova documental produzida - extrato bancário; faturas de serviço de telecomunicações e da Companhia de Saneamento de Minas Gerais; um envelope de correspondência postal que demonstram o domicílio comum; certificado individual de seguro de vida em grupo e/ou acidentes pessoais coletivos, no qual o filho da requerente figura como beneficiário do seguro contratado pela instituidora - consubstancia início de prova material quanto à existência união estável entre a autora e a ex-segurada. Tudo corroborado pelos os depoimentos colhidos na fase instrutória, os quais foram firmes e convincentes em declarar que a demandante e a instituidora mantiveram relação homoafetiva, até a data do óbito. 5. A correção monetária deve ser calculada conforme parâmetros constantes do Manual de Cálculos da Justiça Federal (Lei 6.899/81 e Súmula 148 do STJ) e juros moratórios, a contar da citação à taxa de 1% ao mês até a entrada em vigor da Lei 11.960/09, a partir de quando deve ser observada a disciplina do novo diploma legal. 6. A jurisprudência desta Corte estabilizou entendimento preconizando que em causas dessa natureza a verba honorária deve ser fixada no percentual de 10% (dez por cento), incidindo apenas sobre as parcelas vencidas até a prolação da sentença. 7. Apelação do INSS a que se nega provimento. Reexame Necessário parcialmente provido para adequar a correção monetária, juros, honorários e custas à Jurisprudência da corte. AC 200501990706483 AC - APELAÇÃO CIVEL - 200501990706483 – TRF1 - Relator Juiz Federal Francisco Hélio Camelo Ferreira -DJF1 Data: 20/07/2011 Pagina:250. (grifo nosso)

PROCESSO CIVIL E PREVIDENCIÁRIO. PENSÃO POR MORTE. COMPANHEIRO HOMOAFETIVO. AÇÃO INTENTADA PELO ESPÓLIO PARA INVALIDAÇÃO DE ATO ADMINISTRATIVO DE CON-

CESSÃO DO BENEFÍCIO. LEGIMITDADE ATRIBUÍDA APENAS ÀS PESSOAS INDICADAS NO ART. 16 DA LEI Nº 8.213/1991. EXTINÇÃO DO PROCESSO SEM RESOLUÇÃO DO MÉRITO (ART. 267, VI, DO CPC). 1. o recurso interposto por Francisca Moura Pinho e Maria Moura de Oliveira, às fls. 291/292, não deve ser conhecido pela falta de legitimidade recursal, uma vez que a representação legal do espólio cabe ao inventariante no moldes do art. 12, V, do CPC. 2. Está-se a tratar de demanda ajuizada pelo espólio de Francisco Moura da Costa, representado pelo irmão inventariante João Moura da Costa, contra ato administrativo de concessão de pensão por morte a companheiro homoafetivo, com vista, também, à reparação por danos morais. 3. O Juízo sentenciante adentrou no mérito da causa e julgou improcedente o pedido. 4. O benefício previdenciário de pensão por morte vem previsto no art. 74 da Lei nº 8.213/1991. 5. Percebe-se, de logo, que a pensão por morte é benefício previdenciário de prestação continuada e de caráter substitutivo que é concedido aos dependentes do segurado que vier a falecer, aposentado ou não, e que se destina a suprir a falta de quem provia as necessidades econômicas dos beneficiários. 6. Por sua vez, sobre os dependentes do segurado, tratou o art. 16 daquele mesmo diploma legal. 7. Ora, pelo dispositivo retro transcrito, percebe-se facilmente que somente as pessoas indicadas nos incisos I a III teriam legitimidade para, em recurso à jurisdição, buscar a nulidade do ato do INSS que concedeu o benefício de pensão por morte ao co-réu Francisco Francenilson Maia, companheiro homoafetivo do de cujus, diante, logicamente, de um vínculo fático e jurídico que, mantido entre dependente e segurado, garantiria ao primeiro a percepção da prestação previdenciária de forma integral ou em quotas, segundo cada caso. 8. Assim, constata-se que o espólio não é titular do interesse levado a Juízo, faltando-lhe, assim, legitimidade ordinária, condição indispensável ao exercício válido do direito de ação. 9. Note-se que o mesmo se aplica à pretensão de reparação de danos, uma vez que esta tem sua razão de ser na concessão do benefício em comento, tal como se verifica em leitura à petição inicial. 10. Extinção do processo sem resolução do mérito nos termos do art. 267, VI, c/c o art. 301, parágrafo 4º, do CPC, para, em consequência, julgar prejudicado o recurso às fls. 300/316. AC – Relator Desembargador Federal Emiliano Zapata Leitão. AC 200981000027405. AC - Apelação Cível – 492719. TRF5 - DJE - Data:17/03/2011 - Página:1005.

PROCESSUAL CIVIL. VERBA DE CARÁTER ALIMENTAR. CONCESSÃO DE ANTECIPAÇÃO DE TUTELA. CABIMENTO. PRINCÍPIO DA DIGNIDADE HUMANA. COMPANHEIRO. RELACIO-

NAMENTO HOMOAFETIVO. COMPROVAÇÃO. PENSÃO POR MORTE. REQUISITOS PREENCHIDOS. PRECEDENTES DESTA CORTE. RECURSO PROVIDO. A jurisprudência de nossos tribunais já deixou assentada a excepcionalidade do deferimento da antecipação de tutela contra a Fazenda Pública, como na espécie, em que se trata de verba alimentar, devendo se ter em mente o princípio da dignidade da pessoa humana, previsto constitucionalmente (CF, art. 1º, III). Assim, impõe-se o deferimento da tutela antecipada para que seja imediatamente implementado o benefício de pensão por morte do servidor GUALTER GONZAGA RAIMUNDO ao companheiro PAULO IVAN MARTINS DOS SANTOS. O Juiz, no papel de pacificador das relações sociais, deve se adequar à realidade e às transformações observadas na sociedade, não podendo haver discriminações em razão da raça, cor, idade e, ainda mais, em razão da opção sexual, devendo ser observados, ao revés, os princípios constitucionais da dignidade da pessoa humana (art. 1º, III); da igualdade, da liberdade (art. 5º, *caput*) e da não discriminação (art. 3º, IV). Assim, a norma prevista no art. 226, § 3º, da Carta da República deve ser interpretada extensivamente a ponto de reconhecer a relação homoafetiva como capaz de possuir todos os requisitos para a configuração de uma entidade familiar, como a estabilidade, fidelidade, afetividade e intenção de se tornar família. De acordo com a jurisprudência, a inexistência de regra em relação à possibilidade da percepção de benefício de pensão por morte, por companheiro(a) homossexual de servidor público, não pode ser considerada como obstáculo para o reconhecimento da existência dessa relação, devendo receber a adequada proteção jurídica. Ademais, se o Sistema Geral de Previdência do País já estabelece procedimentos a serem adotados para a concessão de benefícios previdenciários ao companheiro ou companheira homossexual (IN nº 25-INSS) em respeito ao princípio isonômico, as disposições desse ato normativo podem e devem ser aplicadas, por analogia, aos servidores públicos federais (TRF 5ª Região, AC 200383000201948/PE, Rel. Des. Fed. ÉLIO WANDERLEY DE SIQUEIRA FILHO, DJU de 06.12.2006). O requisito indispensável ao reconhecimento do direito à pensão pretendida é a prova da convivência entre o autor e o de cujus, sendo que a união estável caracteriza-se pela convivência duradoura, pública e contínua, tendo por objetivo a constituição de família. As provas dos autos são suficientes para comprovar a relação afetiva entre o autor e o falecido servidor e as testemunhas demonstram que a convivência apresentava forma de entidade familiar. O início do benefício deve ser fixado desde a data do óbito, na forma do art. 219 da Lei 8112/90. Assim, comprovada a união estável como entidade familiar e presumida a dependência econômica entre os companheiros, é de ser reconhecido o direito à pensão por morte (art. 217, I, "c", da Lei 8.112/1990). Precedentes desta Corte. Recurso provido para, reformando a sentença, julgar procedente o pedido, habilitando PAULO IVAN MARTINS DOS SANTOS ao recebimento da pensão por morte de GUALTER GONZAGA RAIMUNDO. AC 200351010274326 AC - APELAÇÃO CIVEL - 362708 TRF2 Desembargador Federal RENATO CESAR PESSANHA DE SOUZA DJU - Data:16/01/2009 - Página:168.

Justiça autoriza INSS a pagar pensão por morte para companheiro homoafetivo[8]

07/07/2011 | *Fonte: JusBrasil*

A Justiça Federal do Tocantins decidiu, nesta terça-feira (5/07/2011), autorizar o Instituto Nacional de Seguro Social (INSS) a pagar pensão por morte a um companheiro homossexual, que teve o pedido negado pelo instituto em 2009. O benefício foi concedido para Neurival Gomes de Lima, 35 anos, conhecida como Sara. Ela viveu 12 anos com o motorista Ercivaldo Pereira Soares, que morreu em 26 de março de 2009. Cabe recurso da sentença.

A decisão foi tomada dois meses após o Supremo Tribunal Federal (STF) ter reconhecido, por unanimidade, a união estável entre casais do mesmo sexo como entidade familiar. Na prática, as regras que valem para relações estáveis entre homens e mulheres serão aplicadas aos casais gays. Com a mudança, o Supremo cria um precedente que pode ser seguido pelas outras instâncias da Justiça e pela administração pública.

"Estou muito feliz, alegre e me sentindo bem com a decisão do juiz", disse Sara ao G1, após a audiência realizada na manhã desta terça-feira, em Palmas. Ela vive em Gurupi, onde morou com o Ercivaldo até ele não suportar o tratamento de câncer no intestino e falecer há pouco mais de dois anos.

Jurisprudência do STJ

Comprovada a existência de união afetiva entre pessoas do mesmo sexo, deve-se reconhecer o direito do companheiro sobrevivente de receber benefícios decorrentes do plano de previdência privada, com os idênticos efeitos operados pela união estável. A decisão inédita — até então tal benefício só era concedido dentro do Regime Geral da Previdência Social — é da 3ª Turma do Superior Tribunal de Justiça, em processo relatado pela ministra Nancy Andrighi. Por maioria, a Turma reformou acórdão do Tribunal de Justiça do Rio de Janeiro que isentou a Caixa de Previdência dos Funcionários do Banco do

8 Disponível in: http://www.ibdfam.org.br/?clippings&clipping=4852 . Acesso em 02.fev.2012.

Brasil (Previ) do pagamento de pensão *post mortem* ao autor da ação, depois da morte de seu companheiro. O casal viveu uma união afetiva durante 15 anos, mas o TJ-RJ entendeu que a legislação que regula o direito dos companheiros a alimentos e à sucessão (Lei nº 8.971/1994) não se aplica à relação entre parceiros do mesmo sexo.

Em minucioso voto de 14 páginas no qual abordou doutrinas, legislações e princípios fundamentais, entre eles o da dignidade da pessoa humana, a relatora ressaltou que a união afetiva constituída entre pessoas de mesmo sexo não pode ser ignorada em uma sociedade com estruturas de convívio familiar cada vez mais complexas, para se evitar que, por conta do preconceito, sejam suprimidos direitos fundamentais das pessoas envolvidas.

Segundo a ministra Nancy Andrighi, enquanto a lei civil permanecer inerte, as novas estruturas de convívio que batem às portas dos tribunais devem ter sua tutela jurisdicional prestada com base nas leis existentes e nos parâmetros humanitários que norteiam não só o direito constitucional, mas a maioria dos ordenamentos jurídicos existentes no mundo.

Para ela, diante da lacuna da lei que envolve o caso em questão, a aplicação da analogia é perfeitamente aceitável para alavancar como entidade familiar as uniões de afeto entre pessoas do mesmo sexo. "Se por força do artigo 16 da Lei nº 8.213/1991, a necessária dependência econômica para a concessão da pensão por morte entre companheiros de união estável é presumida, também o é no caso de companheiros do mesmo sexo, diante do emprego da analogia que se estabeleceu entre essas duas entidades familiares", destacou a relatora.

Nessa linha de entendimento, aqueles que vivem em uniões de afeto com pessoas do mesmo sexo estão enquadrados no rol dos dependentes preferenciais dos segurados, no regime geral, bem como dos participantes, no regime complementar de Previdência, em igualdade de condições com todos os demais beneficiários em situações análogas. Destacou, contudo, a ministra que o presente julgado tem aplicação somente quanto à previdência privada complementar, considerando a competência das Turmas que compõem a 2ª Seção do STJ.

Nancy Andrighi ressaltou que o reconhecimento de tal relação como entidade familiar deve ser precedida de demonstração inequívoca da presença dos elementos essenciais à caracterização da união estável. "Demonstrada a convivência, entre duas pessoas do mesmo sexo, pública, contínua e duradoura, estabelecida com o objetivo de constituição de família, haverá, por consequência, o reconhecimento de tal união como entidade familiar, com a respectiva atribuição dos efeitos jurídicos dela advindos".

A ministra reiterou que a defesa dos direitos deve assentar em ideais de fraternidade e solidariedade e que o Poder Judiciário não pode esquivar-se de ver e de dizer o novo, assim como já o fez quando emprestou normatividade aos relacionamentos entre pessoas não casadas, fazendo surgir, por consequência, o instituto da união estável.

O autor requereu junto a Previ o pagamento de pensão post mortem decorrente da morte de seu companheiro e participante do plano de assistência e previdência privada complementar mantida pelo Banco do Brasil. Seguindo os autos, os dois conviveram em alegada união estável durante 15 anos, de 1990 até a data da morte, em 7 de abril de 2005.

O pedido foi negado pela Previ, que sustentou que não há amparo legal ou previsão em seu regulamento para beneficiar companheiro do mesmo sexo por pensão por morte. "Só haverá direito ao recebimento de pensão, a partir do momento em que a lei reconheça a união estável entre pessoas do mesmo sexo, do contrário, não há qualquer direito ao autor", ressaltou a Previ. Alegou, ainda, que o autor foi inscrito apenas como beneficiário do plano de pecúlio, o qual lhe foi devidamente pago. O autor buscou então a tutela de seu direito perante o Judiciário, sustentando que a conduta da Previ é discriminatória e viola os princípios da igualdade e da dignidade da pessoa humana. A ação foi julgada procedente e a Previ condenada ao pagamento de todos os valores relativos ao pensionamento desde a data do falecimento de seu companheiro. Em grau de apelação, a sentença foi reformada pelo Tribunal de Justiça do Rio de Janeiro que julgou o pedido improcedente por entender que as disposições da Lei nº 8.971/1994 não se aplicam à relação homossexual entre dois homens, uma vez que a união estável tem por escopo a união entre pessoas do sexo oposto e não indivíduos do mesmo sexo. O autor recorreu ao STJ contra o acórdão.[9]

9 Disponível em: http://www.conjur.com.br/2010-fev-09/parceiro-mesmo-sexo-direito-receber-previdencia-privada . Acesso em 20.fev.2012.

O Imposto de Renda
Receita Federal

Nota Técnica nº 47/2010/COGES/DENOP/SRH/MP – O companheiro homoafetivo pode ser incluído como dependente para efeito de dedução do Imposto sobre a Renda da Pessoa Física, *desde que tenha vida em comum por mais de 5 (cinco) anos, ou por período menor se da união resultou filho,* conforme Parecer PGFN/CAT nº 1.503/2010, de 19 de julho de 2010, aprovado pelo ministro de Estado da Fazenda em 26 de julho de 2010.

Pode-se, inclusive, retroagir o lançamento até cinco anos através da declaração retificadora.

Ressalte-se que os rendimentos e despesas devem ser declarados pelo valor correspondente ao período de dependência. A dedução, entretanto, será feita pelo valor total permitido pela Receita.

O cônjuge ou companheiro que passou a ter rendimentos próprios no curso do ano-calendário e que apresenta declaração em separado não pode constar como dependente na declaração apresentada pelo outro cônjuge ou companheiro.

PARECER PGFN/CAT/Nº 1503//2010[1]

Requerimento administrativo de servidora federal para inclusão de dependente homoafetiva para efeitos fiscais. Legitimidade do pleito. Falta de vedação legal ou constitucional. Princípios da não discriminação e dignidade da pessoa humana.

(...)

---

1 Disponível em: http://www.direitohomoafetivo.com.br/uploads_normatizacao/parecer_pgfn_cat_1053-2010%5B1%5D.pdf . Acesso em 05.fev.2012.

Por todo o exposto, conclui-se:

(i) a expressão companheiro ou companheira não encontra definição na legislação tributária, sendo desimportante a sexualidade dos companheiros para aplicação dos arts. 4º, III e 8º, II, "b" e "c" da Lei nº 9.250/95, e 77 do Decreto nº 3.000/99 (RIR/99);

(ii) as uniões homoafetivas estão compreendidas na polissemia dos arts. 35, II da Lei nº 9.250/95 e 77, § 1º, inciso II do Decreto nº 3.000/99, razão pela qual vedado ao intérprete limitar o que a lei expressamente não limita;

(iii) a paridade de tratamento tributário é direito constitucional que interdita qualquer exegese fundada na discriminação de gênero. Embora certo que na perspectiva biológica, sociológica ou antropológica constituam realidades distintas a união duradoura entre pessoas do mesmo sexo e a de duas pessoas de sexo diverso, no domínio tributário a equiparação de tratamento é fundamento material de incidência;

(iv) não se colhe do art. 226, §3º, da CF/88 "norma de clausura", a tornar proibido tudo o que não estiver literalmente previsto. Além da sua interpretação sistemática com outros preceptivos de igual ou superior hierarquia axiológica, o elemento fundamental do art. 246 da CF é a família, não o sexo dos parceiros, cujo objetivo foi alargar a cobertura constitucional dos direitos fundamentais, não o de restringir ou limitar, implícita ou explicitamente, à união heterossexual;

(v) as relações homoafetivas, à míngua de previsão explícita na legislação tributária, não podem ser tratadas como união de vida de 2ª categoria para efeitos fiscais. Não implica isso extravagância ou juízo de inconstitucionalidade, mas compreensão da lei tributária conforme a Constituição, dando-lhe sentido compatível com a norma fundamental;

VII

87. Posto isto, uma vez demonstrado, quantum satis, a viabilidade e procedência do requerimento administrativo objeto da Nota Técnica nº 47/2010/COGES/DENOP/SRH/MP, opina-se pela juridicidade da inclusão cadastral de companheira homoafetiva como dependente de servidora pública federal para efeito de dedução do Imposto de Renda, desde que preenchidos os demais requisitos exigíveis à comprovação da união estável disciplinada nos arts. 4º, III e 8º, II, "b" e "c" da Lei nº 9.250/95, e no art. 77 do Decreto nº 3.000/99 (RIR/99).

É o Parecer jurídico. À consideração superior.

Processo : 23080.055247/2007-09

Interessado : Ministério do Planejamento, Orçamento e Gestão

Assunto : Requerimento administrativo de servidora federal. Inclusão de dependente homoafetiva para efeitos fiscais.

Despacho : Aprovo o Parecer PGFN/CAT/Nº 1503/2010, de 19 de julho de 2010, que versa sobre requerimento de servidora pública federal, visando a inclusão cadastral de companheira homoafetiva como sua dependente para efeito de imposto de renda.

Publique-se.

Guido Mantega - Ministro da Fazenda

Jurisprudência:

TRF 3ª Região - São Paulo - Processo civil. Ação civil pública. Lei nº 8.078/90. Competência da justiça federal. Âmbito nacional. Pretensão de reconhecimento de direitos decorrentes de união estável homoafetiva. Tema que reclama interpretação legal. Disposição constitucional não atingida. Atividade judiciária legislativa não verificada. Prestação jurisdicional que se impõe. 1. A leitura do dispositivo legal que trata da competência, precisamente o artigo 93 e seus incisos I e II, da Lei nº. 8.078/90, permite reafirmar que a competência da Justiça Federal é nacional, sendo os demais comandos previstos no mencionado dispositivo dirigidos, todos eles, apenas às demais justiças, que têm âmbito de abrangência territorial limitada, em razão de característica própria da Federação Brasileira composta de Estados e do Distrito Federal. Entendimento firmado por essa Turma, quando do julgamento da apelação cível nº 1144291, de minha relatoria. 2. Pedido de reconhecimento de direitos decorrente da união estável homoafetiva que não se configura como declaração incidental ou concentrada de inconstitucionalidade, dependendo estritamente de interpretação legal. 3. Pretensão que não atinge disposição constitucional, nem reclama que o julgador que se comporte como legislador, exigindo apreciação do Judiciário, sob pena de negativa da prestação jurisdicional. 4. Apelação provida. Sentença reformada. 5. Antecipação da tutela recursal concedida para que os casais homossexuais possam usufruir dos benefícios fiscais concedidos a casais heterossexuais para o efeito de declaração do imposto de renda pessoa física (IRPF), nos termos do artigo 273 do Código de Processo Civil. (TRF 3ª Região, AC 0005378-77.2002.4.03.6100, Turma C, Rel. Juiz Federal Conv. Wilson Zauhy, j. 10/12/2010).

Os planos de saúde

Desde maio de 2010, a Agência Nacional de Saúde (ANS) determinou que as operadoras de planos de saúde devem aceitar, como dependentes, os companheiros homossexuais que vivem em união estável. A Súmula Normativa nº 12, destaca a seguinte decisão:

SÚMULA NORMATIVA Nº 12, DE 04 DE MAIO DE 2010[1]

A Diretoria Colegiada da Agência Nacional de Saúde Suplementar (ANS), no uso das competências que lhe conferem os arts. 3º e 4º, incisos II, XXIV e XXVIII, combinados com o art. 10, inciso II, da Lei nº 9.961, de 28 de janeiro de 2000, e em conformidade com o inciso III, do art. 6º do Regimento Interno, aprovado pela Resolução Normativa (RN) nº 197, de julho de 2010,

Considerando os princípios dispostos no texto da Constituição da República Federativa do Brasil de 1988, especialmente o da igualdade (art. 5º, *caput*), o da proibição de discriminações odiosas (art. 3º, inciso IV), o da dignidade da pessoa humana (art. 1º, inciso III), o da liberdade (art. 5º, *caput*) e o da proteção da segurança jurídica;

Considerando o disposto no inciso II, do art. 4º da Lei nº 9.961, de 28 de janeiro de 2000; e

Considerando as definições de grupo familiar previstas no art. 5º, §1º, inciso VII, e no art. 9º, §1º, da RN nº 195, de 14 de julho de 2009:

RESOLVE:

Adotar o seguinte entendimento vinculativo:

1 - Para fins de aplicação à legislação de saúde suplementar, entende-se por *companheiro de beneficiário titular de plano privado de assistência à saúde* pessoa do sexo oposto ou do mesmo sexo.

MAURICIO CESCHIN

Diretor – Presidente

---

1 Disponível em: http://www.ans.gov.br/texto_lei.php?id=70:. Acesso em 04.mar.2012.

O procedimento é o mesmo para inclusão do companheiro hétero, necessitando a apresentação de documento que comprove a união estável. Caso haja negativa, esta deverá se dar de forma expressa, a fim de se buscar a tutela judicial. De igual forma, deverão as operadoras e seguradoras procederem a alteração do nome social quando requerido pelas partes, bastando, para tal, a apresentação da nova certidão ou novo documento de identidade. Nenhuma justificativa à alteração de nome deverá ser exigida da parte, como sentença judicial, por exemplo, sob pena de se incorrer nas praticas de discriminação e preconceito.

Jurisprudência[2]

Distrito Federal - Constitucional. Administrativo. Servidor homossexual. Inclusão de companheiro como dependente em plano de saúde. Possibilidade. 1. A relação homoafetiva permite a inclusão do companheiro como dependente em plano de assistência à saúde, nas mesmas condições em que são incluídos os parceiros heterossexuais. 2. Apelação e remessa oficial, tida por interposta, não providas. (TRF 1ª Região, AC 2005.34.00.013249-5, 1ª T. Supl., Rel. Juiz Fed. Conv. Mark Yshida Brandão, j. 02/06/2011).

TRF 4ª Região - Rio Grande do Sul - Ação civil pública. Inclusão de companheiros homossexuais como dependentes em plano de saúde. Possibilidade. Legitimidade do ministério público. Efeitos da sentença coletiva. I - Estando presente o requisito da relevância social do bem jurídico protegido ou da sua expressão coletiva, encontra-se o Ministério Público legitimado a propor ação civil pública, independentemente de se tratar de direito disponível ou indisponível. II - Qualquer sentença prolatada por órgão jurisdicional competente pode produzir efeitos para além dos limites de sua competência territorial, os quais irão vincular apenas as partes, o grupo ou toda a coletividade, dependendo da abrangência subjetiva da coisa julgada, determinada pela extensão do pedido do autor e não pela competência do julgador. III - Esta corte vem reconhecendo a união afetiva homossexual, inclusive atribuindo-lhe efeitos na órbita estatutária. Precedentes. IV - Diante do disposto no artigo 5º, inciso XXXV da Constituição Federal e da previsão do artigo 4º da Lei de Introdução ao Código Civil, não há que se falar em violação ao princípio da legalidade estrita, tampouco em ingerência indevida do Poder Judiciário na atividade do legislador, quando o julgador se vê compelido pelo caso concreto a decidir sobre a forma como a união homossexual deve ser tratada juridicamente. V -

---

2 Disponível em: http://direitohomoafetivo.com.br/JurisprudenciaList.php?idJurisAssunto=22&idJurisSubAssunto=23 . Acesso em 20.fev.2012.

Não se aplica ao caso dos autos a exigência de prévia fonte de custeio trazida pelo artigo 195, parágrafo 5º, da Constituição Federal e pelo artigo 21 da Lei Complementar nº 101/2000. (TRF 4ª Região, AC 2003.71.00.039987-0/RS, 3ª T., Rel. Desa. Federal Maria Lúcia Luz Leiria, j. 24/08/2009).

TRF 1ª Região - Distrito Federal - Constitucional, administrativo e civil. Mandado de segurança. Servidor público federal. Relação homoafetiva. Entidade familiar entre pessoas do mesmo sexo. Reconhecimento como dependente/beneficiário de plano de assistência à saúde. Garantia de formação do meio ambiente cultural brasileiro, ecologicamente equilibrado. I - Afigura-se odiosa a negativa do reconhecimento dos direitos concedidos às pessoas de sexos diferentes aos do mesmo sexo, inclusive aos relacionados com a inclusão como dependente/beneficiário de plano de assistência médica, porque tal discriminação preconceituosa afronta os objetivos da República Federativa do Brasil, entre eles, o da construção de uma sociedade livre, justa e solidária, da erradicação da marginalização e da redução das desigualdades sociais, e, também, o da promoção do bem de todos, sem preconceitos de origem, raça, sexo, cor, idade e quaisquer outras formas de discriminação. II - O reconhecimento de vínculos entre pessoas do mesmo sexo atende, também, a defesa constitucional da unidade familiar, da promoção do bem estar e da dignidade da pessoa humana, da igualdade e da legalidade, e, especificamente na espécie dos autos, da saúde, que é direito de todos e dever do Estado, garantido mediante políticas sociais e econômicas que visem à redução do risco de doença e de outros agravos e ao acesso universal igualitário às ações e serviços para sua promoção, proteção e recuperação (artigo 196, da Constituição Federal). III - Se o homossexual não é cidadão de segunda categoria e sua opção ou condição sexual não lhe diminui direitos, muito menos, a dignidade de pessoa humana (STJ, RESP 238715/RS, 3ª Turma, j. 02.10.2006, p. 263) e, se todos são iguais perante a lei, sem distinção de qualquer natureza (CF, art. 5º, *caput*), não há de se admitir a submissão de qualquer pessoa a tratamento discriminatório e marginalizador ou degradante, garantindo-se o desenvolvimento sustentável do patrimônio cultural do povo brasileiro, constituído dos bens de natureza material e imaterial, tomados individualmente ou em conjunto, como portadores de referência à identidade à ação, à memória dos diferentes grupos formadores da sociedade brasileira, nos quais se incluem as formas de expressão e os modos de criar, fazer e viver (CF, arts. 216, I e II), essenciais à sadia qualidade de vida das presentes e futuras gerações (CF, arts. 225, *caput*). IV - Apelação e remessa oficial desprovidas. Sentença confirmada. (TRF 1ª Regiao, AMS 2005.34.00.013248-1/DF, 6ª T., Rel. Des. Souza Prudente, j. 01/10/2007).

O seguro de vida

Oseguro de vida é um contrato celebrado com uma seguradora para garantir uma proteção financeira para familiares e/ou dependentes, no caso de morte, ou para o próprio contratante no caso de invalidez permanente ou de uma doença grave.

Pode-se escolher livremente os beneficiários, e a substituição deles por outros poderá ser feita quantas vezes se desejar. Seguro de vida não é herança; assim, os beneficiários do seguro não são, necessariamente, os herdeiros do segurado. Prevalecerá sempre a indicação de beneficiário indicado pelo segurado. Conforme previsão do art. 792 do CC, na falta da indicação de beneficiários (ou se por qualquer motivo não prevalecer a que foi feita), metade do capital segurado será paga ao cônjuge não separado judicialmente, e o restante, aos herdeiros do segurado, obedecida a ordem da vocação hereditária do art. 1829 do CC.

Alguns cuidados devem ser tomados no ato da contratação, como por exemplo, período de carência, critério de atualização do prêmio e da indenização e documentos necessários, no caso de pagamento da indenização. Trata-se de informações importantes que também devem constar das condições gerais. A apólice (seguro individual) ou o certificado individual (seguro coletivo) que a seguradora envia regularmente deve ser mantida em poder do contratante, pois esse é o documento que prova o valor atualizado do capital segurado para o pagamento de qualquer indenização. Nesse documento deve constar o capital segurado de cada garantia e a data do início do seguro. Os beneficiários devem ser informados sobre os documentos relativos ao seguro e onde estão guardados.

De acordo com o art. 789 do Código Civil, pode-se contratar mais de uma apólice de seguro sobre o mesmo interesse, com o mesmo ou diversos seguradores e mesmos beneficiários, inclusive. As pessoas indicadas nas apólices como beneficiárias receberão a indenização contratada de todas as apólices. Quando o segurado não indicar beneficiário, o art. 792 do Código Civil determina que o valor segurado será pago metade ao cônjuge e metade aos herdeiros, garantido o direito ao companheiro, conforme art. 793, devendo ser comprovada a união estável. Informações claras sobre os diversos tipos de seguro e as dúvidas frequentes podem ser obtidas através da página da Escola Nacional de Seguros – Funenseg, ou através do *site*: www.tudosobreseguros.org.br.

O Seguro DPVAT

A Superintendência de Seguros Privados do Ministério da Fazenda, através da Circular nº 257/2004, regulamenta o direito do companheiro ou companheira homossexual à percepção de indenização no caso de morte do outro, na condição de dependente preferencial da mesma classe dos companheiros heterossexuais, como beneficiário do Seguro Obrigatório de Danos Pessoais Causados por Veículos Automotores de Via Terrestre, ou por sua carga, a pessoas transportadas ou não.

O Seguro DPVAT é um mecanismo de ajuste e equilíbrio social, que foi criado em função do grande número de acidentes de trânsito no país. As estatísticas oficiais mostram que a quantidade de acidentes vem aumentando. O número de mortes registrado em 2010 foi três vezes superior ao aceitável pela Organização Mundial da Saúde (OMS), que posicionou o Brasil como o 5º país com maior número de óbitos no trânsito. Esse seguro cobre acidentes de trânsito, especificamente às vítimas que tenham sofrido qualquer tipo de lesão física. O DPVAT não cobre o arranhão do carro e outros prejuízos materiais. Ele é um seguro que indeniza pessoas, estejam elas dentro ou fora do veículo. O seguro oferece três coberturas: por morte, por invalidez permanente e de despesas médicas. Para receber a indenização, é necessária a apresentação do registro do acidente emitido pelo órgão policial e laudo médico.

A solicitação do DPVAT é simples e gratuita e não necessita da atuação de intermediário, podendo ser feita mediante a entrega dos documentos requisitados nas seguradoras consorciadas e indicadas pelo órgão as quais, após constatarem a sua regularidade, os encaminharão à Seguradora Líder dos Consórcios do Seguro DPVAT, responsável pelo pagamento.[1]

No caso de morte da vítima, o companheiro deve apresentar os seguintes documentos para receber a indenização: Boletim de Ocorrência Policial (ori-

---

1 http://www.dpvatseguro.com.br

ginal ou cópia autenticada); Certidão de Óbito (cópia autenticada); Laudo de Exame emitido pelo IML (cópia autenticada); RG da vítima (ou CNH, Carteira de Trabalho, certidão de casamento ou de nascimento) - cópia simples; CPF da vítima - cópia simples; declaração informando se a vítima deixou ou não descendentes (modelo no *site*).

Do(a) companheiro(a): certidão de casamento com data de emissão atual e averbação da separação - cópia simples; CPF do cônjuge beneficiário - cópia simples; prova de companheirismo junto ao INSS, ou declaração de dependente junto à Receita Federal, ou prova de dependência através da Carteira de Trabalho, ou alvará judicial; autorização de pagamento (modelo no *site*); comprovante de residência ou declaração de residência (modelo no *site*). Atenção à prescrição, pois, a partir da vigência do Novo Código Civil, em janeiro de 2003, o prazo para dar entrada no pedido de indenização do seguro DPVAT **passou a ser de três anos, a contar da data do acidente**.

O valor da indenização por morte corresponde a 24 vezes o salário mínimo nacional, e o pagamento é efetuado através de depósito em conta corrente ou conta-poupança. Mais informações podem ser obtidas, gratuitamente, pelo telefone 0800 022 1204 ou pelos sites www.dpvatseguro.com.br e www.seguradoralider.com.br – gestora do seguro DPVAT.

A concessão de visto

O Conselho Nacional de Imigração, vinculado ao Ministério do Trabalho, pela Resolução Normativa nº 77/2008, que revogou a Resolução Administrativa nº 5, de 3 de dezembro de 2003, dispõe sobre os critérios para concessão de visto temporário ou permanente, ou de autorização de permanência ao companheiro, em união estável, sem distinção de sexo.[1]

Ministério do Trabalho e Emprego

Conselho Nacional de Imigração

Resolução Normativa Nº 77, de 29 de janeiro de 2008

Dispõe sobre critérios para a concessão de visto temporário ou permanente, ou de autorização de permanência, ao companheiro ou companheira, em união estável, sem distinção de sexo.

O CONSELHO NACIONAL DE IMIGRAÇÃO, instituído pela Lei nº 6.815, de 19 de agosto de 1980 e organizado pela Lei nº 10.683, de 28 de maio de 2003, no uso das atribuições que lhe confere o Decreto nº 840, de 22 de junho de 1993, resolve:

Art. 1º As solicitações de visto temporário ou permanente, ou de autorização de permanência para companheiro ou companheira, em união estável, sem distinção de sexo, deverão ser examinadas ao amparo da Resolução Normativa nº 27, de 25 de novembro de 1998, relativa às situações especiais ou casos omissos, e da Resolução Normativa nº 36, de 28 de setembro de 1999, sobre reunião familiar.

Art. 2º A comprovação da união estável poderá ser feita por um dos seguintes documentos:

---

1 http://www.mte.gov.br/legislacao/resolucoes_normativas/2008/rn_20080129_77.pdf. Acesso em 10.jan.2012

Atestado de união estável emitido pelo órgão governamental do país de procedência do chamado; ou

Comprovação de união estável emitida por juízo competente no Brasil ou autoridade correspondente no exterior.

Art. 3º Na ausência dos documentos a que se refere o art. 2º, a comprovação de união estável poderá ser feita mediante apresentação de:

• certidão ou documento similar emitido por autoridade de registro civil nacional ou equivalente estrangeiro;

• declaração, sob as penas da lei, de duas pessoas que atestem a existência da união estável; e

• no mínimo, dois dos seguintes documentos:

a) comprovação de dependência emitida por autoridade fiscal ou órgão correspondente à Receita Federal;

b) certidão de casamento religioso;

c) disposições testamentárias que comprovem o vínculo;

d) apólice de seguro de vida na qual conste um dos interessados como instituidor do seguro e o outro como beneficiário;

e) escritura de compra e venda, registrada no Registro de Propriedade de Imóveis, em que constem os interessados como proprietários, ou contrato de locação de imóvel em que figurem como locatários; e

f) conta bancária conjunta.

Parágrafo único. Para efeito do disposto nas alíneas de "b" a "f" do inciso III deste artigo, será exigido o tempo mínimo de um ano.

Art. 4º O chamante deverá apresentar ainda:

I – requerimento contendo o histórico da união estável;

II - escritura pública de compromisso de manutenção, subsistência e saída do território nacional, caso necessário, em favor do chamado, lavrada em cartório;

III – comprovação de meios de subsistência do chamante ou do estrangeiro chamado, com fonte no Brasil ou no exterior, suficientes para a manutenção e subsistência de ambos, ou contrato de trabalho regular, ou ainda, de subsídios provenientes de bolsa de estudos, além de outros meios lícitos;

IV - cópia autenticada do documento de identidade do chamante;

V - cópia autenticada do passaporte do chamado, na íntegra;

VI - atestado de bons antecedentes expedido pelo país de origem ou de residência habitual do chamado;

VII - comprovante de pagamento da taxa individual de imigração; e

VIII – declaração, sob as penas da lei, do estado civil do estrangeiro no país de origem.

Parágrafo único. A critério da autoridade competente, o chamante poderá ser solicitado a apresentar outros documentos.

Art. 5º Os documentos emitidos no exterior deverão estar legalizados pela repartição consular brasileira no país e traduzidos por tradutor juramentado no Brasil.

Art. 6º Caso necessário, o Conselho Nacional de Imigração solicitará ao Ministério da Justiça a realização de diligências.

Art. 7º No caso de visto permanente ou de autorização de permanência, o estrangeiro continuará vinculado à condição que permitiu sua concessão pelo prazo de dois anos, devendo tal condição constar em seu passaporte e Cédula de Identidade de Estrangeiro (CIE).

§ 1º O portador do registro permanente vinculado previsto no *caput* poderá requerer permanência por prazo indeterminado mediante comprovação da continuidade da união estável.

§ 2º Decorrido o prazo a que se refere o *caput* caberá ao Ministério da Justiça decidir quanto à permanência por prazo indeterminado do estrangeiro no País.

§ 3º A apresentação do requerimento de que trata o § 1º, após vencido o prazo previsto no *caput*, sujeitará o chamado à pena de multa prevista no inciso XVI do art. 125, da Lei nº 6.815, de 1980, alterada pela Lei nº 6.964, de 09 de dezembro de 1981.

Art 8º Esta Resolução Normativa entra em vigor na data de sua publicação, não se aplicando aos processos já em tramitação.

Art. 9º Fica revogada a Resolução Administrativa nº 05, de 03 de dezembro de 2003.

Publicada no DOU nº 27, de 11 de fevereiro de 2008, Seção I, página 81.

PAULO SÉRGIO DE ALMEIDA

Presidente do Conselho Nacional de Imigração

Decisão

Visto reunião familiar: o brasileiro que regressar ao Brasil poderá trazer consigo seu companheiro (a) pleiteando para esse o visto permanente nas repartições consulares onde estiver residindo.

A solicitação será analisada pelo órgão competente e deverá ser acompanhada da documentação exigida que comprove a união, conforme lista disponível nos *sites* indicados.[2]

Homossexuais brasileiros também podem se beneficiar com o visto do país de origem do seu companheiro(a). França, Bélgica, Suécia, Inglaterra e Canadá concedem o visto sem grandes burocracias, em pedidos baseados na união estável de casais homossexuais.

2 http://www.portalconsular.mre.gov.br/retorno/guia-do-brasileiro-regressado-1/visto-permanente-com-finalidade-de-reunificacao-familiar/. Acesso em :10.jan.2012.

Recentemente o Japão concedeu visto diplomático a homossexual brasileiro casado com cônsul dos EUA[3], embora não permita o casamento entre pessoas do mesmo sexo.

Com o governo de Barack Obama, Washington passou a tratar os casais homoafetivos de forma igual, reconhecendo oficialmente os parceiros homossexuais de diplomatas como membros da família. A concessão de visto se dá de acordo com a RN nº 77/2008, o que antes só era possível através do Judiciário, facilitando sobremaneira a vida dos companheiros homoafetivos.

Segundo a RN, os critérios para a concessão de visto temporário ou permanente ao companheiro independente da orientação sexual. A comprovação da união estável poderá ser feita pelo atestado de união estável emitido pelo órgão governamental do país de procedência do chamado ou pela comprovação de união estável emitida por juízo competente no Brasil ou autoridade correspondente no exterior. Na falta destes, a comprovação poderá, ainda, se dar através de:

• certidão ou documento similar emitido por autoridade de registro civil nacional, ou equivalente estrangeiro;

• declaração, sob as penas da lei, de duas pessoas que atestem a existência da união estável; e, no mínimo, dois dos seguintes documentos:

a) comprovação de dependência emitida por autoridade fiscal ou órgão correspondente à Receita Federal;

b) disposições testamentárias que comprovem o vínculo;

c) apólice de seguro de vida na qual conste um dos interessados como instituidor do seguro e o outro como beneficiário;

d) escritura de compra e venda, registrada no Registro de Propriedade de Imóveis, em que constem os interessados como proprietários, ou contrato de locação de imóvel em que figurem como locatários; e

e) conta bancária conjunta.

O companheiro chamante deverá apresentar ainda:

• requerimento contendo o histórico da união estável;

• escritura pública de compromisso de manutenção, subsistência e saída do território nacional, caso necessário, em favor do chamado, lavrada em cartório;

• comprovação de meios de subsistência do chamante ou do estrangeiro chamado, com fonte no Brasil ou no exterior, suficientes para a manutenção

---

3 http://www.arpenbrasil.org.br/index.php?option=com_content&task=view&id=6665&Itemid=96. Acesso em 22.fev.2012.

e subsistência de ambos, ou contrato de trabalho regular, ou ainda, de subsídios provenientes de bolsa de estudos, além de outros meios lícitos;

• cópia autenticada do documento de identidade do chamante;

• cópia autenticada do passaporte do chamado, na íntegra;

• atestado de bons antecedentes expedido pelo país de origem ou de residência habitual do chamado;

• comprovante de pagamento da taxa individual de imigração; e

• declaração, sob as penas da lei, do estado civil do estrangeiro no país de origem.

Os documentos produzidos nos países estrangeiros deverão ser traduzidos para o português no Brasil por intermédio de tradutor público juramentado e terão que ser autenticados no consulado do Brasil, no país de origem.

O pedido de permanência deve ser protocolizado na unidade de Polícia Federal mais próxima do local de residência do interessado, que, após instrução naquela unidade, será encaminhado ao Departamento de Estrangeiros da Secretaria Nacional de Justiça do Ministério da Justiça para análise e decisão, a qual será publicada no Diário Oficial da União.

Sendo deferido o pedido, após a publicação do deferimento no Diário Oficial da União, o interessado terá o prazo de 90 dias para dirigir-se à unidade da Polícia Federal do local de residência para efetuar o registro como permanente. Caso perca esse prazo, em razão de caso fortuito ou motivo de força maior (devidamente comprovada através de documentos hábeis e taxa GRU/Funapol), o interessado terá 90 dias, a partir do término do prazo para requerer a republicação do ato publicado no Diário Oficial da União. Previsão legal do parágrafo único do art. 20 da Lei nº 6.815/1980.

Se o pedido for indeferido, o estrangeiro tem um prazo (improrrogável) de 15 dias a contar da data de publicação no DOU para requerer a reconsideração do pedido junto à Polícia Federal ou à Central de Atendimento da Secretaria Nacional de Justiça, apresentando os documentos necessários para modificar a decisão e comprovando o pagamento da taxa de recolhimento GRU/Funapol, referente ao pedido de reconsideração.

Decisões

Em decisão inédita,[4] a Secretaria Nacional de Justiça do Ministério da Justiça, por meio do seu Departamento de Estrangeiros, concedeu, pela primeira vez, residência permanente a um estrangeiro no Brasil, com base em

---

4 Disponível em: http://www.ibdfam.org.br/?clippings&clipping=5284 . Acesso em 04.mar.2012.

casamento entre parceiros do mesmo sexo. O casal, formado por um brasileiro e um cubano (naturalizado espanhol), mora em Araçatuba, interior de São Paulo. A partir de agora, outras decisões como essa serão adotadas pelo Ministério da Justiça com finalidade de reunião familiar. "Somos pioneiros no Mercosul nessa decisão e isso pode servir de exemplo para outros países do Bloco (Mercosul)", explicou a diretora do Departamento de Estrangeiros, Izaura Miranda.

O estrangeiro com união homoafetiva estável que deseje ficar no país precisa se encaixar em alguns critérios, dentre eles, não ter antecedentes criminais e comprovar a união estável ou o casamento. "O Estado é laico e tem o dever de dar proteção jurídica a todos e todas, sem qualquer discriminação", afirma o secretário Nacional de Justiça, Paulo Abrão.

Com a residência permanente em mãos, o estrangeiro pode viver no Brasil por tempo indeterminado. Tem direito a trabalhar, a ter acesso a serviços de saúde e a benefícios previdenciários. Depois de quatro anos neste país, poderá pedir a naturalização, que lhe dará o direito a votar, prestar concurso público e obter um passaporte brasileiro.

A decisão do Ministério da Justiça seguiu entendimento recente do Supremo Tribunal Federal (STF) que, em maio de 2011, permitiu a união estável entre homossexuais. Com ela, eles têm direitos como herança, comunhão parcial de bens, pensão alimentícia e previdenciária, licença médica e inclusão do companheiro como dependente em planos de saúde, entre outros benefícios.

Jurisprudência[5]

TRF 2ª Região - Espírito Santo - Administrativo. Pedido de visto permanente a estrangeiro residente no Brasil. Observância dos princípios norteadores do processo administrativo. Lei nº 9.784/99. Segundo o Estatuto do Estrangeiro (Lei nº 6.815/1980), regulamentado pelo Decreto nº 86.715/1981, a concessão de visto permanente constitui procedimento administrativo complexo que exige a análise do Ministério da Justiça e do Conselho Nacional de Imigração - Órgão que compõe a estrutura do Ministério do Trabalho e Emprego, responsável pela autorização de trabalho no Brasil a estrangeiro. - Baseando-se a solicitação de permanência definitiva da Autora em relação homoafetiva mantida com uma nacional, a pretensão deve ser examinada com

---

5 Disponível em: http://direitohomoafetivo.com.br/JurisprudenciaList.php?idJurisAssunto=29 . Aceso em 20.fev.2012

observância também da Resolução Administrativa nº 05/2003 do CNIg, vigente à data do requerimento (13/11/2007). Pretensão autoral acolhida no sentido de determinar que o requerimento da Autora não seja arquivado sem a apreciação do Conselho Nacional de Imigração, bem como garantir sua permanência em solo brasileiro até decisão definitiva do respectivo procedimento administrativo. Remessa necessária não provida. Sentença confirmada. (TRF 2ª Região, Rec. 2007.51.01.028817-3/RJ, 7ª T. Esp., Rel. Des. Federal José Antônio Lisboa Neiva, p. 03/03/2011).

TRF 5ª Região - Pernambuco - Administrativo. Processual civil. União estável. Relação homoafetiva. União estável. Visto permanente. Possibilidade. 1. Buscam os autores seja reconhecido ao Sr. R. W. O direito ao visto permanente, considerando se tratar de companheiro do Sr. D.H.O. 2. A homoafetividade deve ser reconhecida como produto de uma sociedade democrática que tem a liberdade como lastro propiciador de estabilidade. 3. Manutenção da sentença que reconheceu ao autor brasileiro o direito de que seu companheiro permaneça em território nacional. 4. Apelação e remessa oficial improvidas. (TRF 5ª Região, AC 425433, Rel. Des. Federal Paulo Gadelha, j. 03/11/2009).

Goiás - Goiânia - Proc. nº 2008.35.00.024010-7, Juiz Federal Substituto Emilson da Silva Nery, j. 25/06/2009.

TRF 4ª Região - Paraná - Administrativo. Processual civil. União estável. Homossexuais. Visto permanente. A Constituição Federal, no seu art. 5º, XLI, veda a discriminação. A homoafetividade deve ser reconhecida como produto de uma sociedade democrática que tem a liberdade como lastro propiciador de estabilidade. Mantida a sentença que reconheceu ao autor brasileiro o direito de que seu companheiro permaneça em território nacional, até decisão do Conselho Nacional de Imigração. (TRF 4ª Região, AC 2004.70.00.035314-7, 4ª T., Rel. Juiz Márcio Antônio Rocha, j. 17/12/2008).

Paraná – Curitiba – Medida Cautelar inominada. Proc. nº 2008.70.00. 016502-6/PR, Juíza Federal Vera Lucia Feil Ponciano, j. 27/10/2008.

TRF 1ª Região - Minas Gerais - Constitucional e civil. Uniao estável homossexual. Ação cautelar que visa a permanência de estrangeiro no Brasil até o julgamento da ação principal. Ação principal que visa o reconhecimento da união estável entre homossexuais e o direito de estrangeiro a visto de permanência definitiva no brasil. Resolução normativa nº 05/2003 do conselho nacional de imigração. Concessão administrativa do visto almejado pelo requerente. Perda de objeto. Recurso sem utilidade. 1. A sentença recorrida, em sede de ação cautelar, julgou procedente o pedido de D.R.U. para autorizar a sua permanência no Brasil, até o julgamento da ação principal. 2. Na ação principal, o pedido foi julgado parcialmente procedente para reconhecer a união estável entre os autores (que são homossexuais) e, por conseguinte, garantir ao segundo autor, ora requerente (que é estrangeiro), o direito de permanecer no Brasil, com base na aludida relação, devendo eles, no entanto, fazer prova dos documentos exigidos no art. 27 do Decreto 87.615/81, para a obtenção do visto permanente almejado. 3. À época da prolação da sentença, no processo principal, ainda não havia sido editada a Resolução Administrativa nº 05/2003 que dispõe sobre critérios para a concessão de visto temporário ou permanente, ou permanência definitiva, ao companheiro ou companheira, sem distinção de sexo. 4. Com base na Resolução supracitada, o Conselho Nacional de Imigração decidiu deferir, administrativamente, o pedido de concessão de visto de permanência definitiva a D.R.U. (fls. 276 da ação principal). Assim, tendo sido verificada a concessão do visto permanente almejado pelo requerente/apelado, não há mais interesse no prosseguimento da ação, dada a sua superveniente perda do objeto, não mais subsistindo a utilidade do recurso, ora analisado. 5. A finalidade do processo cautelar é garantir o resultado prático do processo principal, sendo sempre dependente deste. Extinto o processo principal, sem julgamento do mérito, a cautelar deve seguir o mesmo destino, razão pela qual declara-se sua extinção. 6. Quanto à fixação de honorários, impossível imputar à parte autora os ônus da sucumbência se quando do ajuizamento da demanda existia o legítimo interesse de agir, era fundada a pretensão, e a extinção do processo sem julgamento do mérito se deu por motivo superveniente que não lhe possa ser atribuído (Precedentes do STJ). 7. Processo extinto, sem julgamento do mérito, com fulcro no art. 267, VI do CPC. 8. Apelo da União e remessa oficial prejudicados. (TRF 1ª Região, AC 2001.38.00.032500-5, 5ª T., Rel. Desa. Federal Selene Maria de Almeida, j. 05/03/2008).

TRF 1ª Região - Minas Gerais - Ação cautelar. União estável homoafetiva. Direito de permanência do autor no Brasil até o julgamento da lide principal que visa reconhecer a união dos litigantes e, por conseguinte, garantir o autor o direito de permanecer no Brasil mediante expedição de visto permanente. (TRF 1ª Região, AC 2001.38.00.032500-5/MG, Rel. Desa. Selene Maria de Almeida, p. 12/12/2007).

O mandato e a curatela

Durante a existência, todos podem passar por dificuldades temporárias no que se refere à administração de sua vida civil, por exemplo, gerir suas contas e seus bens. Diversas podem ser as causas, como uma cirurgia, um problema de saúde prolongado ou um acidente. Nesses momentos, é o companheiro que divide o dia a dia, conhecedor dos medos, desejos e anseios, além das necessidades administrativas do outro quem tem maiores condições de suprir a ausência momentânea do outro e assumir as responsabilidades do papel de companheiro.

Cabe ao companheiro também zelar pela saúde do outro, decidindo sobre o melhor tratamento, o prolongamento ou não do tratamento em casos de doença terminal, doação de órgãos e tecidos para transplante, e até sobre as cerimônias de despedida e funerais.

Sobre este tema, a Justiça Federal de São Paulo já reconheceu o direito do companheiro homoafetivo autorizar a doação de órgãos *post mortem* do companheiro e determinou que a União encaminhasse às unidades que integram o Sistema Único de Saúde (SUS), os termos da decisão.[1]

Nos casos de impedimentos de um dos companheiros (as), existem algumas possibilidades jurídicas e cuidados básicos. Veja, a seguir.

Mandato

Trata-se da outorga de poderes recíprocos pela qual um dá ao outro poderes para agir em caso da impossibilidade, através de um instrumento de mandato particular ou público. Encontra-se prevista no art. 653 e seguintes do Código Civil: "Opera-se o mandato quando alguém recebe de outrem

1 Disponível em: http://www.ibdfam.org.br/?clippings&clipping=286. Acesso em 26.fev.2012.

poderes para, em seu nome, praticar atos ou administrar interesses. A procuração é o instrumento do mandato."

Nesse caso há que se observar os limites do mandato que, em linhas gerais confere poderes de administração. Para alienação de bens ou qualquer outro ato além da administração ordinária, é necessária a procuração com poderes especiais e expressos, que deve ser feita através de instrumento público.

O mandato pode ser revogado a qualquer tempo e cessa, automaticamente, com a morte ou interdição do mandatário. No caso do mandatário vir a ser considerado incapaz para a vida civil, por questões de saúde, sendo necessária a sua interdição judicial, esta revoga automaticamente os poderes do mandato.

Curatela

O instituto da curatela, previsto no art. 1767 do Código Civil, se destina a suprir a incapacidade das pessoas para a prática dos atos da vida civil. Voltada à proteção não apenas da saúde do curatelado, visa também a protegê-lo dos riscos de terceiros.

O cônjuge ou companheiro é, de direito, o curador do outro.

A curatela deve ser requerida em juízo, diante da comprovação dos vínculos. Caso não haja escritura de união estável, deverá ser comprovada a convivência a fim de que o companheiro possa obter o direito de administrar os atos daquele que esteja impedido.

Jurisprudência

Companheiro homossexual já pode autorizar doação de órgãos[2]

28/04/2005 | Fonte: *Última Instância* em 29/04/05

O juiz federal Otávio Henrique Martins Port, da 9ª Vara Federal Cível de São Paulo, concedeu tutela antecipada (liminar) determinando à União que considere o "companheiro ou companheira homossexual como legitimado a autorizar a remoção *post mortem* de órgãos, tecidos e partes do corpo" do companheiro(a) morto para transplante, desde que comprove a união com os mesmos documentos exigidos dos companheiros não casados heterossexuais.

A decisão determina ainda, segundo a Procuradoria da República, que a União publique em cinco dias ato administrativo reproduzindo os termos

---

2 Disponível em: http://www.ibdfam.org.br/?clippings&clipping=286 . Acesso em 26.fev.2012.

da decisão e encaminhe cópia do ato às unidades que integram o Sistema Nacional de Transplantes.

O juiz federal acolheu na íntegra a argumentação do Ministério Público Federal. Segundo o procurador da República Luiz Fernando Gaspar Costa, autor da ação, ao negar o direito de autorizar a doação de órgãos ao companheiro (a) homossexual, a União faz uma interpretação literal da lei, o que resulta em "tratamento diferenciado entre, de um lado, pessoas casadas e companheiros heterossexuais e de outro, companheiros homossexuais", criando uma forma de discriminação não autorizada pela Constituição.

Martins Port, na sua decisão, reconhece o artigo 226 da Constituição, que diz que "para efeito de proteção do Estado, é reconhecida a união estável entre o homem e a mulher", mas considera que o princípio do artigo 3º da Constituição, que veda ao Estado a adoção de comportamentos que impliquem preconceito de origem, raça, sexo, cor ou idade, o sobrepõe quando ambos são confrontados.

"Entendo que, no caso presente, a norma que estabelece a entidade familiar como união de pessoas de sexo diferente deve ceder em relação à norma que veda discriminações em razão do sexo", escreve o juiz federal na decisão, salientando também que a expressão "sexo" deve ser entendida em sua "acepção ampla, abrangendo também a orientação sexual".

O juiz lembrou também que várias decisões judiciais e norma do INSS reconhecem que o companheiro(a) homossexual pode receber pensão por morte do companheiro(a) e indagou qual a diferença da situação previdenciária e da autorização pleiteada pelo MPF.

Para o MPF, a interpretação da lei de transplantes que se busca na liminar atende ao princípio de facilitação da doação de órgãos prevista na lei de transplantes, uma vez que o tempo entre a morte e o transplante de diversos órgãos é exíguo. O juiz concordou também com este argumento: "como excluir desse rol de pessoas habilitadas a proceder a essa autorização o companheiro que comprovar essa condição (...) seja ele homo ou heterossexual?".

Vara: 3ª Vara de Família e Sucessões – Porto Velho - Roraima. Processo: 0002339-91.2010.8.22.0001[3]

Trata-se de pedido de antecipação de tutela em Ação de Interdição que Z.G.R.J. move em face de P.W.B.C. Informa o autor que as partes convivem em relação homoafetiva.

---

3 Disponível em: http://direitohomoafetivo.com.br/JurisprudenciaList.php?idJurisAssunto= Acesso em 20.jan.2012.

Ainda, o autor alega que o requerido, seu companheiro, sofreu um AVC e há necessidade de administração de suas pendências financeiras. Para tanto será preciso nomear o equerente como Curador Provisório e autorizá-lo a movimentar a conta-corrente do requerido. Uma das maiores preocupações dos que operam o direito da atualidade é a contínua busca pela efetividade do processo e as melhores formas de alcançá-la, tal busca está relacionada aos avanços da sociedade dos séculos XX e XXI. A inevitável preocupação com a celeridade e eficiência, que se mostrou por meio principalmente de avanços tecnológicos, indispensavelmente acabou por gerar reflexos e necessidades no âmbito da ciência do direito.

O trânsito moroso do processo ordinário causava danos permanentes aos demandantes que, ao fim de um longo e demorado processo, via seu direito, não raras vezes, reconhecido de forma tardia: perdido no tempo. Medidas precisavam ser criadas visando à proteção aos direitos postos à solução perante o judiciário, de forma a impedir a consumação do prejuízo futuro em virtude de terem o seu direito perpetuado no tempo.

Portanto, para que esse direito não se perpetue e que a efetividade do processo seja garantida questiona-se: como efetivar o direito constitucionalmente fundamental como mecanismo de eficácia à razoável duração do processo? O artigo 5º, XXXV, da Constituição Federal, garante o direito de acesso à justiça e esse direito tem como objetivo o direito à adequada tutela jurisdicional, que deve ser compreendido como o direito à organização de procedimentos adequados à tutela dos direitos. O cidadão que afirma ter um direito deve ter ao seu dispor as medidas e os instrumentos necessários à realização do seu eventual direito.

Com efeito, o Estado, que tem por objetivos fundamentais os de "construir uma sociedade livre, justa e solidária" art. 3º da Constituição Federal, que não existam preconceitos, discriminações, desigualdades, na qual se garanta o bem de todos, acabou assumindo o compromisso de efetivar a aplicação de normas reguladoras da convivência social, garantindo aos indivíduos lesados a devida proteção. Pois bem, quando se fala em tutela jurisdicional falasse exatamente na assistência, no auxílio, na proteção, na vigilância, que o Estado, por seus órgãos jurisdicionais, presta aos direitos dos indivíduos.

Diante desse contexto, destacou-se a incapacidade do processo de comum ordinário para atender essa pretensão, construído para universalizar os litígios e dispondo apenas de tutelas condenatórias, constitutivas e declaratórias, todas regulamentadas para interferir apenas no plano normativo, o que é lento e eminentemente declaratório.

É quase sempre inevitável que se configure um dano, se o direito subjetivo permanecer insatisfeito durante o tempo reclamado pelo desenvolvimento do processo. Além do prejuízo causado naturalmente, a situação do litigante pode se agravar caso ocorram outros eventos indesejáveis, o que pode dificultar ainda mais a situação do litigante pondo em risco a efetividade da tutela jurisdicional.

Contudo, existem situações que necessitam de tutela jurisdicional urgente, o que não pode deixar de ser apreciado pelo juízo profundamente com o risco de não serem mais satisfeitos ao final do litígio.

Nota-se que é visível a morosidade do procedimento ordinário, e, por mais que se acelerem os processos a fim de garantir um resultado viável a parte requerente, dificilmente a satisfação da pretensão poderá ser tempestiva se houver urgência.

O efetivo acesso à justiça aprimora-se, mais do que com a viabilidade de se recorrer ao judiciário, com a obtenção e efetivação da tutela jurisdicional.

Daí porque não se veda a apreciação de tutela antecipada em ação de Interdição. Trata-se de pedido de tutela antecipada, em interdição, promovido por um dos conviventes em desfavor do outro, em relação homoafetiva, visando o autor, ter acesso as contas bancárias do requerido para administração das dívidas.

A Constituição, em seu artigo 226, regulamentado pela lei nº 9.278/1996, reconhece e protege a união estável, igualando-a, inclusive, em efeitos, ao casamento, e garantindo, com isso, todos os direitos inerentes, no qual se inclui a legitimidade para promover ação de interdição nos moldes do art. 1768 do CC.

Não obstante o artigo 226, § 3º, da Carta Magna, conceituar a união estável como a convivência duradoura, pública e contínua, de um homem e uma mulher, o mesmo tratamento dispensado às relações heterossexuais deve ser estendido às relações homossexuais, pois a opção ou condição sexual não pode ser usada como fator de discriminação, em face do disposto no inciso IV, do artigo 3º, da Constituição Federal, que proclama, como um dos objetivos fundamentais da República Federativa do Brasil, promover o bem de todos, sem preconceitos de origem, raça, sexo, cor, idade e quaisquer outras formas de discriminação.

Com base no princípio da isonomia, o companheiro ou companheira homossexual tem, portanto, legitimidade para pleitear a interdição do outro.

Portanto, a união entre homossexuais merece tratamento isonômico ao dispensado às uniões heterossexuais em respeito aos princípios constitucionais da igualdade, da dignidade da pessoa humana e da promoção do bem de todos sem preconceito ou discriminação. O autor comprovou uma vida em comum com o interditando, quer por declarações e procurações, quer por juntada de documentos e principalmente pelo documento de fls. 23 Declaração da Secretaria Administrativa do Departamento de Recursos Humanos do Tribunal de Justiça de Rondônia, órgão empregador do requerido onde se informa que o interditando está sob os cuidados de seu **companheiro** Z.G.R.. Logo o próprio departamento de recursos humanos do empregador reconhece a condição de conviventes, das partes.

É sabido que o ordenamento jurídico apresenta inúmeras lacunas no seu contexto, que se tornam mais evidentes hodiernamente tendo em vista o descompasso entre a atividade legislativa e o rápido processo de transformação da sociedade.

Diante da falta de norma específica sobre a questão da união homoafetiva tem tornado cada vez mais importante a atuação do operador do direito para solucionar, com justiça, tais questionamentos. A fria leitura da lei não deve ser confundida pelo jurista como aplicação do Direito. As relações entre pessoas do mesmo sexo deve ser analisada como fato (e fator) social relevante, aparente e isonômico.

O Direito só é essencialmente justo e dinâmico, quando acompanha a evolução da sociedade, à qual é na sua essência dirigido.

Ao deliberar sobre a questão da união entre pessoas do mesmo sexo há de se construir uma jurisprudência e doutrina firme em respeito a aplicação sobre o caso (e quando é o caso) dos princípios constitucionais da dignidade da pessoa humana, da isonomia e da vedação à discriminação por motivo de orientação sexual.

É inegável que diante da caracterização de relacionamentos entre pessoas do mesmo sexo, resultando na chamada união homoafetiva, com ânimo de constituição de família, se evidenciam situações geradoras de conseqüências jurídicas, que não podem simplesmente serem ignoradas pela sociedade e pelo Direito uma vez que a própria Carta da República de 1988 reza que todos são iguais, sem distinção de qualquer natureza (art. 5º, *caput*), cabendo a Poder Judiciário, precisamente ao magistrado e ante a falta de norma regulamentadora sobre qualquer assunto se utilizar da analogia, dos costumes e dos princípios gerais (art. 4º, LICC), diga-se um dos principais, o da dignidade da pessoa humana. Compete ao magistrado a interpretação dos textos atuais a fim de suprir tais lacunas ou ao menos, adequá-la à realidade social, descabendo, na concessão de tutela antecipada para administração de salário bens e dívidas, como no caso dos autos - companheiros homossexuais -, qualquer discriminação em virtude da opção sexual do indivíduo, sob pena de violação dos artigos 3º, inciso IV e 5º, inciso I, da Constituição Federal. É fato que o reconhecimento efetivo da união homoafetiva sob qualquer prisma só poderá ser realizado por sentença, de forma cristalina, onde prove, em ação declaratória, a relação de afeto com sentimentos e envolvimentos emocionais, numa convivência pública e notória, com comunhão de vida e mútua assistência econômica, sendo a partilha dos bens mera conseqüência. No entanto, os requisitos da concessão da tutela antecipada pleiteada encontram-se perfeitamente presentes. Diz o art. Art. 273 do CPC que o juiz poderá, a requerimento da parte, antecipar, total ou parcialmente, os efeitos da tutela pretendida no pedido inicial, desde que, existindo prova inequívoca, se convença da verossimilhança da alegação e haja fundado receio de dano irreparável ou de difícil reparação.

Há prova inequívoca da verossimilhança da alegação, especialmente analisando os documentos de fls. 19 a 27 onde se demonstra a comprovação, em princípio, da relação homoafetiva e da convivência entre as partes com o ânimo de constituir família, bem como os documentos de fls. 28 a 33, situação de saúde do requerido.

Por outro lado, há fundado receio de dano irreparável ou de difícil reparação, sobretudo pela comprovação das dívidas do interditando a fls. 34 a 129, atrelada a impossibilidade de supri-las por parte do requerido considerando seu estado de saúde precário, em constatação de iminente perigo de que as finanças se comprometam ainda mais.

1) Presentes os requisitos legais, acima fundamentados, DEFIRO A TUTELA ANTECIPADA, para autorizar o requerente a movimentar, sem restrições, as contas bancárias do requerido Banco do Brasil, ag. 2270-5 e Banco HSBC ag. 0239, conta 0239.60112-06, determinando a expedição de ofícios às instituições financeiras dando conta desta decisão.

2) Tendo em vista que o interditando não tem condições, em princípio, de gerir e administrar sua pessoa e seus bens, defiro ao autor a CURATELA PROVISÓRIA do requerido, prestando compromisso legal, lavrando-se o respectivo termo.

3) Envie ofício ao Departamento Pessoal do empregador do requerido, dando conta desta decisão.

4) Indefiro a gratuidade diante das profissões e salários das partes e por conseqüência determino que em 05 dias o autor recolha as custas iniciais.

5) Indefiro também o trâmite deste feito em segredo de justiça, pois a condição de convivente das partes e a alegação de receio de preconceito, por si só, não tem a finalidade de restringir o acesso aos autos.

6) Determino ao autor que em 05 dias cumpra o contido no subitem "a.2)" da cota de fls. 134.

7) Defiro o pedido do Ministério Público contido no item "c)" de fls. 134. Cumpra-se

8) Designo audiência na fase do art. 1.181 do Código de Processo Civil, para o dia 30 de março de 2010, às 9:00 horas.

Cite-se, com as advertências de estilo. Intime-se. Cumpra-se.

Porto Velho-RO, quarta-feira, 24 de fevereiro de 2010.

Rogério Montai de Lima / Juiz de Direito.

O direito à visita íntima do homossexual preso

Uma resolução do Conselho Nacional de Política Criminal e Penitenciária do Ministério da Justiça, de 29 de julho de 2011, instituiu o direito a visitas íntimas aos detentos em todas as unidades prisionais do Brasil.

De acordo com a resolução, um detento homossexual que tenha parceiros fixos tem esse direito, não sendo necessária a comprovação formal, mas apenas a indicação na unidade prisional do nome do parceiro que irá fazer a visita.

Antes da resolução, homossexuais precisavam recorrer à Justiça para conseguir o direito à visita, como ocorreu em setembro do ano passado, quando a Vara de Execuções Criminais de Taubaté autorizou um detento a receber o companheiro no Centro de Progressão Provisória dessa mesma cidade.

Em alguns estados, a autorização para visita íntima de homossexuais acontecia antes mesmo da resolução federal, através de determinação judicial ou por decisões internas dos governos locais, como no Pará, Mato Grosso do Sul e no Rio Grande do Sul, de acordo com o que consta na reportagem apresentada pelo G1 de São Paulo[1]:

> Para a coordenadora da Pastoral Carcerária, Heidi Cerneka, apesar de ainda incipiente a aplicação da norma do CNPC no país, "só vem a melhorar a relação de igualdade e respeito dentre os detentos". Ela aponta que a resolução trata apenas de relações homoafetivas em que uma das partes está do lado de fora do presídio e destaca a necessidade de se estender o direito a casais formados também atrás das grades.

---

1 Disponível em: http://g1.globo.com/brasil/noticia/2012/02/196-presos-homossexuais-tem-visita-intima-no-brasil-aponta-levantamento.htm71. Acesso em 15.mar.2012.

"Quando os namoros começam dentro da prisão, há muito preconceito. Ninguém gosta de falar disso e a decisão sobre como proceder depende dos diretores de cada unidade. Às vezes, detentas são punidas ao serem flagradas se beijando", acrescenta Heidi.

"Em um caso que estou atuando, uma presa que mantinha um relacionamento com outra foi posta em liberdade e recebeu autorização da penitenciária apenas para uma visita como familiar, mas não para encontro íntimo. Ainda temos muito para avançar na questão", aponta.

A Pastoral destaca que o tabu é maior nas prisões masculinas, onde há imposições por parte de facções. Outro problema com relações que começam atrás das grades ocorre quando uma das partes consegue liberdade condicional. "Alguns diretores não autorizam a visita, pois a pena de uma parte ainda não foi cumprida totalmente", aponta a coordenadora.

A juíza Christine Kampmann Bittencourt, relatora da recomendação do CNPCP, diz que cabe aos governos estaduais implementar a nova medida e que, como a diretriz ainda é recente, as secretarias ainda estão se adaptando à questão. "Neste ano faremos uma consulta aos estados para verificar se está sendo atendido este direito", afirma a vice-presidente do CNPCP, juíza Valdirene Daufemback .

ATO RESOLUÇÃO nº 04, de 29 de junho de 2011².

Ministério da Justiça

Conselho Nacional de Política Criminal e Penitenciária

Recomenda aos Departamentos Penitenciários Estaduais ou órgãos congêneres que seja assegurado o direito à visita íntima à pessoa presa, recolhida nos estabelecimentos prisionais.

O Presidente do Conselho Nacional de Política Criminal e Penitenciária (CNPCP), no uso de suas atribuições e,

CONSIDERANDO a decisão do Conselho Nacional de Política Criminal e Penitenciária (CNPCP);

CONSIDERANDO constituir-se a visita íntima em direito constitucionalmente assegurado a pessoa presa;

CONSIDERANDO dever se recomendar aos Departamentos Penitenciários Estaduais ou órgãos congêneres que envidem o máximo esforço no sentido de que as pessoas presas tenham condições de usufruir do direito da visita íntima;

---

2 Disponível em: http://www.conselhos.mg.gov.br/cpen/noticia/ato-resoluo-n-04-de-29-de-junho-de-201. Acesso em 03.mar.2012.

CONSIDERANDO o atual Plano de Política Criminal e Penitenciária que dispõe que as diferenças devem ser respeitadas para gerar igualdade de direitos e que as condições sexuais devem ser consideradas inclusive no campo criminal e penitenciário, garantindo visita íntima à população carcerária LGBT;

CONSIDERANDO relatório do Grupo de Trabalho Interministerial Reorganização e Reformulação do Sistema Prisional Feminino, editado pela Secretaria Especial de Políticas para as Mulheres da Presidência da Republica (2008): "Garantia em todos os estabelecimentos prisionais do direito à visita íntima para a mulher presa (hetero e homossexual)",

RESOLVE:

Art. 1º - A visita íntima é entendida como a recepção pela pessoa presa, nacional ou estrangeira, homem ou mulher, de cônjuge ou outro parceiro ou parceira, no estabelecimento prisional em que estiver recolhido, em ambiente reservado, cuja privacidade e inviolabilidade sejam asseguradas às relações heteroafetivas e homoafetivas.

Art. 2º - O direito de visita íntima é também assegurado às pessoas presas casadas entre si, em união estável ou em relação homoafetiva.

Art. 3º - A direção do estabelecimento prisional deve assegurar a pessoa presa visita íntima de, pelo menos, uma vez por mês.

Art. 4º - A visita íntima não deve ser proibida ou suspensa a título de sanção disciplinar, exceutados os casos em que a infração disciplinar estiver relacionada com o seu exercício.

Art. 5º - A pessoa presa, ao ser internada no estabelecimento prisional, deve informar o nome do cônjuge ou de outro parceiro ou parceira para sua visita íntima.

Art. 6º - Para habilitar-se à visita íntima o cônjuge ou outro parceiro ou parceira indicado deve cadastrar-se no setor competente do estabelecimento prisional.

Art. 7º - Incumbe à direção do estabelecimento prisional o controle administrativo da visita íntima, como o cadastramento do visitante, a confecção, sempre que possível, do cronograma da visita, e a preparação de local adequado para sua realização.

Art. 8º - A pessoa presa não pode fazer duas indicações concomitantes e só pode nominar o cônjuge ou novo parceiro ou parceira de sua visita íntima após o cancelamento formal da indicação anterior.

Art. 9º - Incumbe à direção do estabelecimento prisional informar a pessoa presa, cônjuge ou outro **parceiro ou parceira** da visita íntima sobre assuntos pertinentes à prevenção do uso de drogas e de doenças sexualmente transmissíveis.

Art. 10 – Fica Revogada a Resolução nº 01/99 de 30 de março do ano de um mil novecentos e noventa e nove (30/03/99).Publicada no DOU de 05/04/99, Seção 1.

Art. 11 – Esta Resolução entra em vigor na data de sua publicação.

ASSGEDER LUIZ ROCHA GOMES

PRESIDENTE

As cirurgias de transgenitalização

A cirurgia de mudança de sexo foi autorizada pelo Conselho Federal de Medicina em novembro de 2002, depois de ser realizada experimentalmente durante cinco anos em hospitais universitários, havendo poucos trabalhos de pesquisa na área. Para ser realizada, a cirurgia deve obedecer a alguns critérios exigidos pela legislação, como avaliações de uma equipe multidisciplinar, diagnóstico preciso de transexualismo e acompanhamento psicológico de, no mínimo, dois anos.

A professora Tereza Rodrigues Vieira aponta um questionamento essencial:

> O transexual não quer muito, quer apenas o mínimo essencial para uma sobrevivência digna, procurando o equilíbrio entre os direitos fundamentais e os sociais. O direito à busca do equilíbrio corpo-mente do transexual, ou seja, à adequação do sexo e prenome, está ancorado no direito ao próprio corpo, no direito à saúde e, principalmente, no direito à identidade sexual, a qual integra um poderoso aspecto da identidade pessoal.[1]

O Conselho Federal de Medicina, através da Resolução nº 1.652/2002, autoriza as cirurgias de transgenitalização; e o Ministério da Saúde, através da Portaria nº 1.707/2008, regulamenta essas cirurgias pelo Sistema Único de Saúde (SUS).

Portaria nº 1.707/2008 do Ministério da Saúde, de 18 de agosto de 2008.

Institui, no âmbito do Sistema Único de Saúde (SUS), o Processo Transexualizador, a ser implantado nas unidades federadas, respeitadas as competências das três esferas de gestão.

---

1 VIEIRA, Tereza Rodrigues. *Mudança de Sexo: Aspectos Médicos, Psicológicos e Jurídicos*. São Paulo: Livraria Santos Editora, 1996. p. 118

O MINISTRO DE ESTADO DA SAÚDE, no uso das suas atribuições, que lhe confere os incisos I e II do parágrafo único do artigo 87 da Constituição e, Considerando que a orientação sexual e a identidade de gênero são fatores reconhecidos pelo Ministério da Saúde como determinantes e condicionantes da situação de saúde, não apenas por implicarem práticas sexuais e sociais específicas, mas também por expor a população GLBTT (Gays, Lésbicas, Bissexuais, Travestis e Transexuais) a agravos decorrentes do estigma, dos processos discriminatórios e de exclusão que violam seus direitos humanos, dentre os quais os direitos à saúde, à dignidade, à não discriminação, à autonomia e ao livre desenvolvimento da personalidade;

CONSIDERANDO que a Carta dos Direitos dos Usuários da Saúde, instituída pela Portaria nº 675/GM, de 31 de março de 2006, menciona, explicitamente, o direito ao atendimento humanizado e livre de discriminação por orientação sexual e identidade de gênero a todos os usuários do Sistema Único de Saúde (SUS);

CONSIDERANDO que o transexualismo trata-se de um desejo de viver e ser aceito na condição de enquanto pessoa do sexo oposto, que em geral vem acompanhado de um mal-estar ou de sentimento de inadaptação por referência ao seu próprio sexo anatômico, situações estas que devem ser abordadas dentro da integralidade da atenção à saúde preconizada e a ser prestada pelo SUS;

Considerando a Resolução nº 1.652, de 6 de novembro de 2002, do Conselho Federal de Medicina, que dispõe sobre a cirurgia do transgenitalismo;

CONSIDERANDO a necessidade de regulamentação dos procedimentos de transgenitalização no SUS;

CONSIDERANDO a necessidade de se estabelecerem as bases para as indicações, organização da rede assistencial, regulação do acesso, controle, avaliação e auditoria do processo transexualizador no SUS, e Considerando a pactuação ocorrida na Reunião da Comissão Intergestores Tripartite - CIT do dia 31 de julho de 2008, resolve:

Art. 1º - Instituir, no âmbito do Sistema Único de Saúde (SUS), o Processo Transexualizador a ser empreendido em serviços de referência devidamente habilitados à atenção integral à saúde aos indivíduos que dele necessitem, observadas as condições estabelecidas na Resolução nº 1.652, de 6 de novembro de 2002, expedida pelo Conselho Federal de Medicina.

Art. 2º - Estabelecer que sejam organizadas e implantadas, de forma articulada entre o Ministério da Saúde, as Secretarias de Saúde dos Estados, dos Municípios e do Distrito Federal, as ações para o Processo Transexualizador no âmbito do SUS, permitindo:

I - a integralidade da atenção, não restringindo nem centralizando a meta terapêutica no procedimento cirúrgico de transgenitalização e de demais intervenções somáticas aparentes ou inaparentes;

II - a humanização da atenção, promovendo um atendimento livre de discriminação, inclusive pela sensibilização dos trabalhadores e dos demais usuários do estabelecimento de saúde para o respeito às diferenças e à dignidade humana;

III - a fomentação, a coordenação a e execução de projetos estratégicos que visem ao estudo de eficácia, efetividade, custo/benefício e qualidade do processo transexualizador; e IV - a capacitação, a manutenção e a educação permanente das equipes de saúde em todo o âmbito da atenção, enfocando a promoção da saúde, da primária à quaternária, e interessando os pólos de educação permanente em saúde.

Art. 3º - Determinar à Secretaria de Atenção à Saúde do Ministério da Saúde - SAS/MS que, isoladamente ou em conjunto com outras áreas e agências vinculadas ao Ministério da Saúde, adote as providências necessárias à plena estruturação e implantação do Processo Transexualizador no SUS, definindo os critérios mínimos para o funcionamento, o monitoramento e a avaliação dos serviços.

Art. 4º Esta Portaria entra em vigor na data de sua publicação. DOU 19.08.2008

A cirurgia de transgenitalização permite a mudança da genitália, ou seja, o aparelho sexual masculino é transformado no feminino ou vice-versa. Não há alterações genéticas, apenas estéticas. A mudança de sexo masculino para o feminino, a neocolpovulvoplastia, apresenta resultados melhores que a operação inversa, a neofaloplastia. Isso acontece devido à formação do pênis em seus aspectos estéticos e funcionais. A neofaloplastia é permitida apenas em caráter experimental. [2]

Para o ginecologista André Roquette, a cirurgia pode ser opção de tratamento para os transexuais, que tendem a viver inconformados com seu sexo. "Quem vive com esse sentimento apresenta forte tendência à mutilação e até ao suicídio. Nesses casos, a cirurgia pode ser uma alternativa." [3]

"Trata-se de uma cirurgia plenamente inserida nos princípios da bioética", assegura Roquette, lembrando que os riscos e benefícios da operação são cuidadosamente analisados com os pacientes. Para o médico, um dos aspectos mais complexos dessas situações está relacionado à precisão do diagnóstico de transexualidade, que deve levar em conta a prevalência do sexo psíquico sobre o genético. "É uma questão muito difícil, e nem todos os médicos estão dispostos a encará-la", conclui.

Qualquer cidadão que procure o sistema de saúde público, apresentando a queixa de incompatibilidade entre o sexo anatômico e o sentimento de pertencimento ao sexo oposto ao do nascimento, tem o direito ao atendimento humanizado, acolhedor e livre de qualquer discriminação. A Carta dos Direitos dos Usuários da Saúde assegura o direito ao uso do nome social. O usuário pode indicar o nome pelo qual prefere ser chamado, independen-

---

2 Disponível em: http://www.ufmg.br/boletim/bol1393/quinta.shtml. Acesso em 04.mar.2012.

3 Disponível em: http://www.ufmg.br/boletim/bol1393/quinta.shtml. Acesso em 04.mar.2012.

temente do nome que consta no registro civil. No caso de usuário que já esteja fazendo uso de hormônios sem acompanhamento médico, será realizado encaminhamento imediato ao médico endocrinologista.

Etapas do tratamento[4]

Acompanhamento terapêutico

Consiste na promoção da saúde integral, com especial ênfase na re-inserção social. Compreende três dimensões: médica, psicológica e social. O acompanhamento terapêutico não se restringe apenas ao diagnóstico ou à avaliação da pertinência da realização da cirurgia de transgenitalização (mudança de sexo) ou intervenções sobre gônadas e caracteres sexuais secundários. Ao usuário deve ser assegurada a liberdade para descobrir, com o amparo profissional, estratégias de promoção do seu bem-estar.

O processo psicoterapêutico resguarda ao transexual o direito às diferenças comportamentais e subjetivas. O acompanhamento terapêutico médico-endocrinológico deve se pautar na perspectiva da redução de danos, em exames com periodicidade mínima semestral para acompanhamento dos efeitos do uso das medicações determinadas.

A assistente social deverá reconhecer a dinâmica relacional do usuário, a fim de promover estratégias de inserção social na família, no trabalho, nas instituições de ensino e nos demais espaços sociais prementes na vida do indivíduo transexual.

Transgenitalização

Intervenções médico-cirúrgicas devem atender aos critérios estipulados pela Resolução nº 1.652/2002 do CFM, que determinam o prazo mínimo de dois anos de acompanhamento terapêutico como condição para a viabilização de cirurgia, bem como a maioridade e o diagnóstico de transexualismo.

Transcorridos os dois anos de acompanhamento terapêutico, caso o usuário seja diagnosticado transexual, estará apto a se submeter à cirurgia de transgenitalização, o que não significa que deva necessariamente se submeter a esse recurso terapêutico.

---

4 Disponível em: http://portal.saude.gov.br/portal/saude/visualizar_texto.cfm?idtxt=34017&janela= . Acesso em 03.fev.2012

Atenção continuada

O processo transexualizador no SUS apresenta situações que exigem a atenção continuada do usuário da saúde. A hormonioterapia requer o uso contínuo de hormônios por longos períodos de tempo; por isso, há necessidade da assistência endocrinológica continuada. Os exames devem ser realizados com intervalo máximo de um ano, a fim de reduzir danos por efeitos colaterais do uso da medicação e para viabilizar diagnósticos precoces em relação a câncer e baixa densitometria ósseos.

A transgenitalização implica atenção pós-cirúrgica, que não restringe seu sentido à recuperação física do corpo cirurgiado, mas também à própria pesquisa dos efeitos da medida cirúrgica na qualidade de vida do(a) transexual cirurgiado(a). O acompanhamento pós-cirúrgico deve se estender por pelo menos dois anos após a ocorrência do procedimento. O tratamento psicológico e social se mantém como possibilidade a todo usuário que retorne ao SUS com demanda de psicoterapia ou de assistência social, mesmo havendo o paciente se desvinculado dos programas de atenção por tempo indeterminado.

A cirurgia de transgenitalização deve ser concebida como um dentre outros recursos terapêuticos, dos quais dispõe o indivíduo transexual em seu processo transexualizador. A escolha pela intervenção cirúrgica deve ser alcançada pelo usuário através do processo psicoterapêutico e social, requerendo:

• Conhecimento acerca dos aspectos cirúrgicos;

• Conhecimento dos resultados cirúrgicos em suas dimensões estética e funcional;

• Consideração crítica das expectativas que acompanham a demanda de transgenitalização;

• Consideração crítica das consequências estéticas e funcionais da intervenção cirúrgica, experiência pessoal e relacional do indivíduo transexual;

• Consideração crítica de alternativas necessárias para a melhoria da qualidade de vida, sobretudo no que se refere às relações sociais.

Os profissionais da equipe médica são responsáveis pelo questionamento da demanda transexual de transgenitalização, que deverá ter, necessariamente, no caso da opção pela intervenção cirúrgica, o consentimento livre e esclarecido do usuário. As cirurgias de transgenitalização para construção do pênis são experimentais e têm sua viabilização condicionada a protocolos de pesquisa em hospitais universitários.

Em caso de internação médico-hospitalar, o(a) transexual será internado(a) na enfermaria dos hospitais da rede do SUS habilitados a este tratamento e à realização das cirurgias, em conformidade ao sexo com o qual se identifica socialmente, a despeito do nome que conste no registro civil.

Uma breve explanação da questão biológica comprova esta complexidade, segundo a professora Patrícia Sanches[5]:

> A designação do sexo é bastante complexa, pois os elementos biológicos devem estar em harmonia com os outros elementos psicológico e social. Mas o problema já se demonstra quanto ao fator biológico, que se divide em cinco tipos distintos: cromossômico, cromatínico, gonadal, genital e morfológico.
>
> O sexo cromossômico, ou genético, é determinado no momento da fecundação, quando os vinte e três pares cromossomiais definirão as mulheres pelo encontro de dois X e definirão os homens por um X e um Y.
>
> Já o sexo cromatínico é definido pelo Corpúsculo de Barr, que é uma característica própria do cromossomo X, que as pessoas do sexo feminino possuem em uma quantidade maior, por isso esse fator demonstra-se de maneira diferente na definição dos sexos masculino e feminino.
>
> O sexo gonadal determina-se pela presença das gônodas femininas (ovários) e das masculinas (testículos), diferentemente do sexo genital, que irá definir-se pela conformidade dos órgãos internos com os externos da genitália.
>
> O último fator biológico é o morfológico, determinado pela conformação geral dos aspectos físicos e externos que caracteriza a espécie humana, como, por exemplo, os pelos na face dos homens e o crescimento dos seios nas mulheres.
>
> Lembrando-se que a matéria está longe de ser pouco complexa, pois existem ainda o sexo psicológico e o social: no primeiro, define-se o sentimento interno e particular da pessoa quanto a sua identificação, a sua emoção com relação ao sexo feminino ou masculino; o segundo tipo ora citado está ligado às influências sociais recebidas pelo individuo no grupo onde está inserido, como seu ambiente familiar e escolar, capazes de prepar-a-lo e condicioná-lo às regras de comportamento.

Demonstrada, então, a complexidade de uma identificação sexual, que vai muito além daquela determinada quando do nascimento, através da aparência física da genitália nos bebês.

Trata-se, portanto, de questão da mais alta complexidade que envolve elementos biológicos, sociais e psicológicos.

---

5 *Diversidade Sexual e Direito Homoafetivo*. Coordenação Maria Berenice Dias – São Paulo: RT, 2011. p. 431

As técnicas de reprodução assistida

O direito à parentalidade está previsto na Declaração Universal dos Direitos do Homem, em seu art. XVI: "*homens e mulheres têm direito de constituir família*". Direito personalíssimo, inalienável, indisponível, portanto, merecedor da tutela jurídica.

O modelo familiar, hoje, é o da família eudemonista, onde cada indivíduo tem o direito de ser feliz da forma que desejar, independentemente de sua orientação sexual e da forma como pretende constituir sua família e exercer sua maternidade ou paternidade.

Neste sentido, o avanço da medicina contribui de forma relevante à formação familiar dos casais homossexuais diante da infertilidade dessas relações.

A Resolução nº 1.975/2010, do Conselho Federal de Medicina atualiza a Resolução nº 1.358/1992 e estabelece as normas éticas para o uso das Técnicas de Reprodução Assistida (TRA). O relator da norma, Dr. José Hiran Gallo, defende que qualquer pessoa capaz tem o direito à recorrer à técnica, sem qualquer discriminação.

Com a atualização das regras, dois homens que decidirem ter um filho podem gerar a criança no ventre de uma parente, utilizando o óvulo dela ou de uma doadora anônima e o sêmen de um deles, por exemplo. O pagamento pelo uso temporário do útero de uma terceira pessoa é proibido. Só quem pode disponibilizar o ventre para gestação são pessoas até o segundo grau de parentesco – avó, mãe, sogra, irmã, cunhada, filha ou neta.

Entretanto, alguns pontos dependem de melhor atenção a fim de permitir seu pleno benefício aos casais homossexuais em respeito ao princípio da igualdade e da não discriminação. Entre um casal de homem e mulher, o material genético utilizado é de ambos ou, quando autorizado pelo casal, de terceiros, resguardado o anonimato do doador. As disposições que dizem respeito ao material genético, bem como à doação temporária do útero, não podem ser invocadas na reprodução homoparental.

No caso da gestação por substituição, é descabido impor que a gestante pertença à família da doadora genética, num parentesco até segundo grau, e não autorizar a recepção dos óvulos pela parceira. Ao casal de mulheres cabe o direito de se utilizarem do óvulo de uma que, fecundado *in vitro* por espermatozóide de um doador, será implantado no útero daquela que levará a termo a gestação.

O filho gerado será de ambas. Receberá o amor, o cuidado, o nome e os efeitos jurídicos desta dupla maternidade. A resistência por parte de alguns profissionais da área de saúde ainda esbarra no preconceito em reconhecer aos casais homoafetivos os vínculos familiares e o direito à felicidade.

Em se tratando de casais homoafetivos, não fere qualquer princípio ético ou disciplinar o fato de uma parceira se utilizar dos óvulos de outra a fim de concretizarem o sonho do filho comum. Para o casal masculino, haverá a doação de óvulo e a utilização de útero, respeitada a regra do grau de parentesco. Porém, em não havendo o parente capaz de doar o útero, o Conselho de Medicina deverá autorizar cada caso.

E depois que os embriões forem gerados em laboratório, uma das mães ou um dos pais morrer? As regras atuais permitem continuar o processo, desde que o casal tenha deixado uma autorização expressa e registrada em cartório. Alguns cuidados são fundamentais e necessários, como autorizações claras e específicas sobre o material produzido e sua utilização. O casal que não desejar mais filhos poderá manter os embriões para utilização futura como célula-tronco ou doá-los, de forma anônima, a um casal que não tenha condições de produzir gametas de qualidade para geração de um filho.

Os filhos dos casais homoafetivos devem ser registrados por ambos, o que não é permitido pela maioria dos Cartórios de Registro Civil restando ao Judiciário suprir a ausência de norma a respeito. O grande problema começa quando a relação acaba.

Nesse caso, aplicam-se as regras da guarda, preferencialmente a compartilhada. Acabam os laços conjugais, permanecem os laços parentais, deles decorrendo todos os direitos como convivência, alimentos, cuidados e responsabilidades. Havendo o registro em nome de um dos pais ou mães apenas, ainda assim é possível a aplicação das regras da guarda compartilhada, prevalecendo o afeto como valor jurídico nas relações de parentalidade socioafetiva.

Jurisprudência[1]

São Paulo – Santo Amaro - Ação de reconhecimento da filiação homoparental. Os filhos concebidos por inseminação artificial, sendo que os óvulos de uma das mães foram fertilizados in vitro e implantado no útero da outra. A sentença julgou procedente o pedido determinando o registro dos filhos no nome de ambas as mães. (Proc. 0203349-12.2009.8.26.0002, Juiz de Direito Dr. Fabio Eduardo Basso, j. 30/12/2010).

São Paulo - Ação declaratória de filiação - Tutela antecipada para inserção da suposta mãe biológica no assento de nascimento dos agravantes - Indeferimento – Inocorrência dos requisitos para a concessão da tutela antecipada – Irreversibilidade da medida – Decisão mantida - Recurso improvido. O pretendido reconhecimento da maternidade de M K E O constitui questão complexa e demanda aprofundamento na prova, inexistindo, por ora, prova inequívoca que convença da verossimilhança das alegações. Inexiste perigo de lesão grave e de difícil reparação, pois os menores estão amparados pela mãe gestacional. Há perigo de irreversibilidade da medida, pois o registro público não se coaduna com a provisoriedade que encerra a liminar. (TJSP, AI 650.637-4/7, Rel. Des. Jesus Lofrano, j. 29/09/2009).

Rio Grande do Sul – Porto Alegre - Ação de declaração de união estável homoafetiva c/c alteração de registros de nascimento. (...) Posto isso, REJEITO a preliminar de carência de ação e JULGO PROCEDENTES os pedidos formulados por M e C para o fim de DECLARAR a existência de união homoafetiva entre ambas, constituída como uma entidade familiar desde 03.09.2004, e DEFERIR a alteração dos registros de nascimento de J.A. e M.C., para ser incluída na filiação, também como mãe, do nome de M e, como avós, seus ascendentes Xx. (Proc. 10802177836, 8ª Vara de Família e Sucessões, Juiz de Direito Cairo Roberto Rodrigues Madruga, j. 12/12/2008).

Santo Amaro - Ação de reconhecimento da filiação homoparental. Os filhos concebidos por inseminação artificial, sendo que os óvulos de uma das mães foram fertilizados in vitro e implantado no útero da outra. A sentença julgou procedente o pedido determinando o registro dos filhos no nome de ambas as mães. (Proc. 0203349-12.2009.8.26.0002, Juiz de Direito Dr. Fabio Eduardo Basso, j. 30/12/2010).

Bahia - Salvador - Ação de adoção – Inclusão do nome da mãe socioafetiva – União estável homoafetiva – Ação de maternidade socioafetiva - A relação

1 Disponível em: http://direitohomoafetivo.com.br/jurisprudencia.php?a=2&s=37#t1. Acesso em 10.mai.2012.

de ambas é pautada no amor e afeto, sentimentos basilares para lastrear a vontade de formar uma entidade familiar. Filiação concebida através dos métodos de reprodução assistida – fertilização *in vitro*. Motivação de ambas para a concepção. (BA, Proc. nº indisponível, Juiz de Direito Antônio Mônaco Neto, j. 12/04/2012).

Rio Grande do Sul - Filiação homoparental. Direito de visitas. Incontroverso que as partes viveram em união homoafetiva por mais de 12 anos. Embora conste no registro de nascimento do infante apenas o nome da mãe biológica, a filiação foi planejada por ambas, tendo a agravada acompanhado o filho desde o nascimento, desempenhando ela todas as funções de maternagem. Ninguém mais questiona que a afetividade é uma realidade digna de tutela, não podendo o Poder Judiciário afastar-se da realidade dos fatos. Sendo notório o estado de filiação existente entre a recorrida e o infante, imperioso que seja assegurado o direito de visitação, que é mais um direito do filho do que da própria mãe. Assim, é de ser mantida a decisão liminar que fixou as visitas. Agravo desprovido. (TJRS, AI 70018249631, 7ª C.Cív., Rel. Desa. Maria Berenice Dias, j. 11/04/2007).

A identidade civil

O nome é a identificação do indivíduo diante do mundo e da sociedade. A grande maioria dos transexuais e travestis vive uma realidade de discriminação e constantes constrangimentos porque sua identidade psíquica e social não condiz com o nome e o sexo, registrados na certidão de nascimento e demais documentos.

A Declaração dos Direitos da Criança, de 1959, em seu artigo 7º, garante à criança, imediatamente ao seu nascimento, o direito ao nome, ratificado na Constituição Federal de 1988, como princípio básico. O Código Civil prevê em seu art. 16:

> "Toda pessoa tem direito ao nome, nele compreendidos o prenome e o sobrenome".

Afirma Patrícia Sanches[2], "O nome é uma construção quase que inerente à própria pessoa, capaz de confundirem-se. Tanto é assim que as pessoas dizem quem são dizendo seu nome. Diante disso, esse elemento de representação transformou-se em espelho da própria personalidade, algo praticamente imutável, uma vez que a pessoa o levaria até o fim de seus dias".

---

2 DIAS, Maria Berenice (coord.) *Diversidade Sexual e Direito Homoafetivo*. São Paulo: Revista dos Tribunais, 2011. p. 427

O respeito às diferenças requer um olhar diferenciado à realidade daquele cujo nome não se coaduna com a aparência física, levando o indivíduo a inúmeros constrangimentos sempre que lhe for exigida uma identificação formal. Permitir a modificação do nome é uma questão de respeito aos princípios da dignidade da pessoa, da liberdade, da privacidade e da intimidade de cada ser humano.

Alguns tribunais, com bastante coragem e pioneirismo já vêm consentindo a mudança de nome e do gênero independentemente da cirurgia de transgenitalização. Outros entendem que somente será possível após a cirurgia da troca de sexo. Enquanto isso, deixam à margem os indivíduos que buscam uma solução de ordem prática à sua realidade social. O tema ainda é bastante controvertido, pois esbarra nas questões do direito público e privado e no princípio da segurança jurídica.

Diante do indivíduo que passou por todo processo de adequação sexual, incluindo a cirurgia de transgenitalização, as decisões são pacíficas. Entretanto, quando se trata de mudança sem que tenha ocorrido a cirurgia, há controvérsias em relação à veracidade da informação que passaria a constar do documento civil daquela pessoa, pois poderia levar terceiros a uma falsa noção de realidade, como afirma Patrícia Sanches:

A segurança jurídica das relações sociais e a necessidade da verdade real são questões importantes e aparentemente apresentam um entrave à proposta. A preocupação está em evitar que pessoas sintam-se prejudicadas por uma falsa noção de realidade, ao desconhecerem que sujeitos de seu ciclo de relacionamentos não nasceram com a característica que agora apresentam.

A mesma autora prossegue, trazendo um exemplo prático, a fim de demonstrar como isso se dá de forma concreta:

Imaginemos uma situação hipotética em que um homem casa-se com uma mulher e, somente após o casamento, vem a descobrir que esta nascera homem. Por uma visão simplista de solução jurídica, estaríamos diante de um casamento putativo, passível de anulação por erro essencial. No entanto, externar ostensivamente à sociedade sobre a mudança de sexo de uma determinada pessoa poderá gerar discriminação e constrangimento, atingindo um resultado diverso daquele proposto com a autorização da alteração do gênero sexual.[3] (DIAS, 2011)

Como não existe legislação específica no Brasil permitindo a troca de nome do transexual no registro civil, somente através de autorização judicial

3 DIAS, Maria Berenice (coord.) *Diversidade Sexual e Direito Homoafetivo*. São Paulo: Revista dos Tribunais, 2011.., p. 429

será possível a mudança do prenome e do gênero/sexo na certidão de nascimento e demais documentos.

Em diversos países, como Estados Unidos, Espanha, Portugal e Argentina, existe a Lei de Identidade de Gênero que assegura o direito de transexuais terem seu prenome e o gênero/sexo corrigidos. Aqui no Brasil há diversos projetos de lei semelhantes, tramitando na Câmara e Senado: PL 70/1995 (Câmara) do ex-Dep. Fed. José Coimbra (PTB-SP):

> *Caput*: "Dispõe sobre intervenções cirúrgicas que visem à alteração de sexo e dá outras providências. Admite a mudança do prenome mediante autorização judicial nos casos em que o requerente tenha se submetido a intervenção cirúrgica destinada a alterar o sexo original, ou seja, operação transexual. Altera o Decreto-lei nº 2.848, de 1940." Aguarda pauta no plenário desde 22/05/2011.[4]

PLC 72/2007 (Senado) do ex-Dep. Fed. Luciano Zica (PT-SP):

> *Caput*: "Altera o art. 58 da Lei nº 6.015, de 31 de dezembro de 1973, que "dispõe sobre os registros públicos e dá outras providências". Explicação: Possibilitando a substituição do prenome de pessoa transexual." Aguarda designação de relator desde 14.01.2011.[5]

PL 1.281/2011 (Câmara) do Dep. Fed. João Paulo Lima (PT-PE):

> *Caput*: "Dispõe sobre a mudança de prenome da pessoa transexual que realizar cirurgia para troca de sexo. Segue apensado ao PL 70/1995.[6]

Para a mudança de nome, entretanto, é necessário um processo judicial, onde se comprovará, através de laudos psicológicos e também de testemunhas e provas de vida cotidiana, que o nome de registro está em desacordo com a atual realidade do indivíduo, independentemente de ter se submetido à cirurgia de redesignação sexual. A ação deve ser proposta junto à Vara Cível e, caso haja negativa do pedido, o Tribunal poderá modificar a decisão.

O art. 58 da Lei nº 6.015/1973 admite a substituição do prenome por apelidos públicos e notórios e, com base neste artigo, é possível pedir a modificação, conforme prevê a ADI nº 4275, proposta pela Procuradoria Geral da República em 2009, requerendo que seja dada a esse artigo interpretação

---

4 Disponível em: http://www.camara.gov.br/proposicoesWeb/fichadetramitacao?idProposicao=15009. Acesso em 22.fev.2012.

5 Disponível em: http://www.senado.gov.br/atividade/materia/detalhes.asp?p_cod_mate=82449. Acesso em 22.fev.2011.

6 http://www.camara.gov.br/proposicoesWeb/fichadetramitacao?idProposicao=501425. Acesso em 22.fev.2012.

conforme a Constituição, de modo a ser compreendido o nome social dos transexuais como apelidos públicos notórios, acarretando, em consequência, mudança do registro relativo ao sexo. A ADI está sendo analisada desde 2009 pelo STF, cujo relator é o ministro Marco Aurélio.[7]

A presidente do Conselho Municipal de Direitos Humanos da Prefeitura de Porto Alegre relata que já passou por várias situações de constrangimento antes de conseguir, há cerca de um ano, a adequação em seu registro civil. "A questão do gênero é muito importante para nós, travestis. Se você apresenta seu documento com o nome e gênero femininos ninguém questiona. Depois que consegui as alterações, o constrangimento em lojas e no serviço de saúde reduziu 100%".[8]

Segundo o advogado Ronner Botelho, assessor jurídico do IBDFAM, a apreciação procedente do STF dessa ADI "promoverá a inclusão social de pessoas que são discriminadas por suas escolhas sexuais." O advogado ressalta ainda que "é inaceitável que os homossexuais ou transexuais não tenham os mesmos direitos dos heterossexuais. É preciso respeitar os direitos e assegurar a dignidade de todos."

No Rio de Janeiro, o Decreto nº 43.065/2011, assegura aos transexuais e travestis capazes, mediante requerimento, o direito à escolha de utilização do nome social nos atos e procedimentos da administração direta e indireta daquele estado.

A Portaria nº 1.612/2011, do Ministério da Educação, assegura aos transexuais e travestis o direito ao uso do nome social nos atos e procedimentos promovidos no âmbito daquele ministério, tais como: cadastro de dados e informações de uso social; comunicações internas de uso social; endereço de correio eletrônico; identificação funcional de uso interno do órgão (crachá); lista de ramais do órgão e nome de usuário em sistemas de informática.

Jurisprudência

Justiça autoriza mudança de sexo e nome [9]

A 2ª Vara Cível da comarca de Ipatinga julgou procedente à ação impetrada por R.R. e deferiu seu pedido de ser reconhecido como uma pessoa do sexo feminino e que seja retificado, no cartório de registro civil, seu nome

---

7 Disponível em: http://www.stf.jus.br/portal/processo/verProcessoAndamento. Acesso em 26.fev.2012.

8 Disponível em : http://www.ibdfam.org.br/?noticias&noticia=4704. Acesso em 26.fev.2012

9 Disponível em: http://jornal.jurid.com.br/materias/noticias/justica-autoriza-mudanca-sexo-nome/idp/3807 . Acesso em 15.dez.2011

para A.P.R.C., mantidas as demais qualificações. A juíza Maria Aparecida de Oliveira Grossi Andrade entendeu que a prova pericial apresentada comprova as alegações apresentadas e que a Constituição Federal consagra esse direito.

O autor da ação alegou que nasceu em 16.12.1977, sendo registrado como pessoa do sexo masculino, mas, já na fase pré-adolescente, "sentia aflorar em seu íntimo a divergência entre o ser e o agir, pois se identificava como pessoa do sexo feminino". Foi alegado que diversas cirurgias plásticas foram realizadas. A juíza argumentou que as provas produzidas nos autos, entre elas, um estudo psicológico realizado por uma perita salientou a necessidade das mudanças buscadas pelo autor da ação. Para a magistrada, diante do quadro apresentado, o assento civil questionado não reflete a realidade, "incutindo terceiros em erro, submetendo aquele a um injusto, inaceitável, efetivo e permanente vexame, pois seus documentos o identificam como pessoa do sexo masculino quando sua aparência física, seu jeito de ser e modo de viver são próprios de pessoa do sexo feminino".

A magistrada acentuou que compartilha a ideia de que todos devem ter a igual possibilidade de trilhar os seus caminhos, "de acordo com as suas escolhas existenciais e inclinações, sem os obstáculos impostos por tabus e perfeccionismos morais, priorizando a pessoa humana e reconhecendo o valor da liberdade e da autodeterminação individual, corolários do postulado maior da dignidade humana, consagrado no inc. III do art. 1º da Constituição Federal de 1988, a fim de proporcionar a maior efetividade possível na tutela e promoção de direitos fundamentais".

JUSTIÇA AUTORIZA TRANSEXUAL A MUDAR DE NOME SEM CIRURGIA DE MUDANÇA DE SEXO [10]

TJ – RS

A Justiça Estadual autorizou transexual a retificar seu registro civil de nascimento, mudando o prenome de Antônio para Veronika, mesmo sem ter realizado cirurgia de modificação de sexo. A decisão é do Juiz de Direito Roberto Coutinho Borba, Diretor do Foro e titular da 3ª Vara Cível de Bagé.

A sentença determina, ainda, que o Registro Civil das Pessoas Naturais de Bagé deverá zelar pelo sigilo da retificação do assento da parte, ficando vedado fornecimento de qualquer certidão para terceiros acerca da situação pretérita, sem prévia autorização judicial.

---

10 Disponível em: http://tj-rs.jusbrasil.com.br/noticias/2424167/justica-estadual-autoriza-transexual-a-mudar-de-nome-sem-cirurgia-de-mudanca-de-sexo5 . Acesso em 15.dez.2011.

Caso

O autor ingressou com ação de alteração de registro civil alegando que sempre apresentou tendência pela feminilidade, fazendo uso de roupas e maquiagens femininas. Afirmou que sempre se sentiu uma mulher aprisionada em um corpo masculino e referiu que é conhecida em seu meio social como Veronika.

Discorreu sobre o preconceito que enfrenta pela identificação de seu nome de gênero masculino, a despeito de ter sua aparência feminina, e que se encontra em busca de realização de cirurgia de modificação de sexo. Teceu considerações a respeito do transexualismo e da possibilidade de modificação de seu registro civil, argumentando ser dispensável a prévia modificação do sexo, mediante cirurgia, para a alteração do registro.

O Ministério Público opinou pela prévia realização de cirurgia de modificação de sexo.

Sentença

No entendimento do Juiz Roberto Coutinho Borba, a tutela dos direitos dos homossexuais e dos transexuais há muito encontra resistência nos ordenamentos jurídicos em decorrência do arraigado conteúdo judaico-cristão que prepondera, em especial, nas culturas ocidentais. A despeito do caráter laico da República Federativa do Brasil, parte considerável de nossa legislação infraconstitucional ainda se encontra atrelada às questões de índole religiosa, observa o magistrado. Cumpre, assim, a prevalência, no caso concreto do princípio fundamental da dignidade da pessoa humana.

Segundo ele, soa desarrazoado que não se outorgue chancela judicial à parte demandante com o condão de evitar prejuízos hipotéticos, quando prejuízos evidentes lhe são impostos cotidianamente, quando é constrangida a exibir documentos de identificação não condizentes com sua aparência física. Fazer com que a autora aguarde realização de cirurgia que não se revela indispensável a sua saúde e, que por tal razão não tem data próxima para ser realizada, seria impor-lhe continuar a enfrentar constrangimentos por toda vez que lhe for exigida a identificação formal, documental, analisa o Juiz.

Conferir a modificação do nome do transexual é imperativo indesviável do princípio da dignidade da pessoa humana, medida que evidentemente resguardará sua privacidade, liberdade e intimidade, diz a sentença. Exigir-lhe a realização do indigitado procedimento cirúrgico é impor-lhe despropositada discriminação, é manter-lhe permanentemente sob o olhar crítico, desconfiado e preconceituoso daqueles que não se adaptam às mudanças dos tempos.

Segundo artigo 58, *caput*, da Lei dos Registros Públicos, o prenome será definitivo, admitindo-se, todavia, a sua substituição por apelidos públicos e notórios. A interpretação que a doutrina e a jurisprudência têm outorgado à substituição, em regra, vai limitada às pessoas dotadas de eloquente aparição pública. Porém, reputo que se trata de concepção por demais restritiva da regra supracitada, pondera o magistrado. É dever-poder do julgador, quando instado para tanto, na especificidade do caso concreto, fazer valer o texto normativo constitucional, suprindo lacunas com aplicação da principiologia quando (e se) necessário.

Transexual consegue alteração de nome e gênero, sem registro da decisão judicial na certidão[11]

O Superior Tribunal de Justiça (STJ) determinou a alteração do pré-nome e da designação de sexo de um transexual de São Paulo que realizou cirurgia de mudança de sexo. Ele não havia conseguido a mudança no registro junto à Justiça paulista e recorreu ao Tribunal Superior. A decisão da Terceira Turma do STJ é inédita porque garante que nova certidão civil seja feita sem que nela conste anotação sobre a decisão judicial. O registro de que a designação do sexo foi alterada judicialmente poderá figurar apenas nos livros cartorários.

A relatora do recurso, ministra Nancy Andrighi, afirmou que a observação sobre alteração na certidão significaria a continuidade da exposição da pessoa a situações constrangedoras e discriminatórias. Anteriormente, em 2007, a Terceira Turma analisou caso semelhante e concordou com a mudança desde que o registro de alteração de sexo constasse da certidão civil. A cirurgia de transgenitalização foi incluída recentemente na lista de procedimentos custeados pelo Sistema Único de Saúde (SUS) e o Conselho Federal de Medicina reconhece o transexualismo como um transtorno de identidade sexual e a cirurgia como uma solução terapêutica. De acordo com a ministra relatora, se o Estado consente com a cirurgia, deve prover os meios necessários para que a pessoa tenha uma vida digna. Por isso, é preciso adequar o sexo jurídico ao aparente, isto é, à identidade, disse a ministra. A ministra Nancy Andrighi destacou que, atualmente, a ciência não considera apenas o fator biológico como determinante do sexo. Existem outros elementos identificadores do sexo, como fatores psicológicos, culturais e familiares. Por isso, "a definição do gênero não pode ser limitada ao sexo aparente", ponderou. Conforme a relatora, a tendência mundial é adequar juridicamente a realidade

---

11 Disponível em: http://www.stj.jus.br/portal_stj/publicacao/engine.wsp?tmp.area=398&tmp. texto=94241 . Acesso em 20.dez.2011.

dessas pessoas. Ela citou casos dos tribunais alemães, portugueses e franceses, todos no sentido de permitir a alteração do registro. A decisão foi unânime. O transexual afirmou no STJ que cresceu e se desenvolveu como mulher, com hábitos, reações e aspectos físicos tipicamente femininos. Submeteu-se a tratamento multidisciplinar que diagnosticou o transexualismo. Passou pela cirurgia de mudança de sexo no Brasil. Alega que seus documentos lhe provocam grandes transtornos, já que não condizem com sua atual aparência, que é completamente feminina.

A defesa do transexual identificou julgamentos no Tribunal de Justiça do Amapá, do Rio Grande do Sul e de Pernambuco, nos quais questões idênticas foram resolvidas de forma diferente do tratamento dado a ele pelo Tribunal de Justiça de São Paulo. Nesses estados, foi considerada possível a alteração e retificação do assento de nascimento do transexual submetido à cirurgia de mudança de sexo.

Em primeira instância, o transexual havia obtido autorização para a mudança de nome e designação de sexo, mas o Ministério Público estadual apelou ao TJSP, que reformou o entendimento, negando a alteração. O argumento foi de que "a afirmação dos sexos (masculino e feminino) não diz com a aparência, mas com a realidade espelhada no nascimento, que não pode ser alterada artificialmente".

Comarca de Butiá - **Processo nº:** 084/1.06.0001491-2 **Natureza:** Retificação de Registro Civil. Butiá, 13 de dezembro de 2007. (...) ISTO POSTO, DEFIRO o pedido do requerente e ALTERO seu prenome composto de A.A. para *L., passando a chamar-se L.C.C.,* devendo ser alterado o registro n.º 20.689, livro A-41, folhas 217 do Registro Civil da Comarca de Passo Fundo, transferindo todos os direitos e obrigações para com o fisco, sociedade, órgãos de proteção ao crédito e de possível herança e sucessão, credores, devedores e todos os demais que se fizerem necessários de A.A.C. para L.C.C. Proceda o Oficial Registrador de acordo com o parágrafo 4º, do art. 109, da Lei nº 6.015/73. Oficie-se aos órgãos indicados no item "f" da fl. 12, devendo o autor informar os respectivos endereços. Vera Letícia de Vargas Stein, Juíza de Direito.

Adoção homoafetiva

Todo mundo reconhece que adotar é um gesto de amor!

Maria Berenice Dias[1]

Também ninguém duvida de que é necessário fazer algo diante do que, com certeza, é o mais grave problema social: as 80 mil crianças e adolescentes que se encontram em abrigos, à espera de um lar. A responsabilidade para com este enorme contingente de cidadãos do amanhã é de todos. Como os pais não assumiram os encargos decorrentes do poder familiar, são eles filhos do Brasil. Afinal, não há quem os queira, que os proteja e que os ame como eles merecem ser queridos, protegidos e amados. Provêm daí as campanhas que são feitas, inclusive pelo Conselho Nacional de Justiça (CNJ) e Associação dos Magistrados Brasileiros (AMB).

Até recentemente a adoção servia para que os casais que não tivessem filhos pudessem concretizar os seus sonhos. Agora o enfoque é bem outro, atentando muito mais a quem não tem uma família. Esta mudança ocorreu com a Constituição Federal, que deu prioridade absoluta ao melhor interesse de crianças e adolescentes como sujeitos de direito. Por isso a adoção se tornou um dos mais importantes instrumentos para atender aos desígnios do Estatuto da Criança e do Adolescente.

Com a valorização das pessoas, igualmente começou-se a visar mais aos seus vínculos afetivos, que nem sempre se constroem segundo o modelo da

---

1 Advogada, ex-desembargadora do TJ RS; Presidenta da Comissão Nacional da Diversidade Sexual da OAB Federal.

sagrada família: um *homem* e uma mulher para crescer e se multiplicarem. A família agora é definida pela lei como uma relação íntima de afeto, comportando todos os arranjos que preservem o respeito e a dignidade de cada um de seus membros. Deste modo, não há como não reconhecer as famílias homoafetivas como uma entidade familiar que pode assumir as responsabilidades parentais e desempenhar as funções paternas e maternas.

Por puro preconceito não é possível que a Justiça deixe de reconhecer que duas pessoas, independentemente da identidade sexual, tenham muito amor a oferecer a quem só quer ter o direito de amar e ser amado.

ADOÇÃO HOMOAFETIVA

Silvana do Monte Moreira[2]

"Aproximar-se da adoção é aproximar-se dos sentimentos mais profundos, é conhecer êxitos e fracassos, é perceber o lado positivo e o lado negativo de milhares de pessoas, é ver as mais belas manifestações de solidariedade e também, as mais duras expressões de egoísmos e insensibilidade. Aproximar-se da adoção é deixar-se levar por caminhos desconhecidos, muitas vezes obscuros, é descobrir novos horizontes, guiados pelas luzes da coragem e da esperança".

Fernando Freire[3]

Adoção – breve histórico

Para Caio Mário da Silva Pereira (2010)[4], a adoção surgiu na mais remota Antiguidade, com motivações diversas das existentes no tempo atual.

---

2 Graduada em letras, formou-se em direito em 1983. Tem especialização em direito especial da criança e do adolescente – DECA pela UERJ – Universidade do Estado do Rio de Janeiro (2009/2010), MBA em direito econômico pela FGV/RJ (1999/2000), dentre outros cursos. Atua notadamente na área da infância e da juventude, é diretora jurídica da ANGAAD – Associação Nacional dos Grupos de Apoio à Adoção (2011/2013), presidente da Comissão de Adoção do IBDFAM - Instituto Brasileiro de Direito de Família..

3 Fernando Freire, psicólogo, em GRANATO, Eunice Ferreira Rodrigues, *Adoção: doutrina e prática*. Curitiba: Juruá, 2010, p. 15.

4 PEREIRA, Caio Mario da Silva. *Instituições de Direito Civil. Direito de Família*, v. 5, 18ª ed., Rio de Janeiro: Editora Forense, 2010. p. 407.

O doutrinador[5] assim dispõe sobre o instituto na Antiguidade:

> A necessidade de propiciar os deuses familiares levou os povos antigos a criar situações jurídicas especiais destinadas a assegurar um continuador do culto doméstico, a quem não tivesse descendente. Um dos mais difundidos foi a adoção, que funcionava como uma factio iuris, pela qual "uma pessoa recebia na família um estranho na qualidade de filho".

Historicamente, o instituto da adoção aparece em todas as sociedades, sendo citada, na esfera legal, na mais antiga lei escrita: o Código de Hamurabi (1750-1685 a.C). Deduz-se, portanto, que a prática é tão antiga quanto a própria história da civilização.

Segundo Eunice Ferreira Rodrigues Granato (2010),[6] na antiga Índia a adoção tinha por objeto perpetuar a família através da varonia, uma vez que ao varão cabia celebrar os cultos religiosos. Assim, as Leis de Manu permitiam para os hindus a adoção, mas somente entre um homem e um rapaz da mesma classe. Nessa codificação (séc. II a.C. a II d.C.), a adoção era apresentada como ato solene e com ritual próprio.

Ressalta-se nessa codificação, ainda segundo Granato (2010),[7] que o adotando, ao entrar para a família do adotante, recebia toda a sua herança; contudo, tal não ocorria se concorresse com filho legítimo, onde teria direito a apenas 1/6. É indispensável mencionar que são inúmeras as citações bíblicas sobre o instituto, sendo a adoção de Jesus por José a concretização mais famosa da filiação adotiva, existindo várias outras citações expressas de adoção onde se pontuam: Moisés, adotado por Térmulus; e Ester, adotada por Mardoqueu, dentre outros.

A adoção, nos seus primórdios, visava à continuidade da linhagem não possível de perpetuar-se pelos laços de sangue: tratava-se de uma forma egoística de perpetuação da descendência.

A ideia que se formou ao longo da existência da humanidade com relação à adoção acompanha a própria evolução da sociedade e de sua célula *mater*: a família. A civilização romana desenvolveu a adoção como instituto. A criança adotada era detentora dos mesmos direitos que os descendentes por laços sanguíneos, onde se destaca, dentre outros, o direito à sucessão.

---

5 Idem, ibdem, p. 407.

6 GRANATO, Eunice Ferreira Rodrigues. *Adoção doutrina e prática – com comentários à nova Lei de Adoção*, 2ª ed., Curitiba: Juruá, 2ª ed., 2010. p. 37.

7 GRANATO, 2010, p. 38.

Na Idade Média, o instituto sofreu certo mascaramento e caiu em desuso, uma vez que os filhos havidos fora das relações conjugais, notadamente dos componentes da nobreza e dos altos escalões do poder, eram simplesmente abandonados à própria sorte.

No século XVI, em razão do abandono e da necessidade de esconder nascimentos indesejados, foi promulgada, em 1543, a Carta Régia que concedia à Santa Casa de Misericórdia de Lisboa o dever de receber e cuidar das crianças enjeitadas ou abandonadas por seus genitores. É nessa época que surge a *roda dos expostos*, nos conventos.

A ro*da dos expostos* representou um marco na defesa dos direitos da criança, pois a razão primordial para sua existência foi a de preservação da vida, buscando evitar a prática do infanticídio. Foi encerrada em 1870, pela própria Santa Casa de Misericórdia de Lisboa, por não ter atingido o objetivo de sua constituição, ou seja, não haver conseguido diminuir a mortalidade dos recém-nascidos.

No Brasil[8] a primeira "*roda*" surgiu em 1730, no Rio de Janeiro, e estava colocada no Asylo dos Expostos, fundado por Romão Mattos Bernardes, sendo que, posteriormente, também veio a existir na Bahia e em São Paulo. Nesta época, o rei autorizou que os expostos fossem alimentados pelos bens do Conselho, a fim de se evitar que as crianças abandonadas fossem mortas e devoradas pelos porcos e cães vadios.

A "*roda*" do Rio de Janeiro, entre janeiro de 1738 e janeiro de 1911, recebeu 43.750 crianças rejeitadas, sendo algumas já mortas, conforme informação de D. Zarur, citando Ubaldo Soares em notícia publicada no Boletim Informativo da Irmandade da Santa Casa de Misericórdia do Pará, no ano V, nº18, de Jan/Março de 1992. Após os primeiros cuidados, as crianças poderiam ser enviadas às "criadeiras", locais depois chamados de *educandários*, ou, em virtude das dificuldades da Santa Casa, serem confiadas tanto em relação à sua criação como à sua educação, às famílias pobres mediante a mensalidade de 4$000 reis, conforme registrado nos livros de Registro das Amas.

Terminada a amamentação, podiam permanecer em poder dessas famílias que as haviam criado ou ser entregues aos parentes quando reclamadas ou, ainda, ser encaminhadas aos Asylos de Expostos (como o Romão Mattos Bernardes no Rio e Sampaio Vianna em São Paulo), ou adotadas por casais interessados.

---

8 Disponível em: http://www.santacasasp.org.br/museu/docs/downloads-disponiveis-roda dos-expostos. pdf . Acesso em 18.mar.2012.

A moderna conceituação do instituto da adoção, segundo Granato,[9] é a de "oferecer um ambiente familiar favorável ao desenvolvimento de uma criança que, por algum motivo, ficou privada de sua família biológica."

Vários outros juristas tratam da conceituação do instituto, dentre esses citam a adoção é um ato jurídico solene e bilateral que gera laços de paternidade e filiação entre pessoas naturalmente estranhas umas às outras. Estabelece um vínculo fictício de filiação, trazendo para a sua família, na condição de filho, pessoa que geralmente lhe é estranha. É uma ficção legal que possibilita que se constitua entre o adotante e o adotado um laço de parentesco de 1º grau à linha reta, estendendo-se para toda a família do adotante.[10]

Jorge Duarte Pinheiro[11] propõe o seguinte conceito de *adoção*, abarcando a adoção plena e a adoção restrita: "vínculo constituído por sentença judicial, proferida no âmbito de um processo especialmente instaurado para o efeito, que, independentemente dos laços de sangue, cria direitos e deveres paterno-filiais (em sentido lato) entre duas pessoas".

Atualmente o que busca na adoção é propiciar uma família a crianças e adolescentes alijadas do direito à convivência familiar, atendendo ao princípio do melhor interesse da criança.

Essa nova concepção inverte totalmente o paradigma tradicional de se buscar uma criança para uma família, tratando a criança com prioridade absoluta, na forma do que preceitua a Constituição Federal. A criança tem pressa, pois a infância é rápida.

A definição de um projeto de vida adequado às crianças em situação de risco não acontece com a necessária celeridade ou competência, o que vem contribuir para a indefinição e para a protelação dos processos e, por conseguinte, na falta de definição quanto à situação da criança, culminando com um longo período de institucionalização.

Existe, de fato, a necessidade de conscientizar todos os envolvidos nos procedimentos relacionados à infância (quer sejam operadores do Direito ou componentes de equipes técnicas), de que os direitos das crianças e dos adolescentes são fundamentalmente diferentes dos direitos das pessoas adultas.

O tempo de cada um é diferenciado: a criança tem pressa, pois não pode aguardar indefinidamente pela elaboração de seu projeto de vida.

9 Obra citada, p. 29.

10 DINIZ, Maria Helena. *Curso de Direito civil brasileiro – Direito de Família*. 22. ed. São Paulo:Saraiva, 2007. p. 483-484.

11 PINHEIRO, Jorge Duarte. *O Direito da família contemporâneo*. 2ª ed., Lisboa: AAFDL, 2009, p. 193.

A forma de atuação dos operadores do Direito reflete-se na excessiva institucionalização de crianças e jovens, e durante longos períodos. A falta de convivência familiar rouba da criança o direito à cidadania, ao afeto, ao cuidado. E a pouca disponibilidade de recursos humanos em todas as esferas – notadamente equipes interdisciplinares – limitam sobremaneira o exercício de suas respectivas competências e atribuições.

Como ponto convergente na análise da questão da institucionalização, verifica-se que a colocação dos agentes envolvidos não visa, necessariamente, à formação ou à vontade de atuar na área da infância.

Outra observação conceitual refere-se à falsa impressão de que o grande número de crianças institucionalizadas significa a possibilidade de encaminhamento de um grande número de crianças para adoção. Esse equívoco é comum e tornou-se gritante no Brasil por ocasião da divulgação do Levantamento Nacional de Abrigos para Crianças e Adolescentes (Instituto de Pesquisa Econômica Aplicada - IPEA, 2003; SILVA, 2004[12]) realizado pelo IPEA junto às instituições cadastradas na Rede de Serviços de Ação Continuada (SAC) do Ministério do Desenvolvimento Social, o qual estimou que aproximadamente 80 mil crianças e adolescentes estariam vivendo em instituições de abrigo no Brasil.

Segundo informações constantes do Portal do CNJ[13] com base no levantamento realizado em 10 de fevereiro de 2012, em todo o Brasil 37.240 crianças e adolescentes vivem em entidades de acolhimento institucional ou estabelecimentos mantidos por organizações não governamentais, igrejas ou outras instituições. Estas informações são do Cadastro Nacional de Crianças e Adolescentes Acolhidos (CNCA), programa instituído pelo Conselho Nacional de Justiça em outubro de 2009 com o fim de reunir informações sobre as crianças e jovens que não vivem mais com suas famílias.

Segundo o cadastro, existem 2.008 entidades de acolhimento institucional em todo o país. São Paulo é o estado com o maior número de unidades de acolhimento: são 362 no total, que oferecem 8.485 vagas. Em seguida, vem Minas Gerais: são 352 estabelecimentos e um total de 5.574 vagas disponíveis. O Rio de Janeiro ocupa a terceira posição apenas em relação ao número de vagas disponíveis: são 4.422 no total, distribuídas por 173 abrigos em todo o estado. No que diz respeito à quantidade de

---

12 Instituto de Pesquisa Econômica Aplicada. (2003). Levantamento Nacional dos Abrigos para Crianças Adolescentes da Rede de Serviço de Ação Continuada (SAC) (Relatório de Pesquisa nº 1). Brasília, DF.

13 Disponível em: http://www.cnj.jus.br/noticias/cnj/18297-mais-de-37-mil-jovens-vivem-em-abrigos, cesso em 12.mar.2012

estabelecimentos, o terceiro lugar fica com o Rio Grande do Sul: são 205 unidades, que oferecem 3.802 vagas.

O CNCA foi instituído por meio da Resolução nº 93, com o objetivo de consolidar os dados de crianças e adolescentes acolhidos e informar ao banco de dados do Cadastro Nacional de Adoção (CNA), mantido pelo CNJ.

É preciso conscientizar a população de que as crianças em acolhimento institucional não são necessariamente crianças em situação de risco, mas crianças que podem ser reinseridas na família natural, cujos pais exerçam na plenitude o poder familiar.

A dificuldade de colocação de crianças negras, deficientes ou com idade mais avançada, em família substituta, é muito grande.

As entidades de acolhimento institucional transformaram-se, com gratas exceções, em depósitos de crianças e de adolescentes para aqueles a quem foi negado o direito de crescer e de se desenvolver em sociedade. Seus habitantes vivem intramuros, em uma realidade não compatível com o mundo exterior no qual serão lançados sem o necessário preparo e sem a qualificação para o enfrentamento da vida adulta.

No Brasil, essa temática provocou uma preocupação generalizada em diversos segmentos profissionais e ecoou fortemente junto à sociedade civil organizada, fazendo com que, nos últimos anos, proliferassem no Brasil os grupos de apoio à adoção com o objetivo de conscientizar habilitandos à adoção de crianças sobre a realidade brasileira, invertendo o paradigma tradicional de buscar crianças para as famílias e privilegiando a busca de famílias para crianças de todas as idades, etnias, condições de saúde e grupos de irmãos.

Em razão dessa visibilidade alcançada pelos grupos de apoio à adoção, nos últimos anos, e graças aos esforços engendrados especificamente pelo Judiciário da Infância e da Juventude, o número de adoções múltiplas e tardias aumentou significativamente na capital do estado do Rio de Janeiro e em cidades vizinhas.

Segundo Emely Agnes Lanser (2007)[14],

> Os grupos existentes pelo Brasil afora têm a função de motivar para a adoção, apoiar a adoção e permitir que o Estado faça o que deve fazer. Desde 1990 vêm surgindo novos Grupos de Apoio à Adoção (GEAAs), unindo pessoas com ideais afins e traçando metas comuns diante da realidade brasileira de abandono dos pequenos que apenas querem uma família e a ela têm direito por lei.

14 LANSER, Emely Agnes. *Adote seu filho todos os dias*. Blumenau: Novas Letras, 2007, p. 58.

Mais adiante, Lanser (2007)[15] informa que:

> As reuniões do GEAAS, tanto em esfera municipal, estadual, quanto federal, são conclusivas em admitir que os pretendentes à adoção que frequentam as reuniões no "pré adoção" são mais serenas, seguras e apresentam mais maturidade na adoção.

Contudo, apesar da mudança comportamental havida, existe ainda um enorme contingente de crianças e adolescentes no limbo sob o rótulo de *inadotáveis*. Encontram-se os mesmos em acolhimento institucional, com idade acima dos cinco anos, sendo, às vezes, componentes de grupos de irmãos ou com necessidades especiais. Em suma, são crianças que não se enquadram no estereótipo mais buscado pelos habilitados brasileiros.

O perfil de crianças e adolescentes procurados pelas famílias homoafetivas é bem mais abrangente do que o convencional, pois os casais costumam selecionar justamente os abrigados que não teriam, via de regra, a oportunidade de inserção em família substituta. Obviamente que tal constatação foi verificada por amostragem prática, contudo, ainda sem base científica em face de falta de pesquisas sobre a matéria no Brasil.

Aventurando-nos em uma análise não jurídica, mas vivencial, acreditamos que essa parcela da população que aprendeu a lidar com o preconceito e com a exclusão social, busca um perfil abrangente justamente para trazer para o seio de uma verdadeira família crianças e adolescentes que tenderiam a viver à margem da sociedade. Não se trata de escolher um filho, mas de acolher um filho pelos laços do afeto.

Conhecendo os procedimentos de habilitação e adoção

Os interessados em adotar uma criança ou adolescente ou várias crianças e adolescentes (grupos de irmãos), devem dirigir-se a uma das Varas da Infância e da Juventude de sua comarca, ou, não existindo em sua comarca tal Vara especializada, à Vara competente para o processo de adoção, iniciando o processo de habilitação.

Os candidatos à adoção ou habilitandos, depois de protocolizarem o requerimento de habilitação, passarão pela equipe interprofissional da Vara da Infância, onde serão entrevistados pelos assistentes sociais e psicólogos judiciários. Tais entrevistas, necessárias à elaboração do parecer psicossocial dos pretendentes, buscam traçar os perfis socioeconômico e psicológico, tendo como base que o direito a ser preservado e atendido é o da criança; assim,

15 LANSER, 2007, p. 63.

apenas serão habilitados aqueles que reúnam condições de exercer a parentalidade responsável e que possam oferecer à criança ou adolescente condições dignas de vida.

Com o advento da Lei nº 12.010/2009, os Grupos de Apoio à Adoção passaram a ter papel fundamental. De fato, hoje, os grupos de apoio à adoção já atuam efetivamente. Com a referida lei o trabalho passa a ter maior representatividade, unindo a sociedade civil ao Judiciário numa real parceria em prol das crianças brasileiras.

Para adotar uma criança, um adolescente ou um grupo de irmãos, é necessário estar preparado. É importante conscientizar-se de que o futuro adotante tem que ter tranquilidade, disposição, além de muito carinho e amor. É importante frisar que a adoção visa a atender o melhor interesse da criança, interesse esse inserido na própria Constituição Federal. A criança é um sujeito de direito e, portanto, a adoção existe para atender seus interesses e não especificamente para atender os adotantes.

Os interessados em adotar, antes de qualquer providência legal, devem se questionar sobre o porquê dessa vontade. Adoção não supre lacunas conjugais, não substitui o biologismo, não insere na família o filho perdido ou que nunca nasceu. Adoção é um instituto ímpar, uma tomada de atitude única e para toda a duração da existência.

Os candidatos passarão por uma análise psicossocial profunda pela equipe interprofissional da Vara da Infância onde tenha requerido sua habilitação. Não basta a vontade de adotar para que uma pessoa ou um casal seja habilitado: é necessário que comprove ter condições para exercer a parentalidade com responsabilidade.

A habilitação dos casais homoafetivos ocorrerá exatamente da mesma forma que a dos casais heteroafetivos, assim como a adoção monoparental de uma pessoa homoafetiva ocorrerá tal qual a de outra pessoa com identidade de gênero hétero. Os requisitos serão os mesmos.

Passos básicos para a adoção

O Estatuto da Criança e do Adolescente assim disciplina a possibilidade de adoção:

> Art. 42. Podem adotar os maiores de 18 (dezoito) anos, independentemente do estado civil.
>
> § 1º - Não podem adotar os ascendentes e os irmãos do adotando.
>
> § 2º - Para adoção conjunta, é indispensável que os adotantes sejam casados

civilmente ou **mantenham união estável, comprovada a estabilidade da família.** (grifos nossos)

§ 3º - O adotante há de ser, pelo menos, 16 anos mais velho que o adotando.

§ 4º - Os divorciados, os judicialmente separados e os ex-companheiros podem adotar conjuntamente, contanto que acordem sobre a guarda e o regime de visitas e desde que o estágio de convivência tenha sido iniciado na constância do período de convivência e que seja comprovada a existência de vínculos de afinidade e afetividade com aquele não detentor da guarda que justifiquem a excepcionalidade da concessão.

§ 5º - Nos casos do § 4º deste artigo, desde que demonstrado efetivo benefício ao adotando, será assegurada a guarda compartilhada, conforme previsto no art. 1.584 da Lei nº 10.406, de 10 de janeiro de 2002, do Código Civil.

§ 6º - A adoção poderá ser deferida ao adotante que, após inequívoca manifestação de vontade, vier a falecer no curso do procedimento, antes de prolatada a sentença.

Não existe, portanto, qualquer impedimento legal para a adoção homoafetiva.

Habilitação para adoção

Quando do protocolo do pedido de habilitação, a ser efetuado na Vara da Infância e da Juventude da área de residência dos interessados, o requerente, que pode ser casado ou não, será encaminhado para o setor técnico da Vara da Infância e será inserido em grupos de palestras onde receberá todas as orientações tanto com relação aos documentos exigidos quanto com relação aos procedimentos de habilitação e de adoção. Não é, em tese, necessária a assistência de advogado.

As palestras ou grupos reflexivos são realizados na própria Vara ou em grupos de apoio à adoção indicados pela Vara. O ECA, através das inovações inseridas pela Lei nº 12.010/2009, traz a uniformização dos procedimentos de habilitação na Seção VIII do Capítulo III:

Seção VIII - Da Habilitação de Pretendentes à Adoção

Art. 197-A. Os postulantes à adoção, domiciliados no Brasil, apresentarão petição inicial na qual conste:

I - qualificação completa;

II - dados familiares;

III - cópias autenticadas de certidão de nascimento ou casamento, **ou declaração relativa ao período de união estável;**

IV - cópias da cédula de identidade e inscrição no Cadastro de Pessoas Físicas;

V - comprovante de renda e domicílio;

VI - atestados de sanidade física e mental;

VII - certidão de antecedentes criminais;

VIII - certidão negativa de distribuição cível.

Art. 197-B - A autoridade judiciária, no prazo de 48 (quarenta e oito) horas, dará vista dos autos ao Ministério Público, que no prazo de 5 (cinco) dias poderá:

I - apresentar quesitos a serem respondidos pela equipe interprofissional encarregada de elaborar o estudo técnico a que se refere o art. 197-C desta Lei;

II - requerer a designação de audiência para oitiva dos postulantes em juízo e testemunhas;

III - requerer a juntada de documentos complementares e a realização de outras diligências que entender necessárias.

Art. 197-C - Intervirá no feito, obrigatoriamente, equipe interprofissional a serviço da Justiça da Infância e da Juventude, que deverá elaborar estudo psicossocial, que conterá subsídios que permitam aferir a capacidade e o preparo dos postulantes para o exercício de uma paternidade ou maternidade responsável, à luz dos requisitos e princípios desta Lei.

§ 1º - É obrigatória a participação dos postulantes em programa oferecido pela Justiça da Infância e da Juventude preferencialmente com apoio dos técnicos responsáveis pela execução da política municipal de garantia do direito à convivência familiar, que inclua preparação psicológica, orientação e estímulo à adoção inter-racial, de crianças maiores ou de adolescentes, com necessidades específicas de saúde ou com deficiências e de grupos de irmãos.

§ 2 º - Sempre que possível e recomendável, a etapa obrigatória da preparação referida no § 1o deste artigo incluirá o contato com crianças e adolescentes em regime de acolhimento familiar ou institucional em condições de serem adotados, a ser realizado sob a orientação, supervisão e avaliação da equipe técnica da Justiça da Infância e da Juventude, com o apoio dos técnicos responsáveis pelo programa de acolhimento familiar ou institucional e pela execução da política municipal de garantia do direito à convivência familiar.

Art. 197-D - Certificada nos autos a conclusão da participação no programa referido no art. 197-C desta Lei, a autoridade judiciária, no prazo de 48 (quarenta e oito) horas, decidirá acerca das diligências requeridas pelo Ministério Público e determinará a juntada do estudo psicossocial, designando, conforme o caso, audiência de instrução e julgamento.

Parágrafo único. Caso não sejam requeridas diligências, ou sendo essas indeferidas, a autoridade judiciária determinará a juntada do estudo psicossocial, abrindo a seguir vista dos autos ao Ministério Público, por 5 (cinco) dias, decidindo em igual prazo.

Art. 197-E. - Deferida a habilitação, o postulante será inscrito nos cadastros referidos no art. 50 desta Lei, sendo a sua convocação para a adoção feita de acordo com ordem cronológica de habilitação e conforme a disponibilidade de crianças ou adolescentes adotáveis.

§ 1º A ordem cronológica das habilitações somente poderá deixar de ser observada pela autoridade judiciária nas hipóteses previstas no § 13 do art. 50 desta Lei, quando comprovado ser essa a melhor solução no interesse do adotando.

§ 2º A recusa sistemática na adoção das crianças ou adolescente indicados importará na reavaliação da habilitação concedida.

O ideal, para os casais homoafetivos em união estável, será a juntada de cópia autenticada da escritura pública de união estável, demonstrando a estabilidade da união.

Para os casados, na forma já adotada em alguns estados depois da decisão do Supremo Tribunal Federal (STF), no julgamento da Ação Direta de Inconstitucionalidade (ADI) 4277 e a Arguição de Descumprimento de Preceito Fundamental (ADPF) 132, com reconhecimento da união estável para casais do mesmo sexo, bastará a juntada da certidão de casamento.

Para os solteiros a forma de habilitação será exatamente igual para todos, independentemente da identidade de gênero.

Posteriormente os habilitandos passarão pelo estudo psicossocial, que deverá envolver a visita domiciliar. O núcleo familiar, se formado pelos requerentes e prole, também será ouvido, pois a adoção é um projeto que envolve toda a família. A equipe interdisciplinar, formada por psicólogo e assistente social, elaborará um parecer ou relatório psicossocial onde elencará as condições da futura família.

Tal relatório será submetido ao Ministério Público, que analisará o processo e elaborará seu parecer. O processo completo será encaminhado para o juiz da Vara, que decidirá se os requerentes estão aptos para a adoção.

Os requerentes considerados aptos e, portanto, habilitados à adoção terão seus nomes lançados no Cadastro Nacional de Adoção. O CNA encontra-se inserido no portal do Conselho Nacional de Justiça (CNJ) no endereço http://www.cnj.jus.br/cna/View/index.php. O acesso é restrito ao Judiciário, existindo um *link* para consulta pública de crianças disponibilizadas à adoção.

Os requerentes considerados não aptos, via de regra, são direcionados para um dos vários grupos de apoio à adoção, de conformidade com a localização de sua residência e horários disponíveis para a frequência.

Os não habilitados podem recorrer da decisão no prazo legal; contudo, sugere-se o ingresso em um dos Grupos de Apoio à Adoção para melhor trabalhar a questão que impediu a habilitação para a adoção. O trabalho dos Grupos de Apoio à Adoção é muito importante e esclarecedor, e trata da troca de experiências, das angústias, das dúvidas existentes nos períodos pré, durante e pós-adoção.

O Cadastro Nacional de Adoção

Com a entrada em vigor do Cadastro Nacional de Adoção (CNA)[16], não é mais possível a realização de habilitações em várias comarcas. A habilitação passou a ser única, e realizada no local de residência do pretendente à adoção, tendo validade para todo território nacional.

Após o término do processo de habilitação, o próprio juiz responsável pela sentença de habilitação ou serventuário por ele designado fará a inserção dos dados do habilitado no sistema CNA.

Todos os juízes da Vara da Infância e da Juventude e os demais que tenham tal competência têm total acesso às informações do CNA, assim como informações pertinentes a todos os cadastros de habilitados no país e a todas as crianças disponibilizadas para adoção.

As crianças e adolescentes são inseridas no CNA como disponíveis para adoção depois de transitada em julgado a sentença de destituição do poder familiar dos pais biológicos, ou no caso de estarem na condição de órfãs ou expostas[17], caso em que não é necessária a propositura de ação de destituição do poder familiar.

Após a inserção dos habilitados no CNA, será feito o cruzamento dos bancos de dados - habilitados x crianças disponíveis - em conformidade com o perfil escolhido pelo habilitado. O principal objetivo do Judiciário é atender ao melhor interesse da criança, buscando, assim, sempre encontrar uma família que atenda tais interesses.

O juiz ou um membro da equipe interdisciplinar da Vara da Infância enviará indicação de crianças aos habilitados. Caso os habilitados concordem com a indicação, já que não existe a obrigação de aceitar a primeira sugestão recebida, será iniciada a visitação da criança. Essa fase é de um verdadeiro namoro, onde será necessário abordar a criança com muito carinho, demonstrando todo o acolhimento que ela receberá na nova família. Quando é possível, ou seja, quando a Vara possuir os dados da criança, será apresentado aos requerentes o prontuário médico e o histórico de vida da criança.

As crianças destituídas do poder familiar são preparadas pela equipe interdisciplinar da entidade de acolhimento institucional onde estejam residin-

---

16 http://www.cnj.jus.br/cna/View/consultaPublicaView.php

17 Termo em desuso significa a criança que foi abandonada e sobre a qual não se tem qualquer tipo de informação.

do sobre a possibilidade de serem adotadas. Essa possibilidade é mais bem trabalhada nesse momento de aproximação, pois não objetiva criar falsas expectativas e deve ser abordada quando da real possibilidade de inserção em família substituta.

O tempo de espera do habilitado para encontrar a criança desejada é relativo, pois depende do perfil buscado e das crianças disponíveis para adoção.

Se o perfil for restrito – criança branca, de 0 (zero) a 1 (um) ano, a espera pode ser longa. Se o perfil for abrangente – crianças maiores, grupos de irmãos e sem restrição de cor, a espera poderá ser menor. É necessário ainda salientar a necessidade do estágio de convivência. É dispensável, a critério do juiz, para crianças menores de 1 (um) ano, e recomendável para a criança e o adotante, no caso de crianças com idade superior a 1 ano.

Só com o estágio de convivência as partes poderão ter certeza da decisão de se transformarem em pais e filhos. O estágio minimiza riscos e fortalece os futuros laços da filiação responsável.

Segundo o que consta na *Cartilha Passo a Passo,* da Associação dos Magistrados Brasileiros[18], a lei determina um estágio de convivência entre adotando e adotante, considerando-se que a separação do ambiente anterior e a criação de novos vínculos demandam tempo. Quando a criança/adolescente está institucionalizada há meses ou anos, esse tempo deverá ainda ser maior, pois ela aprendeu a se reconhecer naquela instituição, com um sistema de regras, normas e valores específicos, que são parte constituinte da sua subjetividade. É importante respeitar o prazo que ambas as partes (criança e família) levarão para responder às diversas questões que poderão emergir desse encontro.

Resumidamente, os habilitados vão conhecendo a criança aos poucos. O primeiro contato é visual. Olham de longe, percebem a criança em suas atividades normais. Posteriormente, se aproximam, puxam conversa sobre alguma coisa de interesse comum. Chamam para brincar. Contam uma história. Passam a visitar a criança. Visitam-na nos finais de semana, compartilham o dia da criança. Com um tempo de convívio, estando a criança confiante, o habilitado pode requerer a sua saída para passeios externos e pernoite. Todo esse processo é acompanhado pela equipe interdisciplinar da Vara da Infância. Correndo tudo bem no processo de "conhecimento" entre pais e filhos, os adotantes recebem a guarda provisória da criança, guarda essa que pode variar de duração, mas que, em média, é de 120 dias. O período da vigência da guarda é acompanhado pela equipe interdisciplinar, que pode optar por

---

8 http://www.amb.com.br/mudeumdestino/docs/Manual%20de%20adocao.pdf. Acesso em 20.fev.2012.

uma verificação *in loco* ou chamar a família, juntamente com seu novo integrante, para uma entrevista na própria Vara.

Sendo a família considerada como aquela que atende ao melhor interesse da criança, tudo baseado nos laudos da equipe interdisciplinar e de outras provas carreadas no processo, depois de ouvido o Ministério Público, será prolatada a sentença, ou seja, a adoção será formalizada e a criança será filha dos adotantes para todos os efeitos legais, com todos os deveres e direitos de um filho biológico.

É importante que todo aquele que pretenda entrar, de corpo e alma, num processo de adoção saiba que a adoção é irrevogável.

Revelação da adoção

A criança adotada deve saber que foi escolhida, que sua família a escolheu como filha, irmã, neta, sobrinha e todos os demais laços de parentesco e afetivos. Não existe um momento certo, pois o momento é "sempre".

Adoção é escolha, é amor desmedido. A criança deve saber o quanto é amada. Não se esconde tanto amor: ele deverá ser divulgado, real e vivido. Ao se adotar uma criança pequena, deve-se dizer o quanto ela é importante, o quanto ela o fez feliz ao conceder-lhe a suprema felicidade da paternidade ou da maternidade. Não importa que a criança ainda não entenda, ela fixará em sua mente todo o amor recebido.

Se a criança for maior, abra o seu coração e mostre a importância que ela tem em sua vida e a sua importância na dela.

Demonstre todo o afeto, todo o carinho, todo o amor mesmo sabendo que, um dia, poderá ouvir dos lábios de seu filho "Você não é minha mãe" ou "Você não é meu pai". Prepare-se para ouvir, também, "Quero minha mãe ou meu pai verdadeiro". Verdadeiro é você, de carne, osso e sentimentos.

A revelação é importante, pois trata da realidade da vida de seu filho. A vida não pode ser alicerçada em mentiras. Para se construir um ser humano de bem é necessário calcá-lo principalmente na verdade. Nada fundado na mentira se solidifica.

A psicóloga Lidia Weber[19] assim sugere tratar a revelação:

"Diga claramente que seu filho veio da barriga de outra mulher.

Enfatize a seu filho que não há nada de errado com ele.

---

19 WEBER, Lidia. *Adote com Carinho – um manual sobre aspectos essenciais da adoção*. Curitiba: Juruá 2010. p. 84.

Diga que a adoção é para sempre.

Estimule seu filho a falar de seus sentimentos.

Fale que o pai também o adotou, senão a criança pode concluir que seu pai adotivo é o biológico."

O importante é que a criança perceba que a sua adoção é algo natural, bonito, festejado e jamais um segredo a ser escondido.

Formas de adoção

Existem, no Direito brasileiro, algumas formas de se proceder à adoção de crianças e adolescentes. Nesse momento faremos um breve relato sobre tais formas de adoção, assim como sobre a entrega de um filho em adoção.

Adoção pronta ou adoção dirigida

"Intuitu personae[20]" (loc. lat.). Tendo em conta a pessoa, ou em consideração a ela.

A adoção *intuitu personae* é a conhecida adoção consensual onde a família biológica, comumente apenas a mãe, eis que desconhecido ou ausente o pai, entrega a criança em adoção a pessoa conhecida. Tal adoção tem seu embasamento legal fulcrado no ECA, arts. 45 (*caput*) e do 166 ao 168.

O maior problema enfrentado nesse tipo de adoção, também denominada *adoção direta*, está centrado na efetiva possibilidade de crianças serem entregues a pessoas com as quais a família biológica não tenha qualquer vínculo ou que sejam entregues por motivos escusos, ou, ainda, que sejam entregues a pessoas não habilitadas.

Comumente algumas pessoas sugerem aos futuros adotantes que criem vínculos afetivos com as crianças antes de entrarem com o requerimento de adoção. Com tal tese entendem que a adoção não correrá jamais o risco de ser indeferida. E com essas teoria e prática, várias crianças ficam desprotegidas: sem guarda, sem adoção, sem processos iniciados e, abandonadas por seus genitores, tanto de fato quanto de direito, permanecendo no limbo jurídico, tendo negados seus direitos fundamentais.

Não basta a mera vontade de adotar para que se receba uma criança em adoção. Existem estudos a serem realizados e há de ser verificado se a ado-

---

20 *Dicionário Jurídico*. Academia Brasileira de Letras Jurídicas, 8ª ed., Rio de Janeiro: Forense Universitária, 2003.

ção trará, efetivamente, real vantagem para o adotando, e se é fundada em motivos legítimos. A entrega do filho pelos pais biológicos aos adotantes ou a intermediários incentiva o tráfico, o que é frontalmente contrário aos ditames do ECA na forma de seus arts. 238 e 239.

Ainda existe outra questão, também comum, quando a adoção ocorre sem as formalidades legais: a possibilidade de extorsão e chantagens pela família biológica ou pelo intermediário, ou, ainda, a devolução da criança trazendo para ela um trauma insuperável.

Ou seja, o melhor caminho será sempre o da atuação com base na lei, quer para a tranquilidade dos adotantes, quer para a felicidade do adotando, em prol de seu interesse e atendimento. A adoção consentida não elimina a prévia habilitação. Para que a adoção seja realizada, o adotante deverá ser previamente habilitado. As únicas possibilidades de adoção por não habilitados estão previstas no artigo 50 do ECA, a serem tratadas a seguir.

A adoção consentida é bastante polêmica e não é aceita por todos os Juízos. Quando aceita, os genitores precisarão comparecer em Juízo e confirmar a entrega na forma do art. 166 do ECA.

Adoção pelo Cadastro Nacional de Adoção

A criança, como já foi dito anteriormente, apenas é inserida no CNA depois do trânsito em julgado da sentença de destituição do poder familiar. Nesse procedimento não há qualquer contato entre a família biológica e os adotantes, visto que não existe mais o vínculo familiar entre a família biológica e a criança. Os pais biológicos podem ter passado pelo processo de destituição do poder familiar ou podem ser desconhecidos ou já terem falecido.

Nos três casos citados a criança será inserida no CNA. Em tal situação, o procedimento levará em consideração a adequação dos adotantes à criança, assim como da criança aos adotantes. A sentença de adoção será proferida após a realização dos relatórios psicossociais e do parecer do Ministério Público.

Adoção unilateral

É o pedido formulado pelo cônjuge ou companheiro que não seja o genitor da criança.

Para essa adoção, na forma do inciso I, § 13, do art. 50 do ECA, o adotante não precisará de habilitação prévia: os estudos psicossociais serão realizados concomitantemente ao processo de adoção.

Adoção intrafamiliar

É a adoção realizada dentro da própria família natural por parente com o qual a criança ou adolescente mantenha vínculos de afinidade e afetividade. É também dispensável a prévia habilitação na forma do inciso II, § 3º do Art. 50 do ECA, ocorrendo a realização dos estudos psicossociais durante o trâmite do processo.

Adoção de criança maior de 3 anos da qual se detenha a guarda legal

Dispensada, também, para tais casos a habilitação prévia (inciso III, § 3º do art. 50 do ECA) que ocorrerá juntamente com o processo de adoção oriundo de pedido de quem detém a tutela ou guarda legal de criança maior de três anos ou adolescente, desde que o lapso de tempo de convivência comprove a fixação de laços de afinidade e afetividade, e não seja constatada a ocorrência de má-fé ou qualquer das situações previstas nos arts. 237 ou 238 do ECA.

Adoção litigiosa

Adoção litigiosa é aquela que não conta com o consentimento dos pais biológicos da criança. Na maior parte das vezes é decorrente de abandono, maus tratos, castigos imoderados impingidos pelos genitores a seus filhos e pela prática de atos contrários à moral e aos bons costumes, dentre outros.

A nova visão do Direito já utiliza a figura do abandono afetivo como uma forma de abandono e, portanto, poderá ser passível de ação de destituição do poder familiar. Neste tipo de adoção os adotantes arcam com o risco do processo. Tramitarão conjuntamente as ações de adoção e de destituição do poder familiar. Durante a tramitação poderão ocorrer intercorrências processuais sob a forma de agravo e recurso, dentre outros, o que poderá tornar o processo lento.

Mesmo com a possibilidade de demora e com os dissabores decorrentes dos atos processuais contrários à adoção – já que os genitores têm direito ao contraditório e à ampla defesa – tal forma de adoção visa a diminuir o tempo de institucionalização e permitir que a criança tenha o seu direito à convivência familiar assegurado.

A criança só será entregue à família substituta se esgotadas, pelas equipes técnicas do Abrigo e do Judiciário, as alternativas de reinserção familiar. Assim, mesmo com os riscos do processo, o adotante poderá ter a segurança de não estar retirando o filho de seus genitores, pois a Justiça só fará a colocação em família substituta depois de esgotadas as alternativas **de convivência com a família natural**.

Entrega para adoção

A mulher ou o homem que queira entregar seu filho para adoção, independentemente de qual seja o motivo, deve fazê-lo junto à Vara da Infância competente. A equipe interdisciplinar da Vara da Infância saberá como conduzir tal entrega e não recriminará o genitor ou a genitora que tome essa atitude, mas os alertará das consequências legais de tal ato, dentre eles a destituição do poder familiar.

A pessoa que entrega uma criança, na maioria das vezes, está cometendo um ato de amor extremo e não deve ser julgada por sua atitude. A entrega não se equipara ao abandono. A entrega para adoção não é punida ou criminalizada. É a essência do amor.

A parentalidade responsável pode ser exercida com tal atitude. A Vara da Infância tem por obrigação tentar ajudar a família a manter-se unida; mas, ao verificar a impossibilidade, a mãe ou o pai ou ambos receberão todo o apoio possível para que essa entrega seja sem dano para todas as partes envolvidas. A Vara sempre receberá essa criança com todo o cuidado possível e tratará seus genitores também com tal cuidado.

Histórias reais de adoção

Uma história...

Fui pensando onde esta história de adoção começou. Não foi quando conhecemos, no abrigo, as nossas meninas, nem quando, há mais de 30 anos, fui pai biológico de duas que, hoje, estão adultas. Nossa história foi indo prá trás – regredindo no tempo – até eu achar o verdadeiro começo e esse começo tem mais de 50 anos.

Vem de quando meu próprio pai, órfão desde a infância, sem possibilidade de frequentar a escola e vivendo uma dura vida de roça, casa-se e tem dois filhos.

Um desses sou eu. Um privilegiado. Aprendiz que fui de um grande sábio que, sem poder transmitir uma instrução acadêmica que não tinha, buscou transmitir o melhor que tinha dentro de si: princípios corretíssimos, honestidade a toda prova de carências, humanidade, carinho pelas amizades muitas que ia colhendo no caminho.

Transmitiu exatamente como ele próprio fazia a importância do trabalho duro, mas honesto. Transmitiu um amor imenso de uma alma boníssima. Conseguiu para os filhos educação formal da melhor que podia, mesmo pedindo pessoalmente bolsas para diretores de escola. Sem nunca poupar seus esforços pessoais, amou-nos com toda a intensidade.

Dormia de cansaço contando-nos histórias...

Este é o começo de todo o processo de adoção.

Fui adotado pelo meu pai biológico.

Quando fui pai, há mais de 30 anos, eu trouxe essa bagagem de amor e procurei fazer dessa criação a imagem mais clara de meu pai. Redistribuí esse amor com fartura e mesmo quando o casamento acabou e eu sofri com a falta de proximidade física de minhas filhas, busquei estar o mais presente possível. Por telefone acompanhava a escola, as provas, a saúde. Conhecia as professoras. Depois os namoros. A descoberta do sexo.

Subi ao altar levando uma delas para o casamento e ganhei como prêmio uma neta. Empenhei-me na educação formal, sim. Uma tenente-enfermeira e uma engenheira naval. Empenhei-me – e consegui – uma educação de princípios. Mais morais do que intelectuais. Amei muito essas filhas sem esquecer o estabelecimento dos necessários limites.

Tenho orgulho de ter nessas filhas, agora que estou chegando à terceira idade, minhas grandes amigas e companheiras. A ponto de perceber, às vezes, que em muitas ocasiões o filho sou eu. Quase me levam no colo. Se não fosse tão pesado. Há seis anos, Deus colocou em minha vida mais um presente. Um companheiro incrível, amável, amoroso, trabalhador empenhado e que distribuía aos seus alunos um amor paternal de quem se preocupa com a formação do indivíduo.

Distribuía esse amor paternal aos seus sobrinhos, na falta de poder dirigir essa energia a filhos biológicos que não tinha. Nós nos adotamos mutuamente – fizemos um casamento como era possível, por contrato. Minhas filhas o adotaram e ele virou, segundo elas o chamam, "Boadrasta". A família dele também me adotou – uma família grande, de cinco irmãos, e minha sogra, que tem um coração adotivo.

Nós dois juntos, superando as dificuldades dos preconceitos para um relacionamento homoafetivo, formamos nosso lar – nossa família a dois.

Foi quando percebi que ele nutria o desejo de paternidade que é característico de quem tem muito amor pra dar. E eu tinha a saudade das crianças pequenas, pois elas crescem muito rápido – logo se tornam adultas – casam-se e vão para os seus lares.

Começamos a viver um sonho em comum. Ser pais. Em conjunto, claro. Mas seria possível? Poderíamos ser dois pais para uma criança? A Justiça aceitaria isso? Sofreríamos preconceitos antes, durante e depois desse processo?

Resolvemos tentar. O processo não é simples nem para casais heterossexuais. Candidatamo-nos à habilitação, frequentamos grupos, reuniões, entrevistas, visitas, em conjunto e em separado.

O documento veio para nós dois como um troféu, pois era o reconhecimento de que já éramos uma família – um casal – um lar.

Em uma reunião num Grupo de Apoio à Adoção, um anjo bateu em meu ombro e perguntou: "Vocês não querem ir conhecer duas meninas irmãs num abrigo em Valqueire?"

Não tínhamos pensado tão grande assim. Duas? De uma só vez? Resolvemos aceitar "por educação" essa visita, mas sabíamos que ao final íamos dizer "não" e que desejávamos uma criança somente.

Engano... Esquecemos que o amor se instala rápido demais às vezes e que existe, sim, o amor à primeira vista. Foi esse o caso. Daqui prá lá e de lá prá cá. Amor de nós quatro. E, então, dissemos:

SIM!

Chegaram nossas crianças, uma com cinco e a outra com sete anos. Carentes de amor, carentes de carinho, carentes de família.

Ainda com resquícios de desnutrição. Amor próprio zero. Imaginem, achavam-se feias. Corremos contra o tempo para tirar todo o atraso que fosse possível: alimentação, a melhor que pudéssemos. Escolinha particular para tirar as dificuldades de aprendizado.

Psicologia para nós todos. Natação e balé para cuidar do amor próprio. Brinquedos e roupas que passaram a ser de cada uma e não um bem comum. Individualidade. Documentos novos de identidade com nossos sobrenomes e elas passaram legalmente a ter dois pais, coisa que em nada mudou o que já acontecia na prática, pois elas nos chamavam de pais desde o começo.

Começamos a criar a possibilidade de escolhas. Ensinamos higiene pessoal e a acharem-se belas. Ensinamos que ser bonita nada tinha a ver com a cor de suas peles. Ensinamos religião e amor a Deus. Rezamos juntos e estamos tentando ensinar a não terem mais raiva da mãe, com quem não puderam ficar, e agradecer a NOVA VIDA, que veio para nós quatro.

Quando estão as duas juntas, brincando com minha neta, temos o quadro que deveria existir no mundo: uma morena, uma negra, uma lourinha. Brincando, disputando e amando-se.

Nosso orgulho é que se transformaram em outras crianças, passados dois anos. O sorriso brilha. A pele brilha. Os olhos brilham. Nossos olhos brilham com a transformação dos nossos cisnes.

História da advogada Patrícia

Apresentação

Meu nome é Patrícia, tenho 40 anos, sou advogada, nascida e criada na cidade do Rio de Janeiro, há 16 anos, e mantenho uma relação homoafetiva com Maria, 41 anos, encarregada de produção, nascida em Minas Gerais e radicada no Rio de Janeiro, desde 1989.

Nossa relação começou em janeiro de 1995, com auxílio da minha mãe, ocasião em que tínhamos 24 anos.

Após um ano de namoro, resolvemos morar juntas. Nossa união sempre foi calma e tranquila, com apoio de ambas as famílias.

Desde o início de nosso namoro, sempre falava à Maria do meu desejo de ser mãe. Cheguei inclusive a pensar na possibilidade de uma inseminação artificial, mas não por muito tempo e, depois, há mais ou menos uns seis anos, comecei a pensar na adoção e, claro que, no primeiro momento, pensei em fazer a chamada adoção à brasileira, que também não frutificou, principalmente porque Maria não via uma criança em nossa relação, como também não se via no papel de mãe, o que sempre lhe motivou a fazer ponderações, tais como: "não temos casa própria; que ainda estava na faculdade; não tínhamos meios de sustentar uma criança; não tínhamos estabilidade financeira; não tínhamos carga emocional para cuidar de uma criança" etc.

E, claro que tais ponderações no fundo eram verdadeiras e reais, tento como única opção ir derrubando uma a uma para voltar a alimentar o meu sonho da maternidade.

Quando consegui convencer Maria a adotar já estávamos há 14 anos juntas e não foi nada fácil, principalmente porque alguns familiares achavam loucura depois de termos a vida relativamente estabilizada arrumar "ideia". Era assim que eles falavam.

Preparo

O mais difícil do processo de adoção foi convencer a Maria que tínhamos que ter uma filha e que isto era vital para que eu pudesse me sentir realizada plenamente, e que a falta da minha filha era como se faltasse um pedaço de mim. Em dezembro de 2008, estava na 2ª VIJ aguardando a realização de audiência de um cliente que tinha feito na época uma adoção tardia. Passei a conversar com ele sobre educar e lidar com criança mais velha e, entre uma fala e outra, acabei por notar um aviso sobre uma reunião informativa para adoção e o endereço do blogue; ao chegar em casa, entrei no blogue e descobrir o caminho correto para uma adoção segura. Vi a relação de documentos necessários, dando entrada no pedido em março de 2009.

Habilitação

Uma coisa que me chamou a atenção no blogue foi a falta de informação de adoção conjunta por pessoas do mesmo sexo. Mesmo não tendo a informação sobre a adoção em conjunto e que, em princípio, seria somente em meu nome, ainda assim Maria me acompanhou à reunião informativa, e ao seu término, dei entrada na habilitação para fins de adoção individualmente.

Ao ser chamada para a primeira entrevista com a equipe técnica, muito embora ainda estivesse a habilitação somente em meu nome, a Maria fez questão de me acompanhar, aguardando até terminar.

Na entrevista, a primeira pergunta feita pela assistente social foi "Por que você quer adotar?", a qual teve como resposta: "Quero ser mãe, simples". E a segunda: "É casada?", tendo por resposta: "Mais ou menos. Tenho uma companheira com quem já estou há 14 anos".

Nova pergunta: "Onde ela está? O que ela acha da adoção?", ao que respondi: "Está lá fora e ela não está muito confortável neste papel de ter uma criança em casa". No final da entrevista, fui informada de que Maria teria de se habilitar em conjunto comigo, e que ela teria de passar também pela entrevista. Seguimos a orientação das técnicas e, de tempos em tempos, éramos chamadas para cumprir mais uma etapa da habilitação.

Nosso processo correu tranquilamente, sem atropelos e sem melindres. A equipe da VIJ foi de um profissionalismo total, e em nenhum momento nos sentimos excluídas, perseguidas ou coisa do tipo, pelo contrário, sempre fomos muito bem tratadas por todos e com o maior respeito.

Quando fomos dar entrada no pedido de habilitação, alguns amigos nos orientaram que era para mentir sobre a nossa união. No entanto, nós duas já havíamos combinado que nada seria omitido, pois, já que queríamos ser responsáveis por uma criança, então deveríamos iniciar fazendo o que é certo.

O processo tramitou, a meu ver, em tempo recorde, pois, no dia 10 de julho de 2009, estávamos sendo chamadas pelo comissariado para tomar ciência da sentença e de nossa inclusão no CNA.

Da indicação da filha

Ao tomarmos ciência da sentença, acreditávamos que levaria cerca de 18 meses para sermos chamadas, já que nosso perfil foi a de uma menina, negra, de três a cinco anos. No entanto, no dia 20 de agosto, estávamos sendo consultadas pela psicóloga da VIJ sobre uma menina (a chamada "busca ativa"), agindo com total honestidade a me relatar: "Patrícia, temos uma menina que está um pouco fora do seu perfil, ela é parda, está com 5 anos e 6 meses, tem problemas na fala, estrabismo, problemas de coordenação motora, não quer ser adotada, com temperamento forte, será preciso um pouco de pulso e compreensão. Quer conhecê-la?" Aceitei o convite sem ter certeza se aquela seria a minha filha. Naquela consulta, a psicóloga disse algo que me marcou: "Vá conhecê-la, mas vá com o coração aberto, não julgue, apenas se deixe tocar". E, imbuída deste espírito, me dirigi ao abrigo para conhecer a menina que iria transformar a minha vida.

Chegada no abrigo

Segui para o abrigo juntamente com a minha comadre, quando então tive o primeiro contato com a Vitória. Não ouvi sinos, não vi luzes coloridas e nem me senti mãe de ninguém e, claro que o primeiro sentimento foi de dó. Neste primeiro momento, Maria não pôde ir, pois estava de serviço, só tendo podido ir conhecê-la no dia seguinte.

Da apresentação

Ao chegarmos ao abrigo, nos apresentamos na recepção e aguardamos a chegada da criança e, para minha surpresa, a minha filha fez o favor de sair de lá de dentro sem a menor vontade de ser agradável, afável ou qualquer coisa do tipo, pelo contrário, se mostrou arredia e com cara de poucos amigos.

No entanto, como estava seguindo a orientação de abrir o coração, busquei firmar um diálogo com ela ou coisa do tipo e, claro que foi sem sucesso. Com muito sacrifício, consegui colocá-la sentada sobre minhas pernas para podermos ter mais intimidade ou proximidade, e foi quando ela, ao sentar-se, começou a chorar capciosamente e, eu, ali, meio sem saber o que fazer e com um medo muito grande de que alguém do abrigo a visse naquele estado e julgasse que eu tivesse sido a causa. Aquele momento foi para mim muito apavorante, já que não sabia por que ela chorava e por não saber como pôr fim ao seu choro.

Eu e Maria sempre fizemos questão de frequentar as reuniões do grupo de apoio para nos familiarizarmos com as coisas e possíveis tempestades. E foi em uma dessas reuniões que uma das mães nos deu seu relato de como tinha sido a apresentação dela com os filhos, e isto ajudou muito a nós quando fomos apresentados à nossa filha e, claro que os relatos que ouvimos no grupo, de uma forma ou de outra, sempre nos ajudaram muito a lidar com os problemas que foram surgindo com a nossa filha.

Na segunda visita, que foi no dia seguinte, a Vitória já estava mais receptiva e um pouco mais comunicativa: conversou, riu, brincou e tirou foto. Mas ainda não sabíamos se seria a nossa filha. Até hoje me perguntou quando foi o momento em que senti "sim, é minha filha". De uma coisa tenho certeza: não foi nos cinco primeiro encontros. Fomos ao Abrigo com a orientação da psicóloga de manter o "coração aberto, sem colocar barreiras", e foi assim que me encontrei com a minha filha. E não sei dizer em que momento surgiu o sentimento de mãe e filha. Não sei mesmo. Já com Maria, ela levou muito mais tempo ainda. Provavelmente porque não era um projeto ou sonho dela ter filhos, mas hoje somos uma família de verdade. Amamos e respeitamos muito a nossa filha, e temos a sensação de que a Vitória sempre esteve aqui, que este sempre foi o seu lugar.

Se não estiver errada, creio que foram umas dez visitas diárias até a primeira saída. Depois do contato fora do abrigo, os vínculos foram sendo estreitados, muito embora fôssemos alertadas pela assistente social de que a Vitória seria uma criança muito difícil de conquistar, pois ela estava muito magoada e fechada, e poderia levar muito tempo para que ela se adaptasse e deveríamos ter paciência. Isso foi em agosto de 2009. Então, a previsão mínima foi que ela só viria em definitivo após as festas de fim de ano. Por conta da rejeição da Vitória com alguns requerentes, foram liberadas as visitas diárias e saídas todos os fins de semana, para que pudéssemos "quebrar o gelo" inicial e essa coisa dela não querer ser adotada.

E qual não foi nossa surpresa quando, no dia 20 de setembro, fomos avisadas de que ela já estava pronta e que iríamos a VIJ no dia 23 para recebê-la em guarda provisória para fins de adoção. Nossa! este dia foi muito cansativo e exaustivo para nós e principalmente para ela. Chegamos à VIJ às 11 horas e só saímos de lá às 17 horas. A minha filha já estava preocupada e apreensiva com a demora, e a coisa mais linda foi quando recebemos o documento da guarda e ela disse "Até que enfim, mãe, agora é para sempre né?" Olhou para trás e deu um "tchau" para a equipe dizendo "Fiquem com Deus". Logo depois, me deu a mão foi em direção à porta e disse "Mãe, vamos embora, vamos para nossa casa", e claro, como boa mãe e, boba, quase vim às lagrimas.

Da convivência

A primeira noite foi mágica. Não dormi, e passei a noite contando quantas vezes ela respirava, o quanto seu sono era lindo e sereno, o quanto ela era bonita, e agradecendo muito a Deus por estar vivenciando a alegria de finalmente ter uma filha, alguém a quem pudesse cuidar e amar muito e, em silêncio, ao lado da cama, chorei de alegria.

Claro que este momento de magia não durou muito, ainda mais que minha filha tinha vários problemas para serem resolvidos e todos vieram em cascata – um a cada dia. Foram de todos os tipos e as mais variadas situações. A maioria, agressões verbais. O mais grave foi quando ela estava em casa com minha mãe e, não querendo ir tomar banho, puxou faca para a minha mãe dizendo que iria matar todo mundo na casa; neste dia eu estava no centro da cidade para fazer uma audiência e a Maria ocupada no trabalho, e claro que não tive "cabeça". Pedi à juíza que me liberasse da audiência e parti para casa, de modo a controlar a situação. Teve também a vez em que ela, não querendo pentear os cabelos, quase destruiu o quarto. A vez que disse que iria voltar ao abrigo, já que nós não éramos a mãe dela.

Todos os dias havia uma situação complicada para ser contornada, e isso durou quase dois meses. É claro que tive apoio da equipe da VIJ, que sempre se colocou à disposição para nos orientar, e também do grupo, tanto o presencial da VIJ de Santa Cruz, onde frequento, quanto o de Cascadura, que frequentava esporadicamente, além do virtual, o GVAA. Até hoje digo que o que nos ajudou, em muito, a passar pelos problemas foi o somatório de paciência, amor, dedicação e apoio.

As coisas só melhoraram no dia em que, durante um dos ataques de Vitória, a Maria, que nesse período se manteve em silêncio e nada fazia, a pegou pelos braços e, com palavras firmes e pausadas, disse: "Você pode por fogo na casa, pode quebrar tudo, pode fazer o que quiser, mas não iremos lhe devolver. É melhor ir aceitando isto como fato, esta é a sua casa, nós somos a sua família e nunca iremos lhe devolver, então acho bom ir parando com estes "pitis" porque já deu".

E, como se fosse por mágica, Vitória parou com aquele comportamento, e começou a agir como se tivesse acabado de chegar e, desde então, suas atitudes não eram mais de afronta, mas passou a fazer coisas que as crianças fazem, e também nunca mais disse que não éramos a mãe dela. A criança mudou. O que me causou espanto foi que, durante seis meses, tentei de tudo para encontrar essa criança e a Maria passou esses meses à parte de tudo e, num único ato, ela pacificou nossa casa e finalmente encontrei a criança que muito queria amar e me dedicar.

Quando vou aos grupos contar nossa história, sempre tem alguém que me pergunta se nesse período teve vontade de devolvê-la. "Você se arrependeu?" E sempre respondo: "Nunca! Por mais que as coisas pareciam que não dariam certo, nunca me passou pela cabeça devolver a minha filha, nem da minha parte nem da parte da Maria e, também nunca me arrependi, pois eu sempre soube o que queria. Estaria e estou disposta a passar pelo que for, para ter a minha filha". O que sempre digo é que a solução consiste no que realmente você almeja. Como a maternidade sempre foi algo que desejei, não seriam umas crises que iriam pôr fim ao momento mais feliz de minha vida.

Hoje, decorridos dois anos e três meses, somos uma família diferente sim, mas com muito amor. Vitória está crescendo lindamente, sabendo que é amada e está cada dia mais feliz e bem. Para ela, ter duas mães não é o problema, pelo contrário, ela até gosta da ideia, ao ponto de, numa ocasião, brincando na pracinha, implicou com outra criança e esta lhe disse "Vou contar para o seu pai". Ao ouvir isso, ela riu para a outra criança e exclamou: "Conta, eu não tenho mesmo". Achei aquilo de uma grande maturidade dela.

A Vitória sabe que é adotada, mas ainda assim insiste em ficar querendo saber como foi a minha gravidez, como foi o nascimento dela, até que idade mamou no meu peito e, claro que sempre busco dizer que não, que gostaria muito que ela tivesse nascido de mim, mas que nasceu de algo mais especial, que foi do meu coração.

Este ano, em maio, descobrimos que ela tem uma doença neurológica, em razão do consumo do craque usado na gestação inteira pela mãe biológica. No inicio, foi meio difícil lidar com a informação, mas também superamos bem a questão, e sabemos que a doença pode ser controlada com medição, atividade física e terapia psicológica.

Mesmo com todos os problemas que minha filha tem, desejo que ela se torne uma mulher feliz e bem resolvida com tudo, não deixando nada pelo caminho. Muito embora a Maria tenha sido contrária à adoção, hoje ela é uma loba na defesa da filha, são muito amigas. Posso dizer que somos uma família em processo de conhecimento, mas, acima de tudo, feliz.

Bom é isto, esta é a nossa historia.

Cecilia e Ana Cláudia

Eu, Cecília, 52 anos, nasci em Araxá (MG), tenho 7 irmãos, sendo a 4ª filha de um casal classe média, cujos pais são primos em 1º grau. Apesar de não ter tido uma infância sem dificuldades, me sentia sempre muito sozinha. As colegas se aproximavam, mas a dificuldade era minha: dificuldade para brincar na hora do recreio da escola, dificuldade quando chegava alguém que eu não conhecia... Eu era extremamente tímida, ficava "vermelha" quando eu sentia que a atenção do outro se voltava pra mim. Era impossível participar de qualquer festa ou apresentação de qualquer trabalho na escola (eu fazia tudo, pois era muito estudiosa e as colegas apresentavam). Não sei em que época, sugeriram para minha mãe me levar para alguma psicóloga, mas ela achava que psicóloga deixava as pessoas dependentes. Foi somente quando estava na 1ª faculdade que busquei ajuda psicológica, que durou vários anos, mesmo com interrupções e mudanças de terapeutas. E só busquei quando vi que não ia dar conta mesmo...

Pois a solidão que sentia quando era criança foi só aumentando. Aos 14 anos, mudei para Belo Horizonte. Lá era tudo muito diferente. As colegas eram mais adiantadas nos estudos e bem mais moderninhas, além de muito mais "bem arrumadinhas", mais vaidosas e mais bonitas que eu. Fui para um dos melhores colégios de Belo Horizonte na época: Colégio Santo Antônio e lá não havia alunos do interior nesta série (1º ano do 2º grau). Também as novas matérias (física, química e "trigonometria" na matemática) eram introduzidas na 8ª série, lá eu cheguei no 1º ano sem nenhuma base. Aí foi aquele horror: enquanto em Araxá eu era sempre a 1ª da turma, ganhei até o apelido de "geniozinho da família", BOMBEI no 1º ano. Acostumada a tirar somente nota DEZ, passei a tirar ZERO.

E, acostumada a ser passiva diante da vida, não "esperneei", não "berrei" que queria sair de lá antes de bombar (porque era claro e notório que isto ia acontecer) ...

Somente chorava e chorava. A pressão era grande demais por parte dos professores, colegas que eu não conseguia entrosar e pais esperando passar a fase ruim do "geniozinho"...

Eu pensava: "Só isto que eu sei fazer (estudar) e nem disto eu estou dando conta...!!"

Pensei várias vezes em me suicidar... Eu só me lembrava que meu pai tinha um revólver em casa e eu passava noites planejando tudo...

Depois, com a ajuda de psicólogas, fui me fortalecendo e resisti...

Fiz a faculdade de Enfermagem na UFMG (passei em 2º lugar) e depois de formada, passei em Psicologia também na UFMG (aprovada em 8º lugar). A minha vida escolar foi rica em relação a conhecimentos, cursos, estágios. Participei de 5 "Projetos Rondon" sendo dois no Nordeste e três no Vale do Jequitinhonha, em Minas Gerais. Era como se eu andasse às margens de uma estrada. Eu poderia caminhar nela, aproveitar tudo o que ela me dava, mas eu não conseguia ou não me interessava por nada a não ser pelos estudos teóricos. Nem a vida amorosa e /ou sexual era importante pra mim.

Os amores sempre foram amores platônicos, já pra não correr o risco de "darem certo".

A sexualidade era com pessoas que não havia vínculo amoroso, também para não ficar ligada a alguém.

Só realmente me senti ligada emocionalmente e sexualmente na minha primeira relação homoafetiva, já aos 27 anos. Esta foi muito forte, tumultuada, eu achei que seria só uma fase passageira, só para matar a curiosidade e o desejo, mas não foi... Durou vários anos e depois desta, tive mais um relacionamento longo (10 anos) e dois relacionamentos breves.

Até conhecer a Ana Cláudia.

Minha relação com a Ana Cláudia

Minha vida mudou muito. Ela chegou num momento em que eu estava mais velha (44 anos) e bem mais forte. Havia ainda alguns momentos de depressão e desânimo, mas existia uma força grande dentro de mim para a vida.

Eu era capaz de sentir as tristezas, as frustrações e depois sair inteira, decidida a aceitar o que a vida me dava.

A Ana Cláudia foi entrando na minha vida devagarzinho. Conhecemos-nos em 2001, quando ela entrou para um trabalho voluntário do qual eu já participava: CVV – Programa de Valorização da Vida. Trabalhar com ela era muito bom, pois a gente se completava. Eu gostava de trabalhar temas introspectivos: gostava de levar as pessoas a se autoconhecerem. Ana Cláudia era alegre e criativa e gostava de entrosar o grupo, fazer dinâmicas e dramatizações. Os dois lados eram importantes nesse trabalho, e a gente sempre tinha que se reunir com outras pessoas para planejar as atividades. E íamos nos aproximando mais. Existia um "porém": ela estava se relacionando com uma "ex" minha e aquilo me incomodava e me despertava curiosidade. Porque, para mim, a relação anterior havia sido mal resolvida e eu queria entender o que a Ana Cláudia tinha de especial. Eu, na época estava com outra pessoa, não houve traição; mas da curiosidade inicial, comecei a achar divertida, proveitosa e rica a nossa convivência e fui me interessando cada vez mais por ela. Terminei meu relacionamento de vários anos e quando ela terminou o dela fomos nos envolvendo... Aos poucos e sem expectativas. Não houve uma paixão. Mas com admiração, companheirismo e respeito, fomos construindo a nossa relação. Houve momentos difíceis quando as nossa diferenças eram gritantes. Ela era compulsiva e eu reagia demonstrando indiferença. Mas com o tempo fomos conseguindo lidar com isto e descobrindo que tínhamos mais coisas em comum do que diferenças, Ana Cláudia trouxe mais alegria e mais cores para minha casa e, sobretudo para minha vida.

Para minha família não precisou ser falado. Aos poucos foram percebendo, principalmente com a chegada das crianças que falam "mãe Cecília e mãe Ana Cláudia". Minha mãe e irmãos nunca me questionaram nada, mas nunca também me senti à vontade para compartilhar com eles minha vida pessoal (exceto com a minha irmã mais velha que sempre me deu liberdade para isto). Mas o mais importante é que eu sinto que todos me respeitam e acolhem com amor os nossos filhos.

Ana Cláudia

Eu, Ana Cláudia, 44 anos, nasci e sempre vivi em Uberaba MG. A maior certeza que eu tive na minha vida, desde que eu ainda estava no ventre da minha mãe, é de que eu fui muito amada por ela.

Pois no 3º mês de gravidez ela sofreu rubéola e os médicos sugeriram o aborto devido à grande chance de má formação do feto. Ela nem quis saber como seria e, sem dúvida resolveu, como ela diz: "pagar pra ver". Ou seja, ela não me negou o direito da vida... E juntas, passamos por muitos momentos difíceis: Não tive nenhuma sequela da rubéola, mas nasci com sífilis congênita. Devido a isto, o meu corpo cobria-se de feridas horríveis. Era preciso usar roupas de manga comprida, mesmo no calor, para poder escondê-las.

Houve outros fatos marcantes em nossas vidas: quando eu ainda tinha 5 meses houve um curto circuito no quarto onde eu dormia, a lâmpada pegou fogo e a minha mãe só conseguiu correr com meu irmão que, na época tinha 2 anos. Ela não conseguiu me tirar de lá e eu fui salva por um vizinho. Tive apenas pequenas queimaduras no rosto e no peito.

Tínhamos muita dificuldade financeira. O meu pai bebia muito (principalmente nos finais de semana) e minha mãe tinha que "segurar as pontas". Ela trabalhava muito para não faltar comida em casa, pois além dos 5 filhos sempre tinha outras crianças morando conosco. Ela fazia faxina, lavava roupas pra fora. Ela sempre pensou muito na gente e sempre lutou para que tivéssemos uma vida melhor.

E foi pensando nisso que ela conseguiu nos matricular numa boa escola. Quando estava no primário, esta foi pra mim a fase mais difícil, eu e meus irmãos éramos os únicos alunos negros ... Então eu sempre ouvia piadinhas sobre a minha cor, o meu cabelo... Não gosto de me lembrar desta época que durou longos 4 anos.

Vivi também momentos maravilhosos na minha infância. Sempre fui muito curiosa e observadora, sendo que com 4 anos e 6 meses eu já sabia ler e escrever. Em casa era uma criança muito feliz, adorava brincar e brigar com meus irmãos. Eu era a única menina da família e me recusava o papel que eles queriam me dar que era o de "princesinha". Eu corria por aquele terreno imenso, cheio de árvores frutíferas... As melhores brincadeiras eram: bola de gude, "bete" e esconder "tesouros". Enfim, a minha infância, como de muitas crianças foi mesclada de vivências ruins e de vivências felizes. E tenho certeza que os momentos bons foram graças, principalmente, a esta guerreira que é minha mãe. Foi graças a seu "pulso forte" (às vezes com a ajuda de algumas chineladas) e ao seu grande coração, que todos nós seguimos pelo caminho do bem, pelo caminho do amor.

Por volta dos 14 anos comecei a achar as meninas mais interessantes que os meninos, mas era só. Esse interesse foi aumentando com o passar dos tempos, mas eu não conseguia admitir. Eu negava a vontade que tinha de beijá-las. Tive alguns namorados, uma relação com um homem casado, mas pra mim eram relações superficiais; faltava algo que não sabia o que era...

Aos 24 anos conheci uma menina, na época com 30 anos, que me chamou bastante a atenção: ela já tinha se relacionado com outras mulheres, mas se negava a ficar comigo porque não queria ser a primeira, dizia que era muita responsabilidade. Mas, de tanta insistência da minha parte, acabamos nos beijando e este beijo resultou em um relacionamento de quase 3 anos.

Como nunca consegui esconder as coisas da minha mãe, resolvi contar que eu estava me relacionando com uma mulher. Nesse momento ela estava em cima de uma escada colocando uma cortina. Ela então desceu e eu só me lembro dela dizendo: "Ou você dá um fim nisso, ou eu dou um fim na minha vida". Entrei em desespero, pois minha mãe era a pessoa que eu mais amava. Ao mesmo tempo era a minha vida que iria ser anulada. Foram 3 dias fechada no quarto; a única coisa que sabia fazer era chorar (não lembro de ter chorado tanto em toda minha vida). No 3º dia ela entrou no quarto e perguntou se estava doendo mais que a morte do meu pai (ele havia falecido há 8 meses) Eu respondi que "sim, pois ele havia morrido e a minha vida estava começando". Ela só respondeu: "Então a gente nunca mais fala sobre isso".

Saí do meu quarto e fui viver a minha vida e nunca mais falamos sobre isto. Depois desta pessoa, tive mais um relacionamento longo e dois breves, até conhecer a Cecília.

A minha relação com a Cecília

No início era uma relação distante e cheia de cuidados, afinal eu estava namorando a "ex" dela. Ela foi se aproximando devagar... Começamos a trabalhar juntas e fomos descobrindo que no trabalho nos completávamos. Então sempre nos reuníamos para preparar os cursos e assim fomos ficando cada vez mais próximas. Eu admirava o conhecimento, a inteligência e o domínio que ela tinha sobre os temas que eram discutidos. Nesta época minha relação estava de "mal a pior"; então, resolvi colocar um ponto final. Eu queria me tornar mais próxima da Cecília, mas ela ainda estava namorando. Enchi-me de esperança quando ela disse "me espera". E quando soube que elas haviam terminado o namoro, começamos a sair juntas todos os dias, mas somente como amigas. Eu não via o tempo passar quando estávamos juntas. O primeiro beijo só aconteceu 10 dias depois. Eu roubei 19 beijos dela nesta noite. Ficar com ela era tranquilo, não tinha aquele turbilhão da paixão... Sempre houve muito respeito, companheirismo e admiração entre nós. Algo que pra mim iria ser por apenas alguns meses, hoje, depois de quase 10 anos, vejo como a relação ideal. Nosso amor foi construído, e hoje sinto que ela é meu norte, o que me completa. Por isso foi com ela que decidi construir uma nova família.

A história da adoção

Na Semana do Orgulho Gay de 2006. em Uberaba (MG) foi diferente dos outros anos. Foi riquíssima. Houve uma série de palestras sobre os direitos dos homossexuais.

Para nós, foi o empurrão que esperávamos no sentido de buscar a adoção.

Nesta época, nós já tínhamos a certeza de que havia chegado a hora de termos um filho: havíamos construído uma relação estável, estávamos bem emocionalmente e fisicamente, e até o lado financeiro estava equilibrado. Portanto, não havia nada que nos impedisse.

E a cada dia crescia mais em nós o desejo de sermos mães.

O contato com a advogada, Dra Luísa Alves Rodrigues da Cunha, que trabalhava numa ONG contra a homofobia, foi muito importante. Ela imediatamente se prontificou a nos ajudar nessa luta e, com ela, demos a entrada no processo de habilitação. Mas, por questões éticas, essa advogada, que foi a primeira a dar-nos força, não pôde acompanhar o processo até o final.

O processo

Por mais que entendêssemos os motivos da demora de um processo, achávamos que era tudo extremamente lento.

Vivemos dias, meses, até anos, com os sentimentos à flor da pele e de uma forma toda misturada. Às vezes existia confiança e certeza; outras vezes muita ansiedade e medo. Medo de não dar certo a habilitação, medo de dar certo e não conseguirmos ser boas mães, medo das mudanças, do novo, medo de sofrermos preconceito, medo de nos sentir expostas. Afinal, esse caso não era o mais comum nem o mais aceito pela sociedade. Mas existia também alegria e o sentimento de estarmos "grávidas".

Tudo, tudo misturado... e o tempo passando... e sem nenhuma resposta... Restava-nos aguardar, aguardar e aguardar...

Era só o que podíamos fazer. Então, fomos nos envolvendo cada vez mais com o tema adoção e, juntamente com mais dois casais (pais adotivos) fundamos o GRAAU – Grupo de Apoio à Adoção, em Uberaba (MG), em maio de 2007. E, como outros grupos de apoio, realizávamos reuniões mensais com os pretendentes à adoção, pais adotivos e outras pessoas afins.

Nossas cabeças "borbulhavam" de ideias e nossos corações batiam forte. Cada vez mais tínhamos a certeza de que estávamos no caminho certo.

O pedido de habilitação foi feito somente no nome da Cecília, pois tínhamos medo de que fosse negado, se fosse feito no nome das duas. Mas o estudo psicossocial incluía a nossa relação homoafetiva, e foi favorável a adoção. Em setembro de 2007, a habilitação foi deferida em Uberaba, o que nos trouxe muita alegria. Assim, com o direito de sermos mães, pedimos a inclusão da habilitação em mais quatro cidades. Em Monte Alegre de Minas (MG) fomos muito bem recebidas pela Dra. Silvania, promotora da comarca. Mas foi lá também que tivemos a nossa primeira decepção: haviam nos comunicado que havia uma criança disponível para adoção. Nos enchemos de expectativas, mas nem chegamos a conhecer a criança, que foi para outro casal. Fomos chamadas também para conhecer crianças em Araxá (MG) e Igarapava (SP)... Novamente, frustração.

Três de uma só vez

Num dia cansativo, enfrentando fila de banco, o telefone tocou. Era a assistente social de Conceição das Alagoas (MG), perguntando se tínhamos interesse de conhecer duas irmãs, de 8 e 5 anos. Novamente uma mistura de sentimentos; não era a quantidade nem a idade que planejávamos, nosso perfil era o de uma menina até 3 anos. Não havíamos encaminhado a documentação para esta cidade, que fica a 70 km de Uberaba, mas a assistente social disse que havia ficado sabendo sobre nós através da Karina, que, na época, fazia busca ativa de pais para crianças aptas a adoção; eu tinha conhecido a Karina através do Grupo Virtual de Apoio Adoção Um Exemplo de Amor.

Mas resolvemos que deveríamos ir conhecê-las. E fomos. Lá estavam Lara (8 anos) e Laura (5 anos), ambas caladinhas, olhando fixamente para nós como se quisessem dizer alguma coisa. Também estava a irmã mais velha delas, de 10 anos – a qual não queria ser adotada – e o irmão mais novo, o "Zé", de 3 anos. Ele, de carinha boa, brincava sozinho. Segundo a Eliana, coordenadora do lar onde eles ficavam, ele iria ser adotado por uma família de São Paulo. Todos o chamavam de "Zé"; era Zé pra cá , Zé pra lá... e a Ana Cláudia perguntou:" É José de quê?" Eliane respondeu "É Zé... Ezequiel...' Aos poucos, Laura foi se aproximando e pediu para ler a estória da Branca de Neve, depois trouxe outro livro, também da Branca de Neve. Quando falamos que era a mesma estória, Laura disse "Não é não. Olha.. o espelho é diferente". Lara permanecia caladinha, observando tudo, com o olhar profundo. Passamos a tarde de sexta-feira com elas.

Voltamos pra casa com a certeza que seriam essas duas crianças que esperávamos. E, na véspera de entrarmos com o pedido de guarda das meninas, a Mônica, assistente social, nos ligou novamente "Vocês se lembram do "Zé"? Pois é! Ele não vai mais para São Paulo. Vocês não gostariam de ficar com ele?"

Com o coração pensamos: "Essas crianças já perderam tanto... Não vamos deixá-las perder mais." Concordamos na hora e corremos para comprar mais uma cama, uma cômoda, fraldas e mamadeira para o Ezequiel.

Existia euforia, vida, amor...

Algumas pessoas criticavam, outras não acreditavam, algumas riam, outras choravam de emoção... A mãe da Cecília, quando soube que seriam três, começou a tossir. Ela disse que "estava tudo bem", mas a crise de tosse durou um bom tempo. Para a mãe de Ana Cláudia foi tranquilo. Ela já tinha vivenciado o fato de cuidar de outros filhos que não saíram da barriga dela, além dos seus cinco filhos biológicos.

Antes de buscarmos definitivamente as crianças, fizemos algumas visitas e conversamos muito com a irmã mais velha deles. Precisávamos saber como era isto tudo pra ela. Ela nos confirmou que não gostaria de ser adotada, mas que queria uma família para os irmãos.

Também conversamos com as crianças, explicamos que seria uma família diferente, que não tinha pai e sim duas mães e tudo estava bem.

A saída das crianças do abrigo foi no dia 8 de outubro de 2007. No termo de guarda provisória constava apenas o nome de Cecília, mesmo todos sabendo que, na prática, seriam filhos também de Ana Cláudia. Ao nos despedir, prometemos para a irmã deles que eles sempre manteriam contato, o que é feito até hoje.

Não deu certo

Em casa tudo mudou: compromissos com escola, médicos, dentistas... Horário pra tudo, despesas e correria...

Houve também muitas festas promovidas pelos amigos e muitos presentes.... À medida que o tempo foi passando, as dificuldades foram surgindo: mesmo sendo crianças crescidinhas, ainda tinham muito para aprender em relação à higiene, comportamento e valores morais e também apresentavam muita dificuldade nos estudos.

Mas, a dificuldade maior foi o relacionamento. Era tudo muito novo pra todo mundo. Estávamos um pouco perdidas, mas mesmo assim tentávamos nos aproximar e conversar. Mas as crianças não conseguiam verbalizar nada em relação ao que sentiam ou pensavam...

Talvez por medo de serem rejeitadas ou por algum outro motivo, existia ainda uma distância emocional grande entre nós e nossos filhos... Mas, nada que pudesse ser muito grave ou que não pudesse ser superado com amor, paciência e limites.

A não ser em relação a Lara. Ela demonstrava sempre, através do seu comportamento, que não estava se adaptando, que não conseguia (ou não queria) seguir as regras em casa e na escola. Aos poucos sua não adaptação era verbalizada, ela falava com a Ana Cláudia que não iria respeitar-nos, que tinha vergonha de ter duas mães e que queria ir embora. Foram momentos muito difíceis, de muito desgaste físico e psicológico. Por um lado íamos percebendo a dificuldade de convivência, mas ao mesmo tempo, tínhamos o receio de ser mais uma perda para ela, o que iria prejudicá-la mais ainda. Nesta época a Cecília começou a ter hipertensão arterial e, além de médicos, procurou ajuda psicológica. Não sabíamos o que fazer... Foi preciso refletir muito até decidirmos atender à iniciativa, o pedido da Lara de voltar ao abrigo após nove meses de convivência. Isso foi tão falado e discutido com as crianças que, quando ligaram autorizando a volta da Lara, os irmãos ajudaram a arrumar as malas dela, demonstrando, assim, que para eles também estava difícil aquele clima em casa. Na viagem de volta estávamos tristes, uma sensação de fracasso e Lara no banco de trás do carro trazia um sorriso no rosto e cantava baixinho. Em casa, as coisas se acalmaram, apesar de várias pessoas terem julgado e recriminado nossa atitude. Algum tempo depois, Lara e a irmã mais velha foram colocadas em uma família substituta, mas também não deu certo e retornaram ao abrigo. Como prometido, os quatro irmãos mantêm contato até hoje por meio de telefonemas e visitas e é visível a alegria da Laura e do Ezequiel quando encontram as irmãs. Elas voltam de lá geralmente cantando e rindo e uma vez verbalizaram que "estavam felizes porque as irmãs estavam bem e bonitas; elas tinham casa e comida." A Eliana, coordenadora do lar, entrou com o pedido de adoção das duas.

Um bebê branquinho

Nós nunca havíamos idealizado adotar um bebê, nem nunca nos importamos com a cor da pele. Laura e Ezequiel são pardos de cabelo "pixaim".

Tudo estava indo bem, como em qualquer outra família, com suas alegrias e dificuldades. Laura já estava com 7 anos e Ezequiel com 5. Até que um dia, quando a Cecília buscava resultados de exame no hospital, a assistente social de Uberaba ligou comunicando que havia um menino de 2 meses, branco, disponível para adoção e que éramos as próximas da fila. E que precisávamos dar a resposta logo porque era um caso de urgência: ele era o 6º filho e a família biológica realmente não tinha condições de cuidar dele.

Ana Cláudia quando soube achou que era "trote", pois não acreditava no que ouvia... Fomos imediatamente para o abrigo, juntamente com a Laura e a assistente social. Estávamos tão eufóricas falando todas ao mesmo tempo e na ansiedade de ver o bebê, tentamos as três (Cecília, Ana Cláudia e Laura), com nossas bolsas enormes a tiracolo, passarmos juntas pela porta do quarto, que era muito estreita... E lá estava ele: sentadinho no bebê conforto dentro do berço, durinho, rígido, com o olhar perdido naquela parede branca, lisa e sem enfeites. Ana Cláudia, no início, achou que ele tinha paralisia cerebral. A Cecília não observou muito, pois uma emoção muito forte tomou conta dela. Era como se ela já o conhecesse há muito tempo... E, 48 horas depois, ele, o André, estava na nossa casa, na nossa família.

Tudo mudando novamente. André necessitava de muitos cuidados, dormia mal, pois chorava muito quando dormia, fazia controle com o neurologista e com a gastrologista, pois tinha também refluxo gastro-esofágico. A pele era muito grossa e avermelhada, a qual melhorou após muito carinho, contato físico e shantala (massagem para bebês).

Hoje, André é uma criança saudável, linda. O promotor da infância lhe colocou o apelido que as pessoas não esquecem: "bebê Ferrari". É importante salientar que, antes de nós, existiam 15 casais na fila de adoção que não o aceitaram.

As adoções

A audiência para a adoção da Laura e do Ezequiel foi no dia 10 de junho de 2011, com o julgamento sendo procedente, após quase quatro anos de guarda provisória. Entretanto, até dezembro de 2011 ainda não tinham sido expedidas as novas certidões, e assim que as recebermos, Ana Cláudia entrará com o pedido de adoção das crianças.

A adoção do André foi um pouco diferente, tivemos muito apoio do promotor da Vara da Infância, Dr. André Tuma, que acompanhou de perto este processo. Ele acreditou na gente, no amor e no vínculo que já existia entre nós e as crianças, e deu parecer favorável à adoção conjunta.

Cabe ressaltar que, quem tem o privilégio de conhecer o Dr. André, certifica que ele é um profissional competente, atualizado e muito humano. Foi graças a ele que tivemos a coragem de entrar com o pedido de adoção do André, sem medo de sermos discriminadas ou rejeitadas pelo Judiciário.

A certidão do André, constando o nome das duas mães (Cecília e Ana Cláudia) foi expedida em outubro de 2011, sendo este o 1º caso de adoção homoafetiva em Uberaba, e o 2º caso em Minas Gerais, pelo que se tem notícias. Tivemos também muito apoio dos amigos e do pessoal do GRA-AU (Grupo de Apoio a adoção em Uberaba), principalmente do nosso companheiro Antônio de Souza Júnior, que muito nos ajudou nas três adoções. Ele estava presente em todas as audiências conosco e, bem antes delas, ele sempre nos orientava.

Passou noites em claro, debruçado sobre estudos e jurisprudências das adoções homoafetivas, tudo para nos dar coragem, dizendo sempre que não deveríamos ter medo de sermos mães das crianças também na certidão, já que este era um direito das crianças. Seremos sempre gratas a ele. E também à Dra. Natália Ribeiro Lopes de Paulo, a advogada que nos representou tão bem sem receber honorários pelo trabalho.

Preconceito

Quando nos perguntam se ainda existe muito preconceito em relação à adoção por casais homoafetivos, afirmamos que já houve alguns acontecimentos neste sentido. Na escola das crianças falaram uma vez que as mães são "sapatonas"; num outro momento disseram que as crianças são mentirosas porque "não existem duas mães"... Além disso, crianças e adultos têm muita curiosidade sobre a adoção, sobre a história de sofrimento e abandono das crianças e sobre as relações homoafetivas. Existem também as pessoas que têm preconceito, mas disfarçam bem quando estão diante de uma relação diferente das que estão acostumadas. Mas não estamos preocupadas com isso. Damos mais importância às pessoas que nos aceitam, nos respeitam, e é com elas que compartilhamos nossas lutas, nossas alegrias e nossas vitórias.

As crianças estão em acompanhamento psicológico porque acreditamos que irá fortalecê-las mais ainda. Em casa, o relacionamento com elas está mais aberto e mais tranquilo. Procuramos responder de forma simples e verdadeira às questões e dúvidas que elas trazem a cada dia.

Família firim fifim

Este é o nome que as crianças escolheram para a nossa família que, à primeira vista é um pouco diferente. É uma família homoafetiva, que viveu uma adoção tardia de grupo de irmãos, tem uma adoção que não deu certo e que adotou também um recém-nascido. É uma família inter-racial, que tem uma mãe branca e outra negra, dois filhos pardos e um branco, as mães são mais velhas e os filhos escolheram um "pai emprestado". Mas, na realidade, percebe-se que é uma família como outra qualquer, que tem amigos, lutas, conquistas, valores e, sobretudo muito amor.

Laura e Ezequiel

História de Laura – 9 anos (escrita por ela)

O passado de Lalá

Antes eu era pobre, porque a mãe Rosane e o pai Osvaldo, eles não tinham estudado. Eu, Lalá, tomava banho no rio e a minha irmã me dava banho. A Lara é minha irmã e o Ezequiel é meu irmão.

Depois eu fui para o "conserto dotular" (conselho tutelar) Eu soube que meu pai Osvaldo morreu e fiquei muito triste.

Mas quando conheci a mãe Cecilia e a mãe Ana Claudia eu fiquei super feliz de conhecer elas. Então eu pedia para a mãe Cecilia ler o livro da Branca de Neve e depois que ela acabou pedi para ela ler de novo.

Uns dias depois vim pra cá. Eu fui para o prédio e depois eu vim para casa amarela e estou aqui.

Eu vim para uma boa família. Agora tenho dois irmãos e duas mães e uma cama para dormir e roupas novas e velhas.

A família melhor do mundo e de todas. Eu queria muito ter um pai, mas fiquei muito feliz com duas mães.

Ezequiel – 7 anos (por ele mesmo)

Eu gostei quando eu vim para esta família. Eu adoro esta família. Gosto muito das minhas mães. Eu gostei quando elas me adotaram. Quando eu era pobre eu era muito feio e agora sou lindo. Eu tô feliz, tenho duas mães. O que eu não gosto é de esperar. Mas eu gosto de brincar com o André e gosto de brincar com a Lisa, a cachorra. Eu gosto de brincar com a minha irmã. Eu gosto que todo mundo fica feliz.

Eu não tinha comida ou tinha pouca comida. Não sei se é na Rosane ou na Rosangela. Eu gostava de brincar de carrinho na Eliana. O meu pai morreu porque ele tinha bebido muita pinga.

Jota (pseudônimo) e família

A aceitação da minha homossexualidade foi em um primeiro momento um processo lento, cheio de dúvidas e medos, como acredito que tenha sido com a grande maioria das pessoas na minha faixa etária. Tive namoradas, casei, separei e quando decidi realmente me encontrar e me aceitar, não fui capaz disto na cidade onde vivia e nem próximo à minha família. Resolvi que se quisesse saber exatamente quem eu era teria que quebrar algemas, muitas das quais eu mesmo impunha e por este motivo me mudei para São Paulo. O afastamento de minhas raízes permitiu o despertar de alguém com uma visão da vida bem diferente daquela pessoa cheia de medos e interrogações. A possibilidade de realmente me conhecer longe de pressões sociais locais e familiares e ser de fato eu, é que trouxe à tona este Jota, um Jota que tem ainda muitos defeitos, limitações, mas que não teme julgamentos alheios na busca de algo sintetizado em uma palavra conhecida como felicidade. Sabedor de quem eu realmente era e queria da vida, e principalmente sem medo de sê-lo, retorno às minhas origens e inicio uma nova fase em minha vida, a fase de um homem que vai buscar o que quer, sem permitir que uma simples condição sexual o distinga de ninguém.

Em 2001, começo uma nova etapa da minha vida, retornando ao Nordeste, mais especificamente à cidade de Natal, no Rio Grande do Norte, e neste momento toda a minha família já estava ciente da minha orientação sexual e a aceitava aparentemente sem maiores problemas. Após um pouco mais de um ano desse retorno, conheci meu companheiro e, em junho de 2002, começamos nossa história e, após alguns anos, a de nossa família, hoje constituída por nossos dois filhos. No momento em que escrevo este capítulo (final de dezembro de 2011), nosso filho está com oito anos e oito meses e nossa filha com dois anos e dez meses, frutos de duas adoções, já havendo nas certidões das crianças os sobrenomes dos dois pais.

Sempre tive muita vontade de ser pai, porém, depois do término de meu primeiro casamento (convencional) e de assumir abertamente minha sexualidade, este desejo parecia impossível de se realizar, pois nunca tinha passado pela minha cabeça a questão da adoção. Certo dia soube que a filha de um casal amigo nosso era adotiva, fiquei de certa forma surpreso, pois a minha ignorância sobre o assunto na época não tinha me possibilitado ver que a adoção é tão somente outra via da paternidade, e que filho adotivo é filho como outro qualquer. Ter sabido que a filha desse casal era adotiva foi um divisor de águas em minha vida em termos de visão sobre a adoção, porém isso era somente o começo de tudo, pois ainda havia a questão de uma adoção por casal homoafetivo, que na época era algo muito novo no Brasil. Tive a sorte de conhecer uma comunidade virtual em uma rede de relacionamentos que me ajudou muito (Grupo Virtual de Apoio à Adoção – GVAA / ORKUT), esclarecendo muita coisa que para mim era extremamente nebulosa. Porém, mesmo com muita informação, até a chegada dos nossos filhos houve um longo processo de estudo e amadurecimento para entender e acabar de vez com todos os mitos que creio serem comuns aos adotantes, ainda mais no caso de uma adoção homoafetiva, afinal, adoção não é simplesmente um protocolo jurídico de etapas processuais, mas um projeto de vida que envolve mais alguém além do casal, e por isso tínhamos de estar totalmente seguros. Veio, então, a primeira etapa da primeira adoção, a minha habilitação.

Desde o início da minha habilitação deixamos claro à Segunda Vara da Infância e Juventude de Natal/RN a intenção da adoção conjunta e informamos que, se eu conseguisse a adoção, entraríamos com um segundo processo para que meu companheiro fosse também juridicamente reconhecido como pai. Devido a essa informação, o meu companheiro foi ouvido e fez parte de toda a análise do processo de adoção. Não encontramos problemas em relação a sermos um casal homoafetivo que pleitearia, posteriormente, a adoção conjunta, tendo nossa relação sido mencionada de forma positiva nos pareceres da equipe técnica do Ministério Público e na própria sentença do juiz.

Pronto, estou habilitado! Então resolvi que deveria ter mais contato com crianças institucionalizadas para entender mais sobre elas. Comecei a fazer trabalho voluntário em um abrigo, ia pelo menos quatro vezes por semana. Depois de certo tempo que comecei a fazer essas visitas, entra no abrigo um garoto que eu ainda não tinha conhecido, pois no horário que eu frequentava a instituição ele estava na creche/escola. Brinquei muito com ele e comecei a ir em horários que sabia que ele estaria lá, porém tinha consciência de que não poderia criar expectativas em adotá-lo, já que teria de ser chamado pela Vara da Infância e Juventude, conhecer a criança e tentar a adoção. Mas às vezes as coisas conspiram a nosso favor e, um dia, ocorreu algo que me deixou de pernas bambas. Eu estava no abrigo quando essa criança (hoje nosso filho) chegou e veio correndo para me abraçar me chamando de PAI. Desmontei na hora.

A responsável pelo abrigo, percebendo o vínculo que estava sendo formado, me chamou para conversar e informou que a comarca da criança em questão não era Natal, mas uma pequena cidade do interior e que lá não existiam pretendentes à adoção de uma criança no perfil dele (considerada adoção tardia). Saí de lá e fui direto falar com meu companheiro que, em um primeiro momento achou que fugia muito do perfil inicial, mas mesmo assim resolvemos que iríamos passar uma tarde com ele e outras crianças do abrigo (junto com alguém da instituição) em um parque da cidade. Neste dia meu companheiro entendeu por que eu estava tão ligado à criança. De todas elas, foi a que mais se divertiu, brincou, cativou e sorriu (apesar de na época ter graves problemas dentários). O vínculo estava feito e meu companheiro concordava. Vamos à luta.

O processo de adoção

Entrei em contato com o fórum da pequena cidade e expliquei a situação. Fui muito bem atendido e me pediram para ligar para o Conselho Tutelar para maiores informações. Achando que tinha todas as informações (fui informado que ele estava para adoção e não existiam pessoas interessadas), fui para o interior cheio de esperanças, porém quando cheguei lá e localizaram o processo, descobri algo que foi um banho de água fria. Não existia a sentença de destituição do poder familiar e, sim, tão somente uma decisão interlocutória, ou seja, ele ainda não estava disponível para adoção.

Fiquei meio frustrado, sentei na calçada por quase uma hora olhando para o nada, depois me levantei, respirei fundo e voltei ao fórum. Li o processo junto com a técnica judiciária e a conselheira tutelar e fiz a pergunta que mudou a direção das coisas. Qual o melhor advogado da região?

Depois de me indicarem, em duas ou três longas semanas eu tinha a guarda do nosso filho, mas a adoção definitiva demorou quase um ano, pois ainda tinha que ser destituído também o poder familiar. Quando por fim saiu a sentença da adoção, e ele já era legalmente meu filho, fui à comarca do interior, peguei trêmulo a certidão constando meu nome como pai e então ligo para meus familiares para dar a notícia. Minha mãe ficou aliviada e disse: "Ainda bem que tudo terminou, filho..." Respondi: "Ainda não mãe, falta outro nome nesta certidão". Fomos à luta pela adoção do segundo pai.

Tínhamos uma informação extraoficial de que no estado do Rio Grande do Norte ainda não havia sido ajuizada nenhuma ação de adoção conjunta homoafetiva. Ligamos então para dois grandes amigos do meio jurídico, dissemos o que pretendíamos e se eles indicavam um bom advogado que aceitasse a causa com possibilidades reais de êxito. Ambos indicaram a mesma advogada. Firmamos o contrato, e o que achávamos que seria uma longa jornada terminou em 3 ou 4 meses.

Agora sim, tudo estava aparentemente terminado, e já tínhamos em mãos a certidão do nosso filho contendo os sobrenomes dos dois pais. Por que aparentemente tudo terminado? Bom, na audiência que garantiu o direito de meu companheiro constar também como pai, o juiz e a promotora perguntaram se tínhamos intenção de adotar outra criança. Respondemos que sim e eles sugeriram que se isso acontecesse, nós deveríamos entrar juntos no processo desde o início, e foi o que aconteceu tempos depois, quando conhecemos nossa pequena. A minha habilitação foi desconsiderada e foi tudo feito novamente, mas desta vez desde o começo entramos juntos como um casal com união estável e com a mesma advogada, que contava com a experiência da primeira adoção.

Encontramos nossa filha por um golpe do destino. Estávamos viajando e recebi um e-mail convocando para conhecer uma menina de quatro anos e meio, pois tínhamos o desejo de adotar uma garota com idade aproximada à do nosso filho, e colocamos isso no perfil da criança no cadastro. Logo que chegamos da viagem fomos conhecer a criança indicada, mas depois de várias tentativas de aproximação não estávamos conseguindo estabelecer um vínculo. Foi quando a assistente social nos convidou para conhecer todo o abrigo que vimos uma garotinha de seis meses engatinhando. Ela sorriu ao nos ver. Aquele sorriso espontâneo nunca mais saiu das nossas mentes. No outro dia, novamente visitando a criança indicada, fomos passear pelo abrigo e lá estava ela sentada no chão, a garotinha do sorriso inesquecível. Fomos brincar um pouco com ela e não precisamos dizer que os sinos bateram. Então, munido de informações sobre o caso dela, fui conversar com a promotora da Segunda Vara da Infância sobre a possibilidade de adoção, visto que a menina ainda não estava destituída do poder familiar. Saí da conversa com a promotora, decidido a arregaçar as mangas da camisa e ir à luta. Fui à Primeira Vara e conversei com a equipe de lá e colhi mais informações e entrei em contato com a nossa advogada para ajuizar o processo de destituição para fins de adoção. Apesar de algumas barreiras encontradas inicialmente, quando o processo foi para a Segunda Vara da Infância e Juventude, novamente as coisas começaram a fluir a nosso favor e, em aproximadamente um mês, nós já tínhamos a guarda e, em menos de quatro meses, já tínhamos a certidão de nossa filha em nossas mãos. Éramos legalmente pais novamente.

Família completa! Bom, era isso que pensávamos, mas depois de aproximadamente um ano da adoção de nossa filha e de já termos retirado nossos nomes do cadastro de pretendentes à adoção, o representante do Ministério Público nos liga informando sobre o nascimento da irmã biológica de nossa filha há três dias. Ficamos tocados em realizar esta adoção, afinal se tratava da irmã biológica de nossa filha e isso mexe com a cabeça de qualquer um, mesmo já tendo definido que a família estava completa. Entretanto depois de muita conversa chegamos à conclusão de que não tínhamos condições de realizar mais esta adoção, até porque seriam dois bebês em casa, entre outros aspectos. Porém, como o interesse da Vara da Infância e Juventude era manter o vínculo entre as irmãs biológicas, sugerimos que fosse verificada a possibilidade de adoção por um casal amigo nosso. A sugestão foi acatada e, então, essa irmã biológica da nossa filha permanece conectada à nossa família. Mesmo em casas separadas, elas crescem próximas, sempre se encontram e estão aos poucos aprendendo que são irmãs de barriga. Em um primeiro momento nos preocupamos com a reação do nosso filho, a de questionar se também tinha irmãos biológicos, e ele questionou. Teve todas as respostas necessárias e, como sempre, a verdade faz tudo parecer muito natural.

Primar pela verdade faz parte dos valores passados aos nossos filhos. Por isso, desde o início da primeira adoção, temos o cuidado para que o discurso não seja diferente de nossa prática, e isso inclui responder aos questionamentos que possam ser feitos por eles em relação à adoção e à nossa formação familiar. No que diz respeito a ter dois pais, nossos filhos até o momento não apresentam qualquer problema. Somos bem-vindos às casas dos pais dos amigos do colégio deles e percebemos que esta nova geração é bem menos provida de preconceitos sobre o tema e, às vezes, até parece que o fato de terem dois pais deixa nossos filhos em certa evidência de forma positiva e não preconceituosa.

Sobre suas origens, vamos respondendo na hora e na forma melhor que encontramos para cada questionamento. Fomos à cidade em que o nosso filho nasceu e filmamos a casa onde ele morou e os locais em que ele andava para mostrar no momento certo – e este momento já aconteceu a pedido dele, e a reação foi de uma curiosidade suprida. Também perguntou se tínhamos fotos dos pais biológicos, se estariam vivos e se sabíamos dos nomes deles. Bom, não temos fotos, não sabemos ao certo se os pais biológicos ainda vivem, mas dissemos os nomes deles e a reação foi só achar os nomes engraçados e nos abraçar. Sem juízo de valores, acho estranho e até prejudicial o fato de pais não tratarem do assunto de forma transparente, transformando o tema em algo proibitivo e obscuro para os filhos. Penso que isso só causa danos, pois, quanto mais a adoção e a condição de filhos de pais homoafetivos são abordadas sem mitos e principalmente de forma clara, mais naturalmente nossos filhos vão lidar com o assunto como algo que faz parte de suas vidas.

O nosso filho foi adotado com quatro anos e quatro meses, e a nossa filha com apenas sete meses. Nunca sentimos preconceito social em relação à nossa formação familiar, pelo menos não um preconceito assumido. Acho que tudo é uma questão de conduta. Somos pessoas sérias, comprometidas e dedicamos nossas vidas a eles. A escola em que nossos filhos estudam é excelente e trabalha com o conceito de respeito às diversidades, e isso faz uma grande diferença.

As famílias extensivas e amigos amam os dois e tudo é amplamente conhecido. O fato de não haver nada escondido não quer dizer que gostamos de exposição com relação à adoção e situação familiar dos nossos filhos. Tivemos que passar por outra mudança pessoal interna, pois o que não era claro aos estranhos passou a ser no momento em que nossos filhos chamam ambos de pais. Inicialmente, estranhava a minha sexualidade ser exposta de forma clara em qualquer ambiente que eu fosse com a família toda. Devo confessar que esperava, meio na defensiva, a reação das pessoas, mas, com o passar do tempo, a situação ficou tão natural que não se torna constrangedora, de forma alguma, quando percebem que somos uma família composta por dois pais e dois filhos.

Sobre a questão da presença feminina, ela existe na vida de nossos filhos na forma de avó, tias, babás, amigas etc... Há trabalhos científicos que tratam do assunto e dizem que o que existem são as funções maternas e paternas, que podem ser exercidas tanto pelo pai quanto pela mãe (ou por ambos), afinal de contas, as famílias atuais estão com formações cada vez mais diversas e, além de famílias homoafetivas, temos também as monoparentais, pais/mães viúvos, divorciados etc. No nosso caso, eu sou considerado o mais rígido dos dois (característica paterna), porém sou o que não consegue tirar o olho, um minuto, com medo que aconteça algo (característica materna).

Espero que um dia este termo "adoção homoafetiva" seja reformulado, pois sou a favor da adoção por pessoas ou casais que tenham realmente condições de serem pais e/ou mães, sejam estas adoções feitas por solteiros, homossexuais, casais homoafetivos, casais heterossexuais, adoção inter-racial ou outras formas de adoção, desde que exista uma adoção de fato, com todo o sentido da palavra ADOÇÃO. Em resumo, sou contra rótulos. Quem vai definir uma adoção perfeita não são os rótulos, mas a conduta do adotante, avaliada pelo estudo psicossocial da equipe técnica da Vara da Infância e Juventude, que vai servir de base para o parecer do Ministério Público e a sentença final do juiz.

Inicialmente, tínhamos um pouco de receio em relação a nossos filhos sofrerem algum tipo de preconceito por terem dois pais, mas até o momento isto nunca aconteceu. Lógico que a surpresa e a curiosidade rondam a nossa formação familiar, mas acabam indo embora com o convívio e com o surgimento de mais e mais famílias compostas por dois pais ou duas mães. Visando formalizar mais ainda a nossa situação familiar na esfera jurídica, e desejosos de deixar o presente e o futuro de nossa família bem definidos, firmamos em cartório um registro de união estável e estamos no momento com um processo de conversão desta união em casamento civil tramitando, já tendo o parecer do Ministério Público e com possibilidades reais de êxito.

Somos o que posso considerar uma família normal, temos nossos problemas e soluções, medos e certezas, angústias e alegrias, como qualquer família. Entendemos por que nossa formação familiar ainda causa certa surpresa, pois todo o novo tem esta particularidade. Porém, vemos a sociedade mudar de forma muito positiva em seus conceitos e preconceitos, embora ainda exista muito a progredir. Deixando claro que não tenho nada contra nenhuma religião, apenas observo que muitos dos questionamentos e colocações são baseados em argumentos religiosos fundamentalistas, quer por falta de informação, quer por convicções religiosas radicais, mas nestas situações simplesmente me coloco numa postura de cidadão brasileiro, que vive em um estado constitucionalmente laico e não teológico.

Acredito que muita coisa ainda vai mudar. Estamos em um momento de transição e existem ainda os respingos dos pensamentos arraigados de parte da sociedade. Mas na evolução social foi sempre assim, a exemplo das conquistas dos direitos das mulheres, dos negros, das divorciadas, dos filhos ilegítimos etc. A sociedade está em pleno processo de mudanças, que visam à igualdade e dignidade humana e, mesmo havendo resistências iniciais, essas mudanças acabam se concretizando por sua lógica e evolução natural. Então, acredito não estar tão longe o dia em que falar destas conquistas seja visto como narrações históricas e cheguem a causar estranheza ao ouvinte ou leitor o fato de tais lutas por direitos tão claros terem sido realmente necessárias, como soa hoje a ideia de que, até pouco tempo atrás, as mulheres não tinham direito a voto, e atualmente este país estar sendo governado por uma delas.

Sobre o futuro dos nossos filhos? Creio ser esta a maior preocupação de todos os verdadeiros pais. Fazemos de tudo para que esse futuro seja brilhante. Somos pais zelosos e intensamente focados na educação deles. Acreditamos que essas criaturinhas são como estrelas, nascem com luz própria. Se soubermos conduzi-los hoje, orientando-os em como manter essa luz sempre acesa, eles encontrarão amanhã os atalhos corretos quando houver obstáculos intransponíveis na estrada principal.

Portanto, o requerente, preenche todos os requisitos legais para almejar a pleiteada adoção, em especial os exigidos pelo art. 42 da Lei Nº 8.069/90.

Pelo exposto, considerando tudo o mais que dos autos consta, em consonância com o entendimento do Órgão Ministerial, **JULGO PROCEDENTE** a presente ação e **DEFIRO** ao requerente ███████████ a ADOÇÃO da criança ███████████, com esteio no art. 43 da Lei Nº 8.069/90.

Por força do art. 41, §1º, do Estatuto da Criança e do Adolescente, mantenham-se os vínculos de filiação entre o adotado e companheiro do adotante, bem como os respectivos parentes.

Transitada em julgado, expeçam-se os mandados para cancelar o registro original do adotado, e fazer novo registro, o qual consignará o nome completo do adotado como sendo ███████ ███████████, constando que o infante é filho de ███████ ███████████ e ███████████, sem mencionar as palavras pai e mãe, da mesma forma a relação com os avós, sem explicitar a condição materna ou paterna, advertindo que nenhuma observação sobre a origem do ato poderá constar na certidão de registro.

Sem custas.

Publique-se, registre-se, intimem-se.

Consideradas todas as razões de fato e de direito e apreciados todos os elementos constantes nos autos, é do entendimento deste juízo que as relações afetivas não são delimitadas pelas possibilidades das uniões de gêneros, mas sim pela inata condição humana de realizar a vida através do afeto e da construção da felicidade com respeito ao outro e a si mesmo. A reconquista da história da humanidade através da alteridade, um fundamento do princípio da preservação da espécie humana, é o objetivo da aplicação das leis para a proteção das famílias. As crianças são nossos bens mais preciosos e responsáveis pelo futuro da humanidade, tendo as leis, em todo o mundo, assim reconhecido.

No Brasil, a Carta Magna, em seu art. 227, responsabiliza a todos, família, sociedade e Estado, para a proteção integral com prioridade absoluta na atenção com as crianças. O art. 226 da mesma Carta dispõe ser a família a base da sociedade e ter a proteção especial do Estado, e em seu parágrafo 4º determina que também é entidade familiar a comunidade formada por qualquer dos pais e seus descendentes.

Com isto, está refutada a idéia de que somente um homem e uma mulher, juntos, podem constituir uma entidade familiar. Além do que a mesma Constituição Federal, em seu art. 3º, enumera entre os objetivos fundamentais da República Federativa do Brasil a promoção do bem de todos, sem preconceito de origem, raça, sexo, cor, idade e quaisquer outras formas de discriminação.

Portanto, os requerentes preenchem todos os requisitos legais para almejar a pleiteada adoção, em especial os exigidos pelo art. 42 da Lei nº 8.069/90.

Pelo exposto, considerando tudo o mais que dos autos consta, em consonância com o entendimento ministerial, **JULGO PROCEDENTE** a presente Ação de Adoção e/c Pedido de Destituição do Poder Familiar, para destituir ▮▮▮▮▮▮▮▮▮▮▮▮▮, já qualificada nos autos, do poder familiar em relação a sua filha, ▮▮▮▮▮▮▮▮▮▮▮▮▮ com fundamento no art. 24 da Lei nº 8.069/90 e/c o art. 1.638, inciso II, do Código Civil, e conseqüentemente, **DEFIRO** o pedido de Adoção feito por ▮▮▮▮▮▮▮▮▮▮ ▮▮▮▮▮▮▮▮ e ▮▮▮▮▮▮▮▮▮▮▮, já devidamente qualificados nos autos, da criança qualificada na inicial, a qual passará a se chamar ▮▮▮▮ ▮▮▮▮▮▮▮▮▮▮, para que surtam os seus jurídicos e legais efeitos.

Transitada em julgado expeçam-se dois mandados, o primeiro para cancelar o registro original da adotanda e o segundo, após o cumprimento do primeiro, para que se faça um novo registro, o qual consignará o nome dela, constando que a infante é filha de ▮▮▮▮▮▮▮▮ e ▮▮▮ ▮▮▮▮▮▮▮▮▮▮▮▮, sem mencionar as palavras pai e mãe, da mesma forma a relação com os avós, sem explicitar a condição materna ou paterna, advertindo que nenhuma observação sobre a origem do ato poderá constar na certidão de registro.

Sem custas.

Publique-se, registre-se, intimem-se.

Natal-RN, 17 de dezembro de 2009.

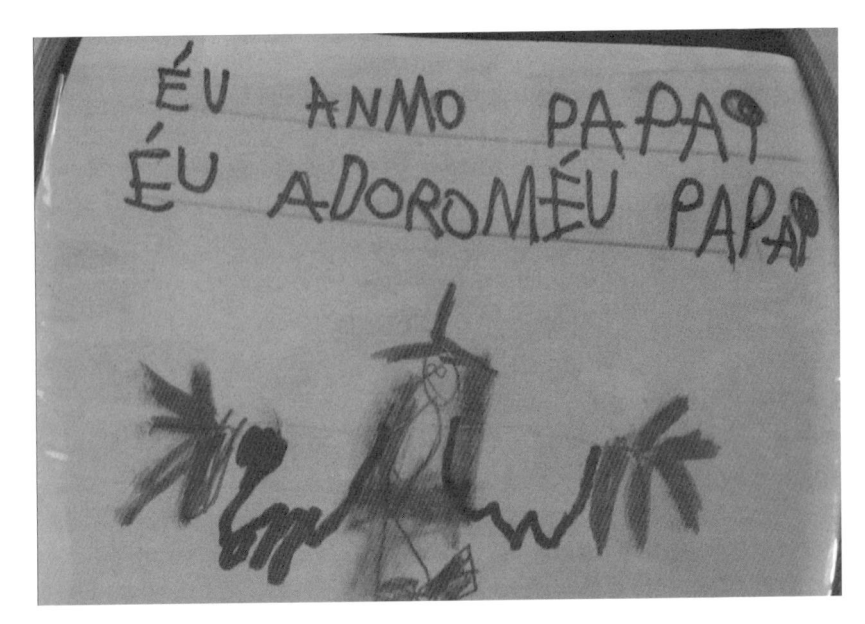

A aplicação da Lei Maria da Penha nas relações homoafetivas

Marcelo Napolitano*

A Lei nº 11.340/2006 foi denominada *Lei Maria da Penha* em homenagem à biofarmacêutica cearense Maria da Penha Fernandes, que se tornou um ícone por seu empenho e luta na defesa dos direitos das mulheres. Maria da Penha Fernandes foi vítima de duas tentativas de homicídio praticadas por seu então marido, e acabou por ficar paraplégica. Inconformada com a impunidade e o descaso estatal na persecução criminal, pleiteou a condenação do Estado brasileiro junto à Organização dos Estados Americanos (OEA), na Comissão Interamericana sobre Direitos Humanos, conseguindo a vitória e abrindo caminhos para a proteção de várias outras "Marias da Penha" em todo o país.

A Lei Maria da Penha objetiva prevenir e coibir a violência doméstica e familiar contra a mulher nos termos do § 8º do art. 226 da Constituição da República, alicerçada ainda na Convenção sobre a Eliminação de todas as Formas de Preconceito; na Convenção Interamericana para Prevenir, Punir e Erradicar a Violência Contra a Mulher (Convenção de Belém do Pará) e em outros tratados internacionais dos quais o Brasil é signatário.

É importante destacar que o sujeito ativo dos crimes abrangidos pela referida lei pode ser qualquer pessoa, independentemente de gênero, desde que o ato delituoso seja praticado no âmbito de relação doméstica, familiar ou de intimidade. O art. 226 da Constituição da República, em seu § 8º, preceitua que o Estado "assegurará a assistência à família na pessoa de cada um dos que a integram, criando mecanismos para coibir a violência no âmbito de suas relações". É indiscutível, nesse prisma, a preocupação do legislador constituinte em assegurar a criação de políticas públicas que coíbam e erradiquem a violência doméstica e familiar. Assim, através da lei em

Advogado Criminalista/RJ; Pós Graduado em Direito Penal Econômico pela Universidade de Castilla-La Mancha / Espanha; Especializado em Direito Penal e Processo Penal Constitucional pela PUC/RJ

análise, foram elaborados diversos mecanismos destinados a assegurar uma convivência digna às mulheres em suas relações familiares.

No entanto, na tentativa de suprir a fragilidade física da mulher em relação ao homem, a lei acabou por privilegiar exclusivamente o sexo feminino, deixando de disciplinar outros vieses das relações familiares, onde nem sempre o gênero feminino é sinônimo de fragilidade. Dessa forma, para muitos, a tentativa de equiparação material entre os gêneros acabou por gerar uma desigualdade de direitos, ferindo o princípio da isonomia consagrado no artigo 5º, inciso I, da Constituição da República.

A proteção direcionada especialmente às mulheres está expressa nos primeiros artigos da Lei Maria da Penha, *verbis*:

> Art. 1º Esta Lei cria mecanismos para coibir e prevenir a violência doméstica e familiar contra a mulher, nos termos do § 8º do art. 226 da Constituição Federal, da Convenção sobre a Eliminação de Todas as Formas de Violência contra a Mulher, da Convenção Interamericana para Prevenir, Punir e Erradicar a Violência contra a Mulher e de outros tratados internacionais ratificados pela República Federativa do Brasil; dispõe sobre a criação dos Juizados de Violência Doméstica e Familiar contra a Mulher; e estabelece medidas de assistência e proteção às mulheres em situação de violência doméstica e familiar.

> Art. 2º Toda mulher, independentemente de classe, raça, etnia, orientação sexual, renda, cultura, nível educacional, idade e religião, goza dos direitos fundamentais inerentes à pessoa humana, sendo-lhe asseguradas as oportunidades e facilidades para viver sem violência, preservar sua saúde física e mental e seu aperfeiçoamento moral, intelectual e social.

Embora as mulheres sofram mais frequentemente esse tipo de agressão, não podemos esquecer os casos em que homens também são vítimas de violência doméstica diariamente. Além do que, vivemos em uma sociedade onde a unidade familiar, em muitos casos, não é composta por homem e mulher.

Nesse diapasão, é interessante notar que a lei, ao destacar a proteção ao gênero feminino, não faça distinção sobre a orientação sexual, estendendo assim seu alcance às lésbicas em situação de relação íntima de afeto em ambiente familiar ou de convívio, além de travestis, transexuais e transgêneros, desde que tenham registro de identidade no sexo feminino. Nesse sentido, já se manifestou a doutrina:

No que diz com o sujeito passivo, há a exigência de uma qualidade especial: ser mulher. Nesse conceito encontram-se as lésbicas, os transgêneros, as transexuais e as travestis, que tenham identidade com o sexo feminino. A agressão contra elas no âmbito familiar também constitui violência doméstica.[1]

---

1 DIAS, Maria Berenice. A Lei Maria da Penha na Justiça: a efetividade da Lei 11.340/2006 de combate à

Então, pergunta-se: os homens, os *gays*, os travestis, transgêneros e transexuais sem registro de identidade no sexo feminino que são vítimas de violência doméstica estão desprotegidos?

A resposta para essa pergunta é NÃO. Nossos tribunais, ao decidirem pela constitucionalidade da lei, têm estendido as medidas protetivas da Lei Maria da Penha a todos que se socorrerem ao Poder Judiciário, independentemente de gênero. As chamadas *medidas protetivas* são as providências de caráter urgente, que devem ser tomadas com o intuito de resguardar a integridade da vítima. No que tange às normas de natureza penal, a aplicabilidade da referida lei para a proteção do gênero masculino encontra empecilhos, pois como é sabido em direito penal, não se pode utilizar de forma análoga uma norma incriminadora, sob pena de ofensa ao princípio da reserva legal, previsto no art. 1º do Código Penal Brasileiro: "Não há crime sem lei anterior que o defina. Não há pena sem prévia cominação legal."

Entretanto, as medidas cautelares previstas na Lei Maria da Penha, por se tratarem de normas processuais, podem ser aplicadas de forma análoga, conforme previsto no art. 3º do Código de Processo Penal, garantindo a proteção à vítima de violência doméstica de gênero masculino.

É válido destacar ainda o poder geral de cautela, previsto nos arts. 798 e 799 do Código de Processo Civil, que autoriza o magistrado a adotar as medidas provisórias que julgar adequadas quando houver fundado receio de que uma parte, antes do julgamento da lide, cause ao direito da outra lesão grave e de difícil reparação, reforçando ainda mais a tese de que os efeitos protetivos da lei se estendem a todos.

Dessa forma, o Poder Judiciário solucionou um impasse a respeito da constante discussão sobre constitucionalidade do diploma legal, evitando sua eliminação do ordenamento jurídico pátrio, o que representaria um grande retrocesso em matéria de direitos humanos, além de ampliar o combate à violência no âmbito familiar, satisfazendo de forma plena o desejo do legislador constituinte.

Para melhor ilustrar todo o exposto, é válido transcrever duas importantes decisões que determinaram a aplicação das medidas protetivas no âmbito nas relações homoafetivas masculinas:

> (...) Por outro lado, no que concerne ao requerimento de aplicação de medida cautelar pleiteada pelo órgão da acusação, alguns aspectos fáticos e jurídicos precisam ser delineados. Noticiam os autos que o agressor, ora réu, e o ofendido,

convivem em união homoafetiva e que o ofendido, no dia 30/03/2011, por volta das 01h30min, foi agredido pelo réu com uma garrafa e, como decorrência disso, sofreu diversas lesões no rosto, na perna, nos lábios e na coxa. O ofendido afirmou, ainda, em sede policial, que as agressões perpetradas pelo réu ocorrem habitualmente. Disse, ainda, que o réu possui envolvimento com traficantes da localidade e já ameaçou o ofendido de morte, caso ´chamasse´ a polícia por conta das agressões. Assim, a medida cautelar de ´proibição de aproximação do ofendido´ mostra-se imperativa, no caso em exame, pois visa garantir condições mínimas assecuratórias da incolumidade pessoal da apontada vítima de violência física. Além do mais, garantirá, de forma segura, a permanência da citada vítima em sua residência até o julgamento definitivo dos fatos. Assim, o artigo 797 do Código de Processo Civil autoriza o juiz a adotar as medidas provisórias que julgar adequadas, quando houver fundado receio de que uma parte, antes do julgamento da lide, cause ao direito da outra lesão grave e de difícil reparação, com fundamento no denominado Poder Geral de Cautela. Isto significa dizer que deverá o Magistrado, através do exercício do poder geral de cautela, autorizar a prática de determinados atos, não previstos em lei, para garantir o exercício da atividade jurisdicional, enquanto não puder efetivá-la. In casu, o deferimento da medida é necessário para resguardar a integridade física do ofendido até que se profira a decisão final. Insta asseverar, ainda, que, no caso em exame, estão presentes os requisitos autorizadores da concessão da medida cautelar, quais sejam: o fumus boni iuris, traduzido pelos depoimentos e laudos acostados ao processo, que atestam a gravidade da conduta imputada ao réu, contra o ofendido, bem como o periculum in mora, demonstrado pelo risco potencial de o réu voltar a agredir o ofendido, caso o encontre. Por fim, importa finalmente salientar que a presente medida, de natureza cautelar, é concedida com fundamento na Lei 11.340/06 (Lei Maria da Penha), muito embora esta Lei seja direcionada para as hipóteses de violência doméstica e familiar contra a mulher. Entretanto, a especial proteção destinada à mulher pode e deve ser estendida ao homem naqueles casos em que ele também é vítima de violência doméstica e familiar, eis que no caso em exame a relação homoafetiva entre o réu e o ofendido, isto é, entre dois homens, também requer a imposição de medidas protetivas de urgência, até mesmo para que seja respeitado o Princípio Constitucional da Isonomia.(...)" [2]

A Lei nº 11.340/2006 originalmente visou proteger as mulheres contra a violência doméstica conforme o claro comando de seu art. 1º. Alguma celeuma rendeu o texto legislativo por conta da leitura apressada em cotejo

---

2 Tribunal de Justiça do Estado do Rio de Janeiro, 11ª Vara Criminal, Processo 0093306-35.2011.8.19.0001 - Juiz: Alcides da Fonseca

com o art. 5º, I da Constituição Federal que iguala homens e mulheres em direitos e obrigações. Hermenêutica açodada poderia levar ao dilema que a lei não poderia criar um privilégio, no caso o amplo sistema protetivo, apenas à mulher. Todavia, a denominada Lei Maria da Penha não é caso isolado na legislação brasileira. Tratar de forma diferenciada é justamente instrumento para igualar. O direito ao bem estar, visto isso em um conceito por demais ampliado, é o mesmo para todos. Como os indivíduos não são iguais, a lei pode ser instrumento a garantir meios diferenciados aos desiguais justamente para atingir a igualdade. O raciocínio ainda merece evolução, contudo, até por conta de que a Lei 11.340/2006 concebeu uma série de instrumentos protetivos extremamente pertinentes à pacificação social, abandonando o falido sistema do Juizado Especial Criminal, então exclusivo, de ênfase demasiado no acordo, meio mais fácil, mesmo em situações de violência, com a mínima força coativa do Estado. A mulher é inegavelmente vítima histórica da violência. O comando masculino até os dias atuais, ou ao menos até recentemente, acabou relegando o indivíduo feminino a um papel de submissão na sociedade.Tal consideração merece ser feita para se lançar em seguida a afirmação também verdadeira de que a mulher foi vítima por ser mais fraca na posição social, na estrutura jurídica ulterior aos limites do direito familiar, pelos compromissos atinentes à maternidade e, não se olvide, pela própria desigualdade física. Destarte, não é só a mulher que sofre violência. Todo aquele em situação vulnerável, ou seja, enfraquecido, pode ser vitimado. Ao lado do Estado Democrático de Direito, há, e sempre existirá, parcela de indivíduos que busca impor, porque lhe interessa, a lei da barbárie, a CEI do mais forte. E isso o direito não pode permitir! Dessa visão do direito como mecanismo legítimo para alcance da paz social, há de se buscar o mandamento da Magna Carta de que "todos são iguais, sem distinção de qualquer natureza" (art. 5º, "caput") na sua correta exegese, a de que, em situações iguais, as garantias legais valem para todos. Vale dizer, portanto, de que todo aquele vítima de violência, quando mais de ordem doméstica, merece a proteção da lei, ainda que evidentemente do sexo masculino. A seu turno, a vedação constitucional de qualquer discriminação e mesmo a dignidade da pessoa humana como um dos fundamentos da República, insculpido no art. 1º, III, da Carta Política, obrigam que se reconheça a união homoafetiva como fenômeno social, merecedor não só de respeito como de proteção efetiva com os instrumentos contidos na legislação. Nesse quadro, verifica-se com clareza que E. S. N., enquanto se dizente vítima de atos motivados por relacionamento recém-findo, ainda que de natureza homossexual, tem direito à proteção pelo Estado prevista no direito positivo. Isso posto, reconheço a competência do Juizado de Violência Doméstica, inserido nesta Segunda Vara Judicial, decreto a medida protetiva de proibição a A. A. F. de aproximar-se a menos de 100 metros de E. S. N. e determino a reunião com o processo 2.10.0002235-6, investigativo que tomará o procedimento da Lei 11.340/2006. [3]

In fine, embora o Poder Judiciário venha alcançando avanços significativos na matéria, quando se trata de vítima homossexual, principalmente do gênero masculino, não raro é a falta de boa vontade da autoridade policial em efetuar os registros, às vezes por preconceito, às vezes por desinformação, sendo importante, portanto, a orientação nesses casos.

---

3 Tribunal de Justiça do Rio Grande do Sul, Comarca de Rio Pardo, Processo 024/2.11.0000226-8 – Juiz: Osmar de Aguiar Pacheco

Caminhos a seguir contra a homofobia

Flavio Fahur

Advogado - RJ

Homofobia é uma linha de pensamento que pressupõe um conjunto de atitudes e sentimentos negativos em relação às lésbicas, *gays*, bissexuais, transgêneros, travestis e pessoas intersexuais. As definições referem-se à antipatia, desprezo, preconceito, aversão e medo irracional. A homofobia é observada como um comportamento crítico e hostil, assim como a discriminação e a violência, com base em uma percepção de orientação não heterossexual.[1]

Impende observar que o termo *homofobia* é um neologismo cunhado pelo psicólogo norte-americano George Weinberg, em 1972, numa obra impressa originalmente intitulada *Society and the Healthy Homosexual*.

Em um discurso no ano de 1998, Coretta Scott King, ativista, líder dos direitos civis norte-americanos e viúva do ativista Martin Luther King Jr, declarou: "A homofobia é como o racismo, o antissemitismo e outras formas de intolerância, na medida em que procura desumanizar um grande grupo de pessoas, negar a sua humanidade, dignidade e personalidade." Em 1991, a Anistia Internacional passou a considerar a discriminação contra homossexuais uma violação aos direitos humanos.[2]

O Dia Internacional contra a Homofobia é festejado em 17 de maio. A escolha dessa data é bastante simbólica e significativa, pois se comemora a exclusão da homossexualidade da Classificação Estatística Internacional de Doenças e Problemas Relacionados com a Saúde (CID), da Organização Mundial da Saúde (OMS), que ocorreu em 17 de maio de 1990, oficialmente declarada em 1992.

---

1 http://pt.wikipedia.org/wiki/Homofobia

2 http://pt.wikipedia.org/wiki/Homofobia

Nesse sentido, em maio de 2011, aludindo ao Dia Internacional contra a Homofobia, a Alta Comissária das Nações Unidas para os Direitos Humanos, Navi Pillay, declarou:

> [...] Em última análise, a homofobia e a transfobia não são diferentes do sexismo, da misoginia, do racismo ou da xenofobia. Mas enquanto essas últimas formas de preconceito são universalmente condenadas pelos governos, a homofobia e a transfobia são muitas vezes negligenciadas. A história nos mostra o terrível preço humano da discriminação e do preconceito. Ninguém tem o direito de tratar um grupo de pessoas como sendo de menor valor, menos merecedores ou menos dignos de respeito. [...]

Segundo dados do Governo Federal e de ONGs que trabalham com a causa LGBT, a cada ano, os crimes ditos homofóbicos crescem de maneira estarrecedora. Nos últimos cinco anos, o número de assassinatos com motivação homofóbica teve um crescimento de 113%.

Neste esteio, a SaferNet Brasil[3], uma associação civil de direito privado divulgou a lista de denúncias recebidas em 2011. A homofobia ficou em quarto lugar, totalizando 4,5 mil notificações enviadas pelos internautas à entidade. As denúncias de crimes homofóbicos ficaram à frente de denúncias contra racismo, foco de 3,7 mil notificações. No entanto, analisando-se os dados no primeiro trimestre de 2012, verifica-se que as estatísticas disponibilizadas pela Central Nacional de Denúncias de Crimes Cibernéticos constataram 1.258 ocorrências relacionadas à homofobia, sinalizando, então, o seu crescimento vertiginoso.

Dessa forma, segundo a reportagem da Folha de São Paulo veiculada no dia 3 de abril de 2012, o número de assassinatos de homossexuais no Brasil atingiu o ápice em 2011, chegando a 266, segundo o GGB (Grupo Gay da Bahia), que acompanha os casos desde a década de 1970, com dados baseados em notícias sobre os crimes veiculados em jornais e na internet.

Todavia, para o antropólogo Luiz Mott, fundador da entidade, o número real de mortes deve ser maior. Assim, espera-se a criação, pelo governo federal, de um banco de dados específico sobre crimes contra *gays*, previsto desde o Plano Nacional de Direitos Humanos 2, de 2002, porém, ainda não implementado pela administração pública.

Segundo informações da Secretaria de Direitos Humanos da Presidência da República, o *Programa Brasil Sem Homofobia* foi lançado em 2004, a

---

3 http://www.safernet.org.br/site/

partir de uma série de discussões entre o governo federal e a sociedade civil organizada, com o intuito de promover a cidadania e os direitos humanos de lésbicas, *gays*, bissexuais, travestis e transexuais (LGBT), a partir da equiparação de direitos e do combate à violência e à discriminação homofóbica. Inclusive, o Brasil foi mencionado no primeiro relatório[4] produzido pela ONU para tratar da violência sobre o Movimento LGBT por sua campanha pública "Brasil sem Homofobia" e pelo uso dos princípios de Yogyakarta[5] na abordagem política do tratamento de discriminação e violência sexual.

Noutro giro, ressalta-se que a Lei Afonso Arinos foi a primeira em âmbito nacional a iniciar o combate ao racismo. Seguindo essa visão democrática e pioneira, o Estatuto da Diversidade Sexual será também um marco histórico na luta pelos direitos da população LGBT. O referido Estatuto é um verdadeiro microssistema com definição clara de normas afirmativas, objetivando, assim, assegurar maior visibilidade, segurança jurídica e pessoal, além da dignidade plena em contraponto ao odioso preconceito.

Atualmente no Brasil não há uma legislação que trate especificamente a homofobia como um tipo penal, a despeito de esforços para sua contemplação. Assim, tramita no Congresso Nacional a proposta de criminalização da homofobia, através da PL nº 122/2006[6], encaminhado em 29 de março de 2012 à Comissão de Direitos Humanos (CDH) e Legislação Participativa. Entretanto, a discussão parlamentar será acirrada, devido à forte resistência para sua aprovação oriunda da bancada religiosa e dos ultraconservadores.

A INFORMAÇÃO É FUNDAMENTAL NO COMBATE À HOMOFOBIA

A elaboração ou não de um Boletim de Ocorrência das Polícias Civis envolve avaliações e decisões tanto dos cidadãos quanto dos policiais que participaram de um evento que foi interpretado por eles como um crime. Havendo ataque com motivação homofóbica, deverá a vítima se dirigir à Delegacia de Polícia mais próxima do evento criminoso para que seja registrado o Boletim de Ocorrência, sendo imprescindível que conste no docu-

---

4 http://acnudh.org/pt-br/2012/03/alta-comissaria-apresenta-relatorio-inovador-sobre-a-violencia-e-a-discriminacao-baseada-na-orientacao-sexual/

5 Em novembro de 2006, reunidos na cidade de Yogyakarta, Indonésia, um grupo composto por 29 especialistas em questões relativas à legislação de direitos humanos, provenientes de 25 países, adotaram por unanimidade os "Princípios de Yogyakarta sobre a aplicação da Legislação Internacional de Direitos Humanos em relação à orientação sexual e identidade de gênero".

6 Altera a Lei nº 7.716, de 5 de janeiro de 1989, o Decreto-Lei nº 2.848, de 7 de dezembro de 1940

mento policial que a motivação inicial do crime realizado foi a intolerância à diversidade sexual (homofobia), e, a partir desta constatação, será tipificado o crime que se enquadrar no evento delituoso (lesão corporal, injúria etc).

Para a criação de políticas públicas, é imprescindível que conste a motivação homofóbica em todos os relatórios e registros de ocorrências, pois, através desses dados, a coleta mensal de informações estatísticas das 27 polícias civis existentes no Brasil relativas às ocorrências registradas, perfil de vítimas, perfil dos agressores raça e atividades executadas pela polícia será muito mais fidedigna em relação à realidade, ensejando programas reais e eficazes ao combate à homofobia.

O grande problema que envolve essa questão do preenchimento é a quase inexistência de informações sistematizadas nas bases de dados estaduais de ocorrências registradas pelas polícias civis, assim como o grau de cobertura das informações encaminhadas pelas polícias civis; ou seja, o número de delegacias da Polícia Civil em cada estado que enviarem informações estatísticas irá variar, principalmente em função da maturidade e informatização dos sistemas de registro de ocorrências já existentes.

Assim, por exemplo, há estados onde já existem redes informatizadas que interligam todas as delegacias e bases de dados que sistematizam periodicamente as estatísticas coletadas de tais delegacias. Por outro lado, há estados onde inexistem estruturas e o esforço para produzir uma estatística estadual se transforma em uma atividade difícil, demorada e de baixa garantia da qualidade da informação.

Por conseguinte, podemos concluir que a mensuração da cobertura dos dados encaminhados pelas Secretarias Estaduais de Segurança Pública constitui-se numa forma de identificação das áreas cuja prioridade é o investimento da Secretaria Nacional de Segurança Pública (SENASP) para a melhoria das condições de uso da informação, o qual é denominado *Módulo Registro das Ocorrências*. Este módulo reúne as informações dos registros de ocorrência produzidos e coletados das polícias civis e militares do Brasil.

Para tanto, foi produzido um sistema classificatório e um índice remissivo cujo objetivo era padronizar as linguagens adotadas nos registros de ocorrências dessas instituições. As informações solicitadas às polícias civis dos estados brasileiros dividem-se em cinco grupos: ocorrências registradas, vítimas, autores/infratores, ocorrências segundo instrumento ou meio utilizado e a atividades de polícia e outras informações. Já as informações das polícias militares reúnem, basicamente, os dados de suas ocorrências.

Presentemente, esse módulo permite a produção de dados nacionais sobre as principais ocorrências criminais registradas pelas polícias civis e militares, sistematizadas em grandes grupos de ocorrência:

I - Crimes letais intencionais – homicídio doloso; latrocínio; lesão corporal seguida de morte.

II - Crimes não letais intencionais contra a pessoa – lesão corporal dolosa; tentativa de homicídio; estupro; tentativa de estupro.

III - Crimes violentos não letais contra o patrimônio – roubo de veículo; roubo de carga; roubo a ou de veículo de transporte de valores.

O fato é que, garantindo-se amplo acesso aos direitos civis da população LGBT, promovendo a conscientização dos gestores públicos e fortalecendo os exercícios de controle social, com a implementação de políticas públicas com maior equidade e mais condizentes com o imperativo de eliminar discriminações, combater preconceitos e edificar uma consistente cultura de paz, alcançar-se-á a tão almejada diminuição/erradicação da odiosa violência originada pelos crimes de ódio.

O escopo é oferecer à população LGBT um atendimento especializado, com policiais bem treinados e capacitados para trabalhar com as diversas formas de violência que surgem através da covardia dos crimes de homofobia. É imperativo que a vítima se sinta acolhida em seu primeiro atendimento em sede policial, e que seja uma abordagem nclusiva à violência sofrida, seja física ou verbal, com o registro, investigação, abertura de inquérito policial e adoção de medidas e procedimentos policiais que forem necessários à resolução dos casos apresentados.

Nesse sentido, a Assembleia Legislativa do Estado do Rio de Janeiro (ALERJ) promulgou, desde 25 de março de 2011, a Lei nº 5.931, que dispõe sobre a criação da Delegacia de Crimes Raciais e Delitos de Intolerância (DECRADI), com a finalidade de combater todos os crimes praticados contra pessoas, entidades ou patrimônios públicos ou privados, motivados pelo preconceito ou a intolerância.

CONCEITOS VIABILIZADORES DA CIDADANIA LGBT

Especificamente em relação ao tema *homofobia*, faz-se necessária a conceituação de órgãos públicos que atuam diretamente nas questões públicas relevantes, estando inseridos no referido contexto aqueles relacionados à diversidade sexual nas suas mais variadas matizes. Nesse sentido, a informação é elemento-chave para se socorrer de eventual afronta às garantias constitucionais, em especial, à não discriminação e isonomia de direitos. Assim, verifica-se, a seguir, quais são as competências de cada órgão, de forma a garantir a liberdade e integridade das vítimas de ataques homofóbicos[7]:

• **A segurança pública** é uma atividade pertinente aos órgãos estatais e à comunidade como um todo, realizada com o fito de proteger a cidadania, prevenindo e controlando manifestações da criminalidade e da violência, efetivas ou potenciais, garantindo o exercício pleno da cidadania nos limites da lei.

• **As polícias militares** são os órgãos do sistema de segurança pública aos quais competem as atividades de polícia ostensiva e preservação da ordem pública.

• **As polícias civis** são os órgãos do sistema de segurança pública aos quais competem, ressalvada competência específica da União, as atividades de polícia judiciária e de apuração das infrações penais, exceto as de natureza militar.

• **A Polícia, o Ministério Público e a autoridade penitenciária** devem agir interativamente em prol da segurança pública.

• **A prestação de serviços públicos de segurança**, em sua expressão *polícia geral*, inclui o policiamento ostensivo, a apuração de infrações penais e a guarda e recolhimento de presos.

• A premissa maior da atividade de segurança pública é a sua perspectiva sistêmica, expressa na interação permanente dos diversos órgãos públicos interessados e entre eles e a sociedade civil organizada.

• A prestação de serviços públicos de segurança engloba atividades repressivas e preventivas, tanto de natureza policial quanto não policial, como, por exemplo, o caso do provimento de iluminação pública.

• Os serviços de segurança pública de natureza policial e não policial devem buscar estabelecer, aperfeiçoar e manter, conjunta e permanentemente, um sentimento coletivo de segurança.

Cumpre observar que, nos termos do Capítulo III da Constituição da República, o qual trata da Segurança Pública como dever do Estado, direito e responsabilidade de todos, sendo exercida para a preservação da ordem pública e da incolumidade das pessoas, surgem com assento constitucional as Secretarias de Segurança Pública nos estados do Brasil, sendo responsáveis, em outras palavras, pela segurança pública como a garantia dada pelo Estado de uma convivência social livre de ameaça de violência, permitindo a todos o

---

7 http://portal.mj.gov.br/sedh/homofobia/planolgbt.pdf

gozo dos seus direitos assegurados pela Constituição Republicana por meio do exercício do poder de polícia[8].

Neste diapasão, com intuito de facilitar as garantias elencadas na Constituição da República, todos que se sentirem ceifados do tratamento que se espera numa sociedade democrática, e, acima de tudo, aqueles que sofrerem qualquer tipo de injustiça afetas à sua orientação sexual, deverão entrar em contato com a Secretaria Estadual de Segurança Pública[9] de seu estado para realizar os procedimentos legais, de forma a restabelecer a dignidade.

A título de informação, o Estado do Rio de Janeiro, através da implantação da Delegacia Legal em quase a totalidade do território fluminense, está implementando um procedimento elogiável, pois, havendo um crime homofóbico, a vítima passará por uma triagem inicialmente e será recebida por um atendente que não é policial, ao qual, inclusive, poderá informar seu nome social[10] para que seja chamada pelo nome que desejar, de forma que seu nome social será incluído no registro civil, objetivando que travestis e transexuais não sejam vitimizados pela segunda vez nas delegacias no momento de efetuarem os registros de ocorrências.

Em uma segunda etapa, somente quando a pessoa for atendida por um policial para relatar o evento criminoso é que informará o nome constante no registro civil, ficando a cargo do agente público realizar todos os procedimentos pertinentes ao caso em questão.

CONCLUSÃO

Destarte, nossa proposta é conscientizar e informar sobre as questões conceituais e práticas que envolvem o tema *homofobia*, tendo a certeza de que o fato de o Poder Legislativo estar omisso ou com entraves quanto à aprovação de uma norma protetiva aos crimes afetos à homofobia não condena as vítimas ao total desamparo estatal.

---

8 Para Maria Silvia Zanella Di Pietro o poder de polícia é "a atividade do Estado consistente em limitar o exercício dos direitos individuais em benefício do interesse público."

9 http://portal.mj.gov.br/

10 O Governo do Estado por meio do Decreto nº 43.065, de 8 de julho de 2011, publicado em 11 de julho de 2011, no Diário Oficial, que "Dispõe sobre o direito ao uso do nome social por travestis e transexuais na administração direta e indireta do Estado do Rio de Janeiro e dá outras providências", permite que na administração direta e indireta os transexuais e travestis usem os seus nomes sociais. Todos os registros de informação, cadastro, programas, projetos, ações, serviços, fichas requerimentos, formulários, prontuários e congêneres da administração pública estadual deverão apresentar o campo "nome social" destacado, acompanhado do nome civil que, na prática, só será usado para finalidades da administração interna.

Nesse sentido, o Poder Judiciário utiliza a previsão contida na Lei de Introdução às Normas do Direito Brasileiro[11], especificamente com finco em seu artigo 4º, que prevê: "Quando a lei for omissa, o juiz decidirá o caso de acordo com a analogia, os costumes e os princípios gerais de Direito".

Assim, com essa postura cidadã e vanguardista ocorreu a histórica decisão do STF no dia 5 de maio de 2011, quando equiparou a união estável heteroafetiva à homoafetiva, decidindo o Pleno daquela Corte que ambas são entidades familiares, com suas repercussões e efeitos jurídicos.

Impende ainda ressaltar que o magistrado pode se valer da aplicação da recente Lei nº 12.403, de 5 de maio de 2011, que alterou a redação do Título X do Código de Processo Penal, com o objetivo de disciplinar as medidas cautelares de natureza pessoal, reafirmando a viabilidade do uso do poder geral de cautela, quando expressamente acolhe no nosso ordenamento jurídico positivo o princípio da proporcionalidade, seja vedando o excesso, seja proibindo a tutela deficiente. O poder geral de cautela conferido ao juiz e as medidas cautelares atípicas são imanentes aos princípios da celeridade, da eficiência, da efetividade e da inafastabilidade da jurisdição.

Assim, após breve passeio pelas questões relevantes da homofobia no Brasil, mais próximas do esclarecimento do que da exaustão de todas as questões relevantes ao tema proposto, fomos presenteados com uma parte da Declaração dos Direitos Humanos das Nações Unidas (1948), que expressamente, no artigo 29, afirma que toda pessoa tem deveres com a sociedade, cujo escopo é afirmar os direitos e garantias de todos. *In verbis*:

> Toda pessoa tem deveres com a comunidade, posto que somente nela pode-se desenvolver livre e plenamente sua personalidade. No exercício de seus direitos e no desfrute de suas liberdades todas as pessoas estarão sujeitas às limitações estabelecidas pela lei com a única finalidade de assegurar o respeito dos direitos e liberdade dos demais, e de satisfazer as justas exigências da moral, da ordem pública e do bem-estar de uma sociedade democrática. Estes direitos e liberdades não podem, em nenhum caso, serem exercidos em oposições com os propósitos e princípios das Nações Unidas. Nada na presente Declaração poderá ser interpretado no sentido de conferir direito algum ao Estado, a um grupo de pessoa, para empreender e desenvolver atividade ou realizar atos tendentes a supressão de qualquer dos direitos e liberdades proclamados nessa Declaração.

Por fim, uma última reflexão, através de uma frase acertada e profunda: **"A desconstrução do preconceito vem com a construção da informação[12]".**

11 DEL 4.657/1942 (DECRETO-LEI) 04/09/1942 - Redação dada pela Lei nº 12.376, de 2010

12 http://www.oestadorj.com.br/?pg=noticia&id=7544

Conquistas

A persistência na luta pela garantia de direitos à população LGBT, transformou-se numa grande conquista – não plena – mas relevante no sentido de demonstrar que a dignidade da pessoa humana é o valor máximo e que deve estar acima de qualquer sentimento de intolerância ou preconceito.

Prova disso, são os direitos, de fato, conquistados ao longo dos últimos anos, embora a inércia do legislador permaneça a mesma.

Pesquisa elaborada pela ex-desembargadora, hoje advogada, Maria Berenice Dias, em maio de 2011 apontava 112 direitos desrespeitados aos casais homossexuais:

DIREITOS QUE SÃO NEGADOS AOS CASAIS HOMOSSEXUAIS[13]

1. Não podem casar;

2. Não têm reconhecida a união estável;

3. Não adotam sobrenome do parceiro;

4. Não podem somar renda para aprovar financiamentos;

5. Não somam renda para alugar imóvel;

6. Não inscrevem parceiro como dependente de servidor público;

7. Não participam de programas do Estado vinculados à família;

8. Não podem acompanhar o parceiro servidor público transferido;

---

13 Disponível em: http://direitohomoafetivo.com.br/ver-noticia.php?noticia=170#t Acesso em 04 jul 2011.

9. Não têm a impenhorabilidade do imóvel em que o casal reside;

10. Não têm garantia de pensão alimentícia em caso de separação;

11. Não têm garantia à metade dos bens em caso de separação;

12. Não podem assumir a guarda do filho do cônjuge;

13. Não adotam filhos em conjunto não podem adotar o filho do parceiro;

14. Não podem adotar o filho do parceiro;

15. Não têm licença-maternidade para nascimento de filho da parceira;

16. Não têm licença maternidade/ paternidade se o parceiro adota filho;

17. Não recebem abono-família;

18. Não têm licença-luto, para faltar ao trabalho na morte do parceiro;

19. Não recebem auxílio-funeral;

20. Não podem ser inventariantes do parceiro falecido;

21. Não têm direito à herança;

22. Não têm garantida a permanência no lar quando o parceiro morre;

23. Não têm usufruto dos bens do parceiro;

24. Não podem alegar dano moral se o parceiro for vítima de um crime;

25. Não têm direito à visita íntima na prisão;

26. Não acompanham a parceira no parto;

27. Não podem autorizar cirurgia de risco;

28. Não podem ser curadores do parceiro declarado judicialmente incapaz;

29. Não podem declarar parceiro como dependente do Imposto de Renda;

30. Não são reconhecidos como entidade familiar, mas sim como sócios;

31. Não têm suas ações legais julgadas pelas varas de família

32. não têm direito real de habitação, decorrente da união (art.1831 CC);

33. não têm direito de converter união estável em casamento;

34. não têm direito a exercer a administração da família quando do desaparecimento do companheiro (art.1570 CC);

35. não têm direito à indispensabilidade do consentimento quando da alienação ou gravar de ônus reais bens imóveis ou alienar direitos reais (art.235 CC);

36. não têm direito a formal dissolução da sociedade conjugal, resguardada pela lei;

37. não têm direito a exigir que cesse a ameaça, ou a lesão, a direito da personalidade, e reclamar perdas e danos na hipótese do companheiro falecido (art.12, par. único, CC);

38. não têm direito a proibir a divulgação de escritos, a transmissão da palavra, ou a publicação, a exposição ou a utilização da imagem do companheiro falecido ou ausente (art. 20 CC);

39. não têm direito a posse do bem do companheiro ausente (art.30, par. 2º CC);

40. não têm direito a deixar de correr prazo de prescrição durante a união (art, 197, I, CC);

41. não têm direito a anular a doação do companheiro adultero ao seu cúmplice (art. 550, CC);

42. não têm direito a revogar a doação, por ingratidão, quando o companheiro for o ofendido (art. 558, CC);

43. não têm direito a proteção legal que determina que o companheiro deve declarar interessa na preservação de sua vida, na hipótese de seguro de vida (art.790, parág. único);

44. Não têm direito a figurar como beneficiário do prêmio do seguro na falta de indicação de beneficiário (art.792, CC);

45. Não têm direito de incluir o companheiro nas necessidades de sua família para exercício do direito de uso da coisa e perceber os seus frutos (art.1412, § 2º, CC);

46. Não têm direito de remir o imóvel hipotecado, oferecendo o valor da avaliação, até a assinatura do auto de arrematação ou até que seja publicada a sentença de adjudicação (art.1482 CC);

47. Não têm direito a ser considerado aliado aos parentes do outro pelo vínculo da afinidade (art.1595 CC);

48. Não têm direito a demandar a rescisão dos contratos de fiança e doação, ou a invalidação do aval, realizados pelo outro (art.1641, IV CC);

49. Não têm direito a reivindicar os bens comuns, móveis ou imóveis, doados ou transferidos pelo outro companheiro ao amante (art.1641, V CC);

50. Não têm direito a garantia da exigência da autorização do outro, para salvaguardar os bens comuns, nas hipóteses previstas no artigo 1647 do CC;

51. Não têm direito a gerir os bens comuns e os do companheiro, nem alienar bens comuns e/ou alienar imóveis comuns e os móveis e imóveis do companheiro, quando este não puder exercer a administração dos bens que lhe incumbe (art.1651 do CC);

52. Não têm direito, caso esteja na posse dos bens particular do companheiro, a ser responsável como depositário, nem usufrutuário (se o rendimento for comum), tampouco procurador; (se tiver mandato expresso ou tácito para os administrar) – (art.1652 CC);

53. Não têm direito a escolher o regime de bens que deseja que regule em sua união;

54. Não têm direito a assistência alimentar (art.1694 CC);

55. Não têm direito a instituir parte de bens, por escritura, como bem de família (art.1711 CC);

56. Não têm direito a promover a interdição do companheiro (art.1768, II CC);

57. Não têm direito a isenção de prestação de contas na qualidade de curador do companheiro (art,1783 CC);

58. Não têm direito de excluir herdeiro legitimo da sua herança por indignidade, na hipótese de tal herdeiro ter sido autor, co-autor ou partícipe de homicídio doloso, ou tentativa deste contra seu companheiro (art.1814, I CC);

59. Não têm direito de excluir um herdeiro legitimo de sua herança por indignidade, na hipótese de tal herdeiro ter incorrido em crime contra a honra de seu companheiro (art.1814, II CC);

60. Não têm direito a Ordem da Vocação Hereditária na sucessão legítima (art.1829 CC);

61. Não têm direito a concorrer a herança com os pais do companheiro, na falta de descendentes destes (art. 1836 CC);

62. Não têm direito ser deferida a sucessão por inteiro ao companheiro sobrevivente, na falta de descendentes e ascendentes do companheiro falecido (art.1838 CC);

63. Não têm direito a ser considerado herdeiro "necessário" do companheiro (art.1845 CC);

64. Não têm direito a remoção/transferência de servidor público sob justificativa da absoluta prioridade do direito à convivência familiar (art. 226 e 227 da CF) com companheiro;

65. Não têm direito a transferência obrigatória de seu companheiro estudante, entre universidades, previstas na Lei nº 8112/1990, no caso, ser servidor público federal civil ou militar estudante ou dependente do servidor;

66. Não têm direito a licença para acompanhar companheiro quando for exercer mandato eletivo ou, sendo militar ou servidor da administração

direta, de autarquia, de empresa pública, de sociedade de economia mista ou de fundação instituída pelo poder público, for mandado servir, ex-officio, em outro ponto do território estadual, nacional ou no exterior;

67. Não têm direito a receber os eventuais direitos de férias e outros benefícios do vínculo empregatício se o companheiro falecer;

68. Não têm direito ao DPVAT (Seguro Obrigatório de Danos Pessoais Causados por Veículos Automotores de Vias Terrestres, ou por sua Carga, a Pessoas Transportadas ou Não), no caso de morte do companheiro em acidente com veículos;

69. Não têm direito a licença gala, quando o trabalhador for celebrar sua união, podendo deixar de comparecer ao serviço, pelo prazo três dias (art.473, II da CLT) e se professor, período de nove dias (§ 3º, do art. 320 da CLT);

70. Não têm direito, de oferecer queixa ou de prosseguir na ação penal, caso o companheiro seja o ofendido e morra ou seja declarado ausente (art.100 § 4º CP);

71. Não têm direito as inúmeras previsões criminais que agravam ou aumentam a pena contra os crimes praticados contra o seu companheiro;

72. Não têm direito a isenção de pena no caso do crime contra o patrimônio praticado pelo companheiro (art. 181 CP) e nem na hipótese do auxílio a subtrair-se a ação da autoridade policial (art. 348 § 2º CP);

73. Não têm direito a ter que obrigatoriamente dar consentimento do outro para propor ações que versem sobre direitos reais imobiliários (art.10 do CPC);

74. Não têm direito a ser necessariamente citado para ações que versem sobre direitos reais imobiliários (Art. 10.§ 1º, I do CPC);

75. Não têm direito a ser necessariamente citado para ações resultantes de fatos que digam respeito a ambos os companheiros ou de atos praticados por eles (Art. 10.§ 1º, II do CPC);

76. Não têm direito a ser necessariamente citado para ações fundadas em dívidas contraídas pelo companheiro a bem da família, mas cuja execução tenha de recair sobre o produto do trabalho ou os seus bens reservados (Art. 10 § 1º, III do CPC);

77. Não têm direito a ser necessariamente citado para ações que tenham por objeto o reconhecimento, a constituição ou a extinção de ônus sobre imóveis de um ou de ambos os companheiros (Art. 10 § 1º, IV do CPC);78- Não têm direito a participação do companheiro do autor ou do réu quando

for indispensável nos casos de composse ou de ato por ambos praticados, nas ações possessórias (art. (Art. 10, § 2º do CPC);

79. Não têm direito que seja suprida judicialmente a autorização do companheiro quando não houver justo motivo para recusa, quando necessário a assinatura de ambos (art.11 do CPC);

80. Não têm direito que seja invalidado o processo quando não suprida judicialmente a autorização do companheiro e necessário a assinatura de ambos (art.11, parágrafo único do CPC);

81. Não têm direito ao segredo de justiça nos processos que se referirem a qualquer coisa que esteja discutindo a união ou separação (art. 155, II do CPC);

82. Não têm direito a deixar de ser citado no dia do falecimento do companheiro e nos 7 (sete) dias seguintes (Art. 217, II do CPC);

83. Não têm direito a deixar de ser citado nos três primeiros dias das bodas (Art. 217, III do CPC);

84. Não têm direito que a confissão do companheiro não seja válida nas ações que versarem sobre bens imóveis ou direitos sobre imóveis (Art. 350, parágrafo único do CPC);

85. Não têm direito a ser considerado impedido de depor como testemunhas em processo que seja parte o companheiro (Art. 405, § 2º do CPC);

86. Não têm direito ao direito igualitário aos cônjuges a ficarem sujeitos à execução os bens em que os seus bens próprios, reservados ou de sua meação respondem pela dívida (Art. 592, IV do CPC);

87. Não têm direito a ser intimado da penhora de bens imóveis (Art. 655, § 2º do CPC);

88. Não têm direito a obrigatoriedade da anuência, caso o companheiro oferecer bem imóvel em substituição a penhora (Art. 656, § 2º do CPC);

89. Não têm direito na execução de oferecer preço não inferior ao da avaliação, requerer lhe sejam adjudicados os bens penhorados (Art. 685-A, § 2º do CPC);

90. Não têm direito a ordem de preferência, quando existir igualdade de oferta na licitação junto à execução, para adjudicar os bens penhorados (Art. 685-A, § 3º do CPC);

91. Não têm direito que o prazo corra em conjunto com o companheiro para oferecer embargos à execução (art. Art. 738, § 1º do CPC);

92. Não têm direito, se assumir a divida do companheiro e não possuir

bens próprios que bastem ao pagamento de todos os credores, ter declarada a insolvência de ambos (Art. 749 do CPC);

93. Não têm direito de solicitar o seqüestro dos bens do casal, caso o companheiro os estiver dilapidando e estiverem dissolvendo a união (Art. 822, III do CPC);

94. Não tem direito a pedir alimentos provisionais, se separados, e existir ação de dissolução da união;

95. Não têm direito a pedir o afastamento temporário do companheiro da moradia do casal (art. 888, VI do CPC);

96. Não têm direito a entrega dos bens de uso pessoal na pendência de ação principal ou antes de sua propositura (Art. 888, I do CPC);

97. Não têm direito a legitimidade concorrente de requerer o inventário e a partilha (Art. 988, I do CPC);

98. Não têm direito a preferência de ser nomeado inventariante caso esteja convivendo com o outro ao tempo da morte deste (Art.990, I do CPC);

99. Não têm direito a ser citado após as primeiras declarações no inventário (Art. 999 do CPC);

100. Não têm direito a oposição dos embargos de terceiros, quando não for parte no processo, sofrer turbação ou esbulho na posse de seus bens por ato de apreensão judicial, em casos como o de penhora, depósito, arresto, seqüestro, alienação judicial, arrecadação, arrolamento, inventário, partilha, poderá requerer lhe sejam manutenidos ou restituídos por meio de embargos, quando defende a posse de bens dotais, próprios, reservados ou de sua meação.. Art. 1.046 § 3º do CPC);

101. Não têm direito a proceder à habilitação (quando, por falecimento de qualquer das partes, os interessados houverem de suceder-lhe no processo.) nos autos da causa principal e independentemente de sentença quando promovida pelo companheiro (Art. 1.060, I do CPC);

102. Não têm direito ao procedimento da separação consensual (Art. 1.120 do CPC);

103. Não têm direito a ficar isento de pena o companheiro que comete crime contra o patrimônio contra o seu companheiro, durante a constância da união (Art. 181, I do Código Penal);

104. Não têm direito a exigência de somente se procedido mediante representação, se o crime contra o patrimônio é cometido em prejuízo o ex--companheiro (Art. 182, I do Código Penal);

105. Não têm direito a oferecer queixa-crime em substituição ao companheiro, quando este falecer ou declarado ausente por decisão judicial nos crimes de ação penal privada (Art. 31 do Código de Processo Penal);

106. Não têm direito a realizar o requerimento ao Juiz para que o companheiro seja submetido a exame médico-legal, quando houver dúvida sobre a integridade mental (Art. 149 do Código de Processo Penal);

107. Não têm direito eximir-se da obrigação de depor como testemunha contra o companheiro (Art. 206 do Código de Processo Penal);

108. Não têm direito de realizar requerimento de livramento condicional do companheiro sentenciado (Art. 712 do Código de Processo Penal);

109. Não tem direito a não produzir prova contra o companheiro militar (Art. 296, 2º do Código de Processo Penal Militar);

110. Não têm direito a eximir-se de atuar como testemunha em processo militar, ainda que seja ex-companheiro (Art. 354 do Código de Processo Penal Militar);

111. Não têm direito a pedir revisão criminal militar pelo companheiro, caso este venha falecer (Art. 553 do Código de Processo Penal Militar);

112. Não têm direito a pedir o livramento condicional do companheiro militar sentenciado (Art. 619 do Código de Processo Penal Militar).

Uma breve leitura demonstra claramente que a luta vale a pena. Direitos conquistados com suor, lágrimas e muitas perdas pelo caminho. Pesquisa realizada pelo Grupo Gay da Bahia, publicada na Revista Isto É,[14] aponta

---

14 A cada um dia e meio, um homossexual brasileiro é assassinado, vítima da homofobia. A conclusão é do relatório anual elaborado pelo Grupo Gay da Bahia (GGB). Segundo o levantamento, 260 gays, travestis e lésbicas foram mortos em 2010, 62 casos a mais do que em 2009. O número representa um recorde histórico. A tendência é que o índice continue alto em 2011, que registrou, nos três primeiros meses, 65 homicídios motivados por homofobia, mantendo a média mensal de 21,6 casos. O crescimento no volume de ocorrências fica mais acentuado na análise dos últimos cinco anos. Foram 113% a mais, destaca o relatório (em 2007, a quantidade de homicídios ficou em 122). O Brasil é campeão mundial neste tipo de violência, superando países como os Estados Unidos, cuja população é maior em mais de 100 milhões de habitantes. Na comparação com os norte-americanos, o Brasil apresenta risco 785% maior de um homossexual ser assassinado. Os gays são o grupo mais vitimado, correspondendo a mais da metade do total. Em seguida, estão os travestis e as lésbicas. Pelo segundo ano consecutivo, a Bahia figura no topo da lista: foram 29 ocorrências. Logo atrás, vêm Alagoas, com 24 mortes, Rio de Janeiro e São Paulo, empatados com 23, cada. Rio Grande do Norte e Roraima registraram um assassinato. O relatório aponta o Nordeste como a região mais homofóbica: "Abriga 30% da população brasileira e registrou 39% dos LGBT assassinados". De acordo com o levantamento, a chance de um homossexual ser morto nesta região é aproximadamente 80% maior do que no Sul e no Sudeste. Faixa de risco Segundo o levantamento, 28% dos assassinatos são cometidos contra homossexuais com idades entre 20 e 29 anos. Esta faixa etária é a que apresenta maior risco de morte. O estudo mostrou também que as vítimas pertenciam a diferentes classes sociais. "As vítimas

que a cada dia e meio, um homossexual é morto no Brasil. Humilhações, constrangimentos e violência sempre estiveram e continuam presentes na vida dos homossexuais. Entretanto, a postura da comunidade e o engajamento de pessoas comprometidas com a promoção de ações que projetam uma nova sociedade e uma nova consciência social, compromissadas com um mundo melhor, mais justo e livre de preconceitos, trouxeram para a história da população LGBT conceitos como cidadania, orgulho, resistência, consciência, respeito, dignidade, igualdade de direitos e a liberdade de expressão. Apesar das conquistas apontadas, ainda há muito por fazer, aliás, ainda há o essencial – a positivação dos direitos conquistados.

O legislador insiste em fechar os olhos à uma realidade que não se apaga e não se esconde mais, à uma sociedade que grita por atitudes concretas e objetivas. Por esta razão, a luta persiste, os espaços são conquistados. Não há volta.

Hoje temos parlamentares homossexuais ocupando as cadeiras no Congresso Nacional, com uma grande tendência a aumentar. Recente pesquisa realizada pelo Estadão[15] mostra que pelo menos 110 militantes homossexuais disputarão as eleições para Vereador no Brasil este ano.

A sociedade precisa de representantes com propósitos firmes e corajosos. Pessoas como as que vêm escrevendo a nova história do direito brasileiro, pessoas que, mesmo diante de uma legislação silente, erguem sua voz em prol da justiça.

CONCLUSÃO

Vivemos numa sociedade de discriminações e exclusões, onde o preconceito alcança uma diversidade de padrões, quer pela cor, pela classe social, pela estética, pela idade, pelas necessidades especiais, pela crença, pelo nível de escolaridade ou pela diversidade sexual. Enfim, tudo é motivo para discriminação e exclusão no meio social.

---

pertenciam a mais de 60 profissões, demonstrando a crueldade da homofobia em todos os segmentos sociais, predominando profissionais do sexo, cabeleireiros, estudantes, profissionais liberais, incluindo diversos pais de santo e padres" diz o estudo. Outro dado apresentado foi a forma como os crimes são praticados. Arma de fogo lidera, com 43%. Já o uso de facas foi empregado em 27% das ocorrências. As demais formas são espancamento, pedrada, enforcamento e sufocamento. Um detalhe que chamou a atenção foi a crueldade nos assassinatos, alguns deles antecedidos de tortura e, até mesmo, de castração. Disponível em: http://www.istoe.com.br/reportagens/131629_A+CADA+UM+DIA+E+MEIO+1 +HOMOSSEXUAL+E+MORTO+MOSTRA+RELATORIO . Acesso em 02 jul 2012.

15 Disponível em: http://m.estadao.com.br/noticias/impresso,gay-candidato-tem-espaco-ate-no-pr-,843759.htm . Acesso em 02 jul 2012.

Quando um indivíduo não se enquadra nos "modelos normais e aceitáveis" (embora ninguém, até hoje, tenha definido, objetivamente, o que vem a ser este modelo padrão de normalidade e aceitabilidade) fica excluído do círculo social, das oportunidades de trabalho, da convivência familiar e até da tutela do Estado.

O homossexual é o excluído mais "excluído" da sociedade e também da família que, quase sempre não o aceita, pois não consegue conviver com a diversidade sexual por vergonha, preconceito e discriminação.

Segundo a Constituição, "vivemos" num Estado Democrático, que assegura a todos o exercício dos direitos sociais e individuais, a liberdade, a segurança, o bem-estar, o desenvolvimento, a igualdade e a justiça como valores supremos de uma sociedade fraterna, pluralista e sem preconceitos.

A realidade de cada dia mostra que caminhamos na contramão dos preceitos constitucionais, numa sociedade onde homens públicos permanecem inertes às mudanças sociais, sem perceberem que hoje a família se baseia no afeto, no respeito e em cuidados mútuos. Tampouco se deram conta de que o mesmo teto e a prole comum não mais representam requisitos de constituição de família, assim como não pode ser a diversidade de sexo. Diferentes entidades familiares se formam a cada dia, movidas pela busca da felicidade, do companheirismo, da solidariedade, com ou sem prole comum.

Casais homoafetivos adotam crianças, que vivem na mais cruel realidade — todas abandonadas, espancadas ou jogadas no lixo, à mercê de cuidados, de respeito e de amor, perdidas no limbo jurídico, em meio a burocracias que as deixam cada vez mais distantes de uma família.

É dever dos homens públicos, eleitos pelo povo (todo o povo, independentemente de sua orientação sexual), em razão do compromisso constitucional, trabalhar por um mundo melhor, mais justo, mais igualitário e mais pacífico, deixando de lado a incitação às diferenças, às práticas do preconceito e da discriminação como vem acontecendo.

Um rápido olhar pela Constituição do Brasil nos dá a dimensão de sua proposta. Não precisa ser grande jurista ou doutrinador. Seu texto é simples e muito claro. Mas outros valores hoje se sobrepõem à ordem da igualdade, liberdade e justiça, que parecem estar fora de moda, assim como a ética e o respeito.

Em nome de um "Deus", religiosos dão-se as mãos, unidos na mais ampla corrente pela discriminação e preconceito. Sob os argumentos da religião – num estado laico que consagra a liberdade de crença — grandes bancadas se manifestam contrárias à livre manifestação do ser humano, ferindo sua dignidade de forma vil, irresponsável e imoral. Afirmam combater o que julgam impróprio e inadequado, violando o que o ser humano tem de inviolável que é a sua intimidade e privacidade.

Orientação sexual não agride, não ofende nem denigre.

Homens públicos se perdem na hipocrisia enquanto cidadãos honestos e dignos carecem de sistemas minimamente eficientes de saúde, segurança, educação, transportes, e moradia.

Talvez o povo brasileiro necessite de melhores exemplos a serem seguidos; de melhores discursos voltados pra o senso de justiça, de ética e de respeito à dignidade humana, independentemente de sua raça, cor, sexo, crença, ou orientação sexual.

Novos tempos, novas crenças, novos comportamentos. É assim que se deve olhar o mundo contemporâneo. Transpor os preconceitos e os tabus impostos por um passado conservador.

O mundo mudou e é preciso mudar com ele. É preciso dar chance à solidariedade, à fraternidade e à justiça, pilares de uma sociedade saudável e harmoniosa.

O Direito deve acompanhar as mudanças da sociedade, principalmente no campo das relações familiares, a fim de cumprir seu objetivo de manter a paz, a ordem e a segurança da coletividade.

Desejamos viver um mundo melhor e de paz. A paz interior que a humanidade, as famílias e todos os povos desejam e não se cansam de buscá-la.

Que todos os homens públicos e civis sejam mais fraternos, mais solidários e mais tolerantes, para que os direitos de cada indivíduo sejam reconhecidos e respeitados, e que a verdadeira igualdade prevaleça.

A sociedade deve reconhecer e respeitar a diversidade entre os seres humanos, garantindo que sua dignidade e integridade física sejam preservadas, de acordo com os princípios constitucionais. As leis existem. São regras. Os princípios são valores. É com base nos valores que se deve olhar para todas as formas de famílias.

Projetos de Lei existentes

Não se pode esperar pela vontade do legislador. É preciso, também, que a população se manifeste e demonstre o fim do preconceito com as diferenças, com as minorias, com aqueles que desejam ser iguais em respeito, em cidadania, em liberdade.

Diante da necessidade de uma legislação clara e objetiva, a fim de evitar os mais absurdos fundamentos daqueles que negam direitos aos homossexuais simplesmente por estes não estarem expressos na legislação é que há muito se busca aprovar um texto que congregue os direitos e garantias às relações homoafetivas.

Inúmeros projetos de lei já foram apresentados na tentativa de se obter uma legislação tratando do tema. A primeira proposta para garantir direitos aos casais homossexuais, o PL 1.151, foi apresentada em 1995, pela então deputada federal Marta Suplicy. O projeto foi retirado da pauta do plenário da Câmara dos Deputados em 31 de maio de 2001. Atualmente no Senado, este aguarda inclusão em pauta, requerida em agosto de 2007, pelo deputado Celso Russomano[1].

O projeto de Lei nº 122/2006, originário do Pl 5003 de 2001 e de autoria da ex-deputada federal Iara Bernardi, propondo a criminalização da homofobia levou quatro anos para ser aprovado na Câmara dos Deputados. Encontra-se, desde fevereiro de 2011, na Comissão de Direitos Humanos e Legislação Participativa, no Senado, sob a relatoria da senadora Marta Suplicy[2]. A dificuldade para a aprovação do PLC 122 esbarra nos *grupos religiosos que fazem da homofobia sua plataforma eleitoral,* políticos que não desejam se expor às questões polêmicas, preferindo não enxergar os atos de violência praticados contra homossexuais, segundo a percepção da senadora.

A senadora Marta Suplicy também propõe a PEC 111/2011[3], que veda a discriminação de gênero, orientação sexual e identidade de gênero. A proposta proíbe, mas não criminaliza a homofobia, como o PLC 122. No Senado, aguarda designação de relator.

---

1 Disponível em: http://www.camara.gov.br/proposicoesWeb/fichadetramitacao?idProposicao=16329. Acesso em 26.mai.2012.

2 Disponível em: http://www.senado.gov.br/atividade/materia/detalhes.asp?p_cod_mate=79604 Acesso em 26.mai.2012.

3 Disponível em: http://www.senado.gov.br/atividade/materia/detalhes.asp?p_cod_mate=103136. Acesso em 26.mai.2012.

Segundo a senadora, seria desnecessária tal proposta, tendo em vista que a Constituição já condena toda sorte de discriminação, o que inclui a de identidade de gênero e a de orientação sexual. Afirma ela, em justificativa à PEC:[4]

> Contudo, o desenvolvimento dos estudos de gênero após a promulgação da Carta Política brasileira de 1988 e a reiteração de episódios de homofobia e de violência de gênero no Brasil fortemente aconselham a explicitação desse conteúdo. Com ela, acreditamos que mesmo os que não querem ver serão obrigados a admitir o óbvio: o ordenamento jurídico nacional repudia toda forma de discriminação baseada em gênero. Para cobrir o escopo de significado inerente ao conceito de gênero, sugerimos acrescer ao termo "sexo" (face mais conhecida do conceito) as expressões "identidade de gênero" e "orientação sexual". A adoção do conjunto dessas fórmulas parece-nos capaz de abrigar – como defende o jurista Carlos Castro no parecer retromencionado – todo tipo de endogenia anatômico-fisiológica e de exteriorizações da sexualidade, a saber: a heterossexualidade, a homossexualidade, a bissexualidade, a transexualidade e a intersexualidade.

A Comissão Especial da Diversidade Sexual do Conselho Federal da Ordem dos Advogados do Brasil (OAB), sob a presidência da Dra. Maria Berenice Dias, elaborou uma Proposta de Emenda Constitucional e o Anteprojeto do Estatuto da Diversidade Sexual – um microssistema elencando princípios, normas de conteúdo material e processual, de natureza civil e penal, englobando todo o tema tratado nos diversos projetos de lei que hoje tramitam no Congresso Nacional, a espera de aprovação.

As Propostas de Emenda Constitucional de nºs 110/2011 e 111/2011visam a alterar, mediante enunciados substitutivos e aditivos, os preceitos supralegais previstos nos arts. 3º (inciso IV) e art. 7º (incisos XVIII, XIX e XXX) da Constituição Federal. Apresentadas pela denadora Marta Suplicy, encontram-se no Senado aguardando designação de relator.[5]

O Anteprojeto do Estatuto da Diversidade Sexual se desdobra em 11 capítulos, totalizando 111 artigos, acrescido de um anexo indicativo da normatividade infraconstitucional vigente a ser suprimido, acrescido ou alterado em sua redação.

---

4 http://legis.senado.gov.br/mate-pdf/99062.pdf. . Acesso em 20.fev.2012

5 Disponível em: http://www.senado.gov.br/atividade/materia/Consulta_Parl.asp?RAD_TIP=PEC&Tipo_Cons=15&FlagTot=1&orderby=6&p_cod_senador=5000&p_cod_comissao=. Acesso em 26.mai.2012.

Atualmente é alvo de campanha por 1.400.000 assinaturas necessárias à sua propositura pela iniciativa popular[6].

A importância da proposta pela iniciativa popular é comprovar que a sociedade como um todo deseja as mudanças necessárias para um mundo mais justo, mais igualitário e livre de qualquer preconceito.

6 Disponível em: www.direitohomoafetivo.com.br.. Acesso em 26.mai.2011.

Estatuto da Diversidade Sexual

Comissão Especial de Diversidade Sexual
OAB – Conselho Federal

Justificativa ao Anteprojeto

Em um Estado Democrático de Direito, todos são merecedores da tutela jurídica. É o que diz a Constituição Federal, ao consagrar os princípios da liberdade e da igualdade e proclamar respeito à dignidade da pessoa humana. Já no seu preâmbulo, a Carta assegura uma sociedade pluralista e sem preconceitos. Também garante, como um dos objetivos fundamentais da República, uma sociedade livre e justa, que deve promover o bem de todos, sem preconceito de origem, raça sexo, cor idade ou qualquer outra forma de discriminação.

No entanto, olvidou-se de citar, de modo expresso, a proibição de discriminação em decorrência da orientação sexual ou identidade de gênero. Tal omissão acaba por gerar um sistema de exclusão incompatível com os princípios fundantes do Estado.

Diante deste imperdoável silêncio, significativa parcela da população, constituída de homossexuais, lésbicas, bissexuais, transexuais, travestis, transgêneros e intersexuais é refém de toda a sorte de violência. Como estes não estão ao abrigo da legislação que criminaliza a discriminação, as perseguições de que são vítimas restam impunes. Esta é a causa maior e a pior consequência da homofobia.

Mas este não é o único pecado da Carta Constitucional. Ao consagrar o princípio do pluralismo das entidades familiares, elegeu o afeto como elemento identificador da família. Reconhecida como a base da sociedade, lhe é outorgada a especial proteção do Estado. Apesar de não trazer o conceito de *família*, é feita referência expressa ao casamento, à união estável e à família monoparental. Igualmente, é recomendada a transformação em casamento à união estável formada por um homem e uma mulher. Isso, no entanto, não significa que a união homoafetiva não seja uma entidade familiar e nem quer dizer que não lhe deva ser concedida a especial proteção do Estado.

Ainda bem que esta postura omissiva da Constituição não inibiu o Poder Judiciário que, de forma corajosa, vem invocando os princípios constitucionais para reconhecer direitos a homossexuais, lésbicas, bissexuais, transexuais, travestis, transgêneros e intersexuais. Também os seus relacionamentos afetivos vêm sendo identificados como entidades familiares no âmbito do direito das famílias e das sucessões.

De modo recorrente, são concedidos direitos previdenciários, pensão por morte e a inclusão em plano de saúde. Contam-se às dezenas as decisões que deferem direitos sucessórios, assegurando direito à meação, direito real de habitação, direito à herança bem como o exercício da inventariança. Também são deferidos alimentos e assegurado o direito à curatela do companheiro declarado incapaz. Do mesmo modo, é assegurada a adoção e a habilitação conjunta, bem como declarada a dupla parentalidade quando são usados os meios de reprodução assistida. Ainda que os parceiros sejam *gays*, reconhecida a violência como doméstica, são aplicadas medidas protetivas da Lei Maria da Penha. De tão reiteradas as decisões, alguns direitos são deferidos em sede administrativa. Assim a concessão pelo INSS de pensão por morte e auxílio reclusão; o pagamento seguro DPVAT; a expedição de visto de permanência ao parceiro estrangeiro. Também está assegurada a inclusão do companheiro como dependente no imposto de renda.

Com coragem, sensibilidade e sabedoria, recente decisão do Supremo Tribunal Federal (ADI 4.277 e ADPF 132, Rel. min. Ayres Brito, j. 05.05.2011), por votação unânime, reconheceu as uniões de pessoas do mesmo sexo como entidade familiar, assegurando aos parceiros homossexuais os mesmos direitos e deveres dos companheiros das uniões estáveis. O julgamento deu interpretação ao art. 1.723 do Código Civil conforme a Constituição Federal para dele excluir qualquer significado que impeça o reconhecimento da união contínua, pública e duradoura entre pessoas do mesmo sexo como "entidade familiar", entendida essa como sinônimo perfeito de "família".

Foi esta decisão que levou a Comissão Especial da Diversidade Sexual do Conselho Federal da Ordem dos Advogados do Brasil a elaborar o Anteprojeto do Estatuto da Diversidade Sexual, que já se encontra em tramitação junto ao Conselho Federal e oportunamente será encaminhado à Comissão de Direitos Humanos e Legislação Participativa do Senado da República.

A falta de expressa previsão vedando a discriminação em virtude da orientação sexual ou identidade de gênero deixa um número significativo de cidadãos fora do âmbito de proteção jurídica, situação que não se compatibiliza com um Estado que quer ser reconhecido como democrático e de Direito.

O último censo do IBGE revelou a existência de 60 mil famílias constituídas por pessoas do mesmo sexo. Mas o número não importa. Apesar do preconceito de que são alvo, da perseguição que sofrem, da violência de que são vítimas, não há como condenar à invisibilidade homossexuais, lésbicas, bissexuais, transexuais, travestis, transgêneros e intersexuais.

São esses os motivos pelos quais é apresentada esta proposta de Emenda à Constituição Federal para que seja afirmada a proibição de discriminação em decorrência orientação sexual ou identidade de gênero. Também é indispensável permitir a extensão de todos os direitos e garantias fundamentais às uniões homoafetivas e aos seus integrantes, quer o direito de verem seus vínculos afetivos reconhecidos como entidade familiar, quer a expressa concessão do direito ao casamento. Depois, nada justifica deixar de impor a quaisquer dos genitores os deveres inerentes ao poder familiar. Daí a necessidade de se deixar de falar em *maternidade* e *paternidade* e assegurar licença-natalidade para que os pais possam acompanhar o desenvolvimento dos filhos da maneira que lhes seja mais conveniente.

Proibir a discriminação por orientação sexual ou identidade de gênero, reconhecer a família homoafetiva e assegurar todos os direitos decorrentes da homoparentalidade são dispositivos que precisam ser inseridos na Carta Constitucional, sob pena de comprometer a própria estrutura do Estado que se quer pluralista, livre e digno de todos os seus cidadãos.

O Estatuto da Diversidade Sexual

Em 15 de abril de 2011, O Conselho Federal da Ordem dos Advogados do Brasil criou a Comissão Especial da Diversidade Sexual sob a presidência da Dra. Maria Berenice Dias, que elaborou o anteprojeto do Estatuto da Diversidade Sexual, submetido ao Conselho Federal, com parecer favorável.

O Estatuto contou com a participação de todas as 38 Comissões da Diversidade Sexual e Direito Homoafetivo das Seccionais e Subseções da OAB instaladas, ou em fase de instalação em todo o País.

Diante da omissão do legislador, que deixa à margem da proteção jurídica milhares de indivíduos, o Estatuto vem afirmar a cidadania e garantir a devida proteção legal à população LGBT.

O Estatuto traz normas de natureza civil e penal, assegurando prerrogativas e direitos à população homossexual, proíbe a discriminação em decorrência da orientação sexual ou identidade de gênero, reconhece a família homoafetiva, assegura todos os direitos decorrentes da homoparentalidade e criminaliza a homofobia, além de apontar políticas públicas de inclusão.

A fim de dar ampla divulgação sobre o Estatuto, trazemos a íntegra da proposta:

ESTATUTO DA DIVERSIDADE SEXUAL

ANTEPROJETO

Institui o Estatuto da Diversidade Sexual e altera o art. 7º da Lei de Introdução às Normas do Direito Brasileiro (Decreto-Lei 4.656/1942); os arts. 10, 551, 1.240, 1.514, 1.517, 1.535, 1.541, 1.565, 1.567, 1.597, 1.642, 1.664, 1.723, 1.726 e 1.727 do Código Civil (Lei 10.406/2002); arts. 21, 29, 57, 58, 70 e 109 da Lei dos Registros Públicos (Lei 6.015/1973); arts. 42 e 140 do Estatuto da Criança e do Adolescente (Lei 8.069/1990); art. 3º da Lei 8.560/1992; arts. 5º, 320, § 3º, 392-A e 473 da Consolidação das Leis do Trabalho (Decreto-Lei 5.452/1943); arts. 16, 18, 25, 26, 28, 39, 71, 71-A, 72, 73, 110 e 124 da Lei que regula os Planos de Benefícios da Previdência Social (Lei 8.213/1991); arts. 3º, 5º, 16, 25, 29, 30, 31, 60, 65, 93, 93-A, 94, 95, 96, 97, 98, 99, 100, 101, 102, 102, 120, 162 e 167 do Regulamento da Previdência Social (Decreto 3.048/1999); arts. 184, 196, 199, 208, 209, 210 e 241 do Estatuto dos Servidores Públicos Civis da União, das autarquias e das fundações públicas federais (Lei 8.112/1990); art. 1º da Lei 9.029/1995; art. 77 do Dec. 3.000/1999, que regulamenta a tributação, fiscalização, arrecadação e administração do Imposto sobre a Renda e Proventos de qualquer natureza; art. 55 da Lei 6.815/1980; arts. 61, 121, 129, 140 e 288 do Código Penal (Decreto-Lei 2.848/1940); art. 448 do Código de Processo Penal (Decreto-Lei 3.689/1941; art. 41 da Lei das Execuções Penais (Lei 7.210/1984); arts. 232 e 235 do Código Penal Militar (Decreto-Lei 1.001/1969); art. 69-A do Estatuto dos Militares (Lei 6.880/1980); arts. 1º, 3º. 4º, 8º e 20 da Lei do Racismo (Lei 7.716/1989); bem como a revogação da Lei que cria o Programa Empresa Cidadã (Lei nº 11.770/1978).

I - DISPOSIÇÕES GERAIS

Art. 1º - O presente Estatuto da Diversidade Sexual visa a promover a inclusão de todos, combater a discriminação e a intolerância por orientação sexual ou identidade de gênero e criminalizar a homofobia, de modo a garantir a efetivação da igualdade de oportunidades, a defesa dos direitos individuais, coletivos e difusos.

Art. 2º - É reconhecida igual dignidade jurídica a heterossexuais, homossexuais, lésbicas, bissexuais, transexuais, travestis, transgêneros, intersexuais, individualmente, em comunhão e nas relações sociais, respeitadas as diferentes formas de conduzirem suas vidas, de acordo com sua orientação sexual ou identidade de gênero.

Art. 3º - É dever do Estado e da sociedade garantir a todos o pleno exercício da cidadania, a igualdade de oportunidades e o direito à participação na comunidade, especialmente nas atividades políticas, econômicas, empresariais, educacionais, culturais e esportivas.

II - PRINCÍPIOS FUNDAMENTAIS

Art. 4º - Constituem princípios fundamentais para a interpretação e aplicação deste Estatuto:

I – dignidade da pessoa humana;

II – igualdade e respeito à diferença;

III – direito à livre orientação sexual e identidade de gênero;

IV – reconhecimento da personalidade de acordo com a identidade de gênero;

V – direito à convivência comunitária e familiar;

VI – liberdade de constituição de família e de vínculos parentais;

VII – respeito à intimidade, à privacidade e à autodeterminação;

VIII – direito fundamental à felicidade.

§ 1º - Além das normas constitucionais que consagram princípios, garantias e direitos fundamentais, este Estatuto adota como diretriz político-jurídica a inclusão das vítimas de desigualdade de gênero e o respeito à diversidade sexual.

§ 2º - Os princípios, direitos e garantias especificados neste Estatuto não excluem outros decorrentes das normas constitucionais e legais vigentes no país e oriundos dos tratados e convenções internacionais dos quais o Brasil seja signatário.

§ 3º - Para fins de aplicação deste Estatuto, devem ser ainda observados os Princípios de Yogyakarta, aprovados em 9 de novembro de 2006, na Indonésia.

III - DIREITO À LIVRE ORIENTAÇÃO SEXUAL

Art. 5º - A livre orientação sexual e a identidade de gênero constituem direitos fundamentais.

§ 1º - É indevida a ingerência estatal, familiar ou social para coibir alguém de viver a plenitude de suas relações afetivas e sexuais.

§ 2º - Cada um tem o direito de conduzir sua vida privada, não sendo admitidas pressões para que revele, renuncie ou modifique a orientação sexual ou a identidade de gênero.

Art. 6º - Ninguém pode sofrer discriminação em razão da orientação sexual própria, de qualquer membro de sua família ou comunidade.

Art. 7º - É inviolável a liberdade de consciência e de crença, sendo proibida qualquer prática que obrigue o indivíduo a renunciar ou negar sua identidade sexual.

Art. 8º - É proibida a incitação ao ódio ou condutas que preguem a segregação em razão da orientação sexual ou identidade de gênero.

IV - DIREITO À IGUALDADE E À NÃO DISCRIMINAÇÃO

Art. 9º - Ninguém pode ser discriminado e nem ter direitos negados por sua orientação sexual ou identidade de gênero no âmbito público, social, familiar, econômico ou cultural.

Art. 10 - Entende-se por discriminação todo e qualquer ato que:

I – estabeleça distinção, exclusão, restrição ou preferência que tenha por objetivo anular ou limitar direitos e prerrogativas garantidas aos demais cidadãos;

II – impeça o reconhecimento ou o exercício, em igualdade de condições, de direitos humanos e liberdades fundamentais no âmbito social ou familiar;

III – configure ação violenta, constrangedora, intimidativa ou vexatória.

Art. 11 - É considerado discriminatório, em decorrência da orientação sexual ou identidade de gênero:

I – proibir o ingresso ou a permanência em estabelecimento público, ou estabelecimento privado aberto ao público;

II – prestar atendimento seletivo ou diferenciado não previsto em lei;

III – preterir, onerar ou impedir hospedagem em hotéis, motéis, pensões ou similares;

IV – dificultar ou impedir a locação, compra, arrendamento ou empréstimo de bens móveis ou imóveis;

V – proibir expressões de afetividade em locais públicos, sendo as mesmas manifestações permitidas aos demais cidadãos.

Art. 12 - O cometimento de qualquer desses atos ou de outras práticas discriminatórias configura crime de homofobia, na forma desta lei, além de importar responsabilidade por danos materiais e morais.

V - DIREITO À CONVIVÊNCIA FAMILIAR

Art. 13 - Todas as pessoas têm direito à constituição da família e são livres para escolher o modelo de entidade familiar que lhes aprouver, independente de sua orientação sexual ou identidade de gênero.

Art. 14 - A união homoafetiva deve ser respeitada em sua dignidade e merece a especial proteção do Estado como entidade familiar.

Art. 15 - A união homoafetiva faz jus a todos os direitos assegurados à união heteroafetiva no âmbito do Direito das Famílias e das Sucessões, entre eles:

I – direito ao casamento;

II – direito à constituição de união estável e sua conversão em casamento;

III – direito à escolha do regime de bens;

IV – direito ao divórcio;

V – direito à filiação, à adoção e ao uso das práticas de reprodução assistida;

VI – direito à proteção contra a violência doméstica ou familiar;

VII – direito à herança, ao direito real de habitação e ao direito à concorrência sucessória.

Art. 16 - São garantidos aos companheiros da união homoafetiva todos os demais direitos assegurados à união heteroafetiva, como os de natureza previdenciária, fiscal e tributária.

Art. 17 - O companheiro estrangeiro tem direito à concessão de visto de permanência no Brasil, em razão de casamento ou constituição de união estável com brasileiro, uma vez preenchidos os requisitos legais.

Art. 18 - A lei do País em que a família homoafetiva tiver domicílio determina as regras do Direito das Famílias.

Art. 19 - Serão reconhecidos no Brasil os casamentos, uniões civis e estáveis realizados em países estrangeiros, desde que cumpridas as formalidades exigidas pela lei do País onde foi celebrado o ato ou constituído o fato.

VI - DIREITO E DEVER À FILIAÇÃO, À GUARDA E À ADOÇÃO

Art. 20 - É reconhecido o direito ao exercício da parentalidade, em relação aos filhos biológicos, adotados ou socioafetivos, individualmente ou em união homoafetiva, independente da orientação sexual ou identidade de gênero.

Art. 21 - É garantido o acesso às técnicas de reprodução assistida particular ou por meio do Sistema Único de Saúde – SUS, de forma individual ou conjunta.

§ 1º - É admitido o uso de material genético do casal para práticas reprodutivas.

Art. 22 - O exercício dos direitos decorrentes do poder familiar não pode ser limitado ou excluído em face da orientação sexual ou da identidade de gênero.

Art. 23 - Não pode ser negada a habilitação individual ou conjunta à adoção de crianças e adolescentes, em igualdade de condições, em decorrência da orientação sexual ou identidade de gênero dos candidatos.

Art. 24 - Não pode ser negada a guarda ou a adoção individual ou conjunta de crianças e adolescentes em decorrência da orientação sexual ou identidade de gênero de quem está habilitado para adotar.

Art. 25 - É assegurada licença-natalidade a qualquer dos pais, sem prejuízo do emprego e do salário, com a duração de cento e oitenta dias.

§ 1º - Durante os 15 dias após o nascimento, a adoção ou a concessão da guarda para fins de adoção, a licença-natalidade é assegurada a ambos os pais.

§ 2º - O período subsequente será gozado por qualquer deles, de forma não cumulada.

Art. 26 - Estabelecido o vínculo de filiação socioafetiva, é assegurado o exercício do poder familiar, ainda que o casal esteja separado.

Art. 27 - Quando da separação, a guarda será exercida de forma compartilhada, independente da existência de vínculo biológico do genitor com o filho.

Art. 28 - A guarda unilateral somente será deferida quando comprovada ser esta a mais favorável ao desenvolvimento do filho, sendo assegurada a quem revelar maior vínculo de afinidade e afetividade.

Art. 29 - O direito de convivência é assegurado aos pais bem como aos seus familiares.

Art. 30 - O dever de sustento e educação é de ambos os pais, mesmo depois de cessada a convivência.

Art. 31 - O filho não pode ser discriminado pela família ao revelar sua orientação sexual ou identidade de gênero.

§ 1º - A expulsão do lar do filho menor de idade gera responsabilidade por abandono material e obrigação indenizatória aos genitores, guardiães ou responsáveis.

Art. 32 - Nos registros de nascimento e em todos os demais documentos identificatórios, tais como carteira de identidade, título de eleitor, passaporte, carteira de habilitação, não haverá menção às expressões "pai" e "mãe", que devem ser substituídas por "filiação".

VII - DIREITO À IDENTIDADE DE GÊNERO

Art. 33 - Transexuais, travestis, transgêneros e intersexuais têm direito à livre expressão de sua identidade de gênero.

Art. 34 - É indispensável a capacitação em recursos humanos dos profissionais da área de saúde para acolher transexuais, travestis, transgêneros e intersexuais em suas necessidades e especificidades.

Art. 35 - É assegurado acesso aos procedimentos médicos, cirúrgicos e psicológicos destinados à adequação do sexo morfológico à identidade de gênero.

Parágrafo único - É garantida a realização dos procedimentos de hormonoterapia e transgenitalização particular ou pelo Sistema Único de Saúde – SUS.

Art. 36 - Não havendo risco à própria vida, é vedada a realização de qualquer intervenção médico-cirúrgica de caráter irreversível para a determinação de gênero, em recém-nascidos e crianças diagnosticados como intersexuais.

Art. 37 - Havendo indicação terapêutica por equipe médica e multidisciplinar de hormonoterapia e de procedimentos complementares não-cirúrgicos, a adequação à identidade de gênero poderá iniciar-se a partir dos 14 anos de idade.

Art. 38 - As cirurgias de redesignação sexual podem ser realizadas somente a partir dos 18 anos de idade.

Art. 39 - É reconhecido aos transexuais, travestis e intersexuais o direito à retificação do nome e da identidade sexual, para adequá-los à sua identidade psíquica e social, independentemente de realização da cirurgia de transgenitalização.

Art. 40 - A sentença de alteração do nome e sexo dos transexuais, travestis e intersexuais será averbada no Livro de Registro Civil de Pessoas Naturais.

Parágrafo único - Nas certidões não podem constar quaisquer referências à mudança levada a efeito, a não ser a requerimento da parte ou por determinação judicial.

Art. 41 - Quando houver alteração de nome ou sexo decorrente de decisão judicial é assegurada a retificação em todos os outros registros e documentos, sem qualquer referência à causa da mudança.

Art. 42 - O alistamento militar de transexuais, travestis e intersexuais ocorrerá em data especial e de forma reservada, mediante simples requerimento encaminhado à Junta do Serviço Militar.

Art. 43 - Será concedido ou cancelado o Certificado de Alistamento Militar – CAM, mediante a apresentação do mandado de averbação expedido ao Registro Civil.

Art. 44 - É garantido aos transexuais, travestis e intersexuais que possuam identidade de gênero distinta do sexo morfológico o direito ao nome social, pelo qual são reconhecidos e identificados em sua comunidade:

I – em todos os órgãos públicos da administração direta e indireta, na esfera federal, estadual, distrital e municipal;

II – em fichas cadastrais, formulários, prontuários, entre outros documentos do serviço público em geral;

III – nos registros acadêmicos das escolas de ensino fundamental, médio e superior.

Art. 45 - Em todos os espaços públicos e abertos ao público é assegurado o uso das dependências e instalações correspondentes à identidade de gênero.

VIII - DIREITO À SAÚDE

Art. 46 - É vedada aos profissionais da área da saúde a utilização de instrumentos e técnicas para criar, manter ou reforçar preconceitos, estigmas ou estereótipos de discriminação em relação à livre orientação sexual ou identidade de gênero.

Art. 47 - É proibida qualquer discriminação por orientação sexual ou identidade de gênero em hospitais, ambulatórios, postos de saúde e consultórios médicos.

Art. 48 - É obrigatória a inclusão do quesito orientação sexual e identidade de gênero nos formulários e prontuários de informação nos sistemas hospitalares públicos e privados.

Art. 49 - É garantido acesso aos serviços universais e igualitários do Sistema Único de Saúde – SUS, independentemente de orientação sexual ou identidade de gênero.

Art. 50 - A orientação sexual ou identidade de gênero não pode ser usada como critério para seleção de doadores de sangue.

Parágrafo único - As entidades coletoras não podem questionar a orientação sexual de quem se apresenta voluntariamente como doador.

Art. 51 - Os leitos de internação hospitalar devem respeitar e preservar a identidade de gênero dos pacientes.

Art. 52 - Médicos, psicólogos e demais profissionais da área da saúde não podem exercer qualquer ação que favoreça a patologização de comportamentos ou práticas homossexuais e nem adotar ação coercitiva tendente a orientar homossexuais, lésbicas, bissexuais, transexuais, travestis, transgêneros ou intersexuais a submeterem-se a tratamentos não solicitados.

Art. 53 - É proibido o oferecimento de tratamento de reversão da orientação sexual ou identidade de gênero, bem como fazer promessas de cura.

IX - DIREITOS PREVIDENCIÁRIOS

Art. 54 - São garantidos iguais direitos previdenciários a todas as pessoas, independentemente da orientação sexual ou identidade de gênero.

Art. 55 - É vedada às instituições de seguro ou de previdência, públicas ou privadas, negar qualquer espécie de benefício tendo por motivação a condição de homossexual, lésbicas, bissexual, transexuais, travestis, transgêneros ou intersexuais do beneficiário.

Art. 56 - As operadoras de plano de saúde não podem impedir ou restringir a inscrição como dependente no plano de saúde, do cônjuge ou do companheiro homoafetivo do beneficiário.

Art. 57 - O cônjuge ou o companheiro homoafetivo tem direito à pensão por morte, auxílio-reclusão e a todos os demais direitos, na condição de beneficiário junto ao Instituto Nacional de Seguro Social – INSS.

Art. 58 - O cônjuge ou o companheiro da união homoafetiva tem direito, na condição de dependente preferencial, a perceber a indenização em caso de morte, como beneficiário do Seguro Obrigatório de Danos Pessoais Causados por Veículos Automotores de Via Terrestre, ou por sua Carga, a Pessoas Transportadas ou não – Seguro DPVAT.

X - DIREITO À EDUCAÇÃO

Art. 59 - Os estabelecimentos de ensino devem coibir, no ambiente escolar, situações que visem intimidar, ameaçar, constranger, ofender, castigar, submeter, ridicularizar, difamar, injuriar, caluniar ou expor aluno a constrangimento físico ou moral, em decorrência de sua orientação sexual ou identidade de gênero.

Art. 60 - Os profissionais da educação têm o dever de abordar as questões de gênero e sexualidade sob a ótica da diversidade sexual, visando superar toda forma de discriminação, fazendo uso de material didático e metodologias que proponham a eliminação da homofobia e do preconceito.

Art. 61 - Os estabelecimentos de ensino devem adotar materiais didáticos que não reforcem a discriminação com base na orientação sexual ou identidade de gênero.

Art. 62 - Ao programarem atividades escolares referentes a datas comemorativas, as escolas devem atentar à multiplicidade de formações familiares, de modo a evitar qualquer constrangimento dos alunos filhos de famílias homoafetivas.

Art. 63 - Os professores, diretores, supervisores, psicólogos, psicopedagogos e todos os que trabalham em estabelecimentos de ensino têm o dever de evitar qualquer atitude preconceituosa ou discriminatória contra alunos filhos de famílias homoafetivas.

Art. 64 - O poder público deve promover a capacitação dos professores para uma educação inclusiva, bem como ações com o objetivo de elevar a escolaridade de homossexuais, lésbicas, bissexuais, transexuais, travestis, transexuais e intersexuais, de modo a evitar a evasão escolar.

Art. 65 - Nas escolas de ensino fundamental e médio e nos cursos superiores, é assegurado aos transexuais, travestis, transgêneros e intersexuais, no ato da matrícula, o uso do nome social o qual deverá constar em todos os registros acadêmicos.

XI - DIREITO AO TRABALHO

Art. 66 - É assegurado o acesso ao mercado de trabalho a todos, independentemente da orientação sexual ou identidade de gênero.

Art. 67 - É vedado inibir o ingresso, proibir a admissão ou a promoção no serviço privado ou público, em função da orientação sexual ou identidade de gênero do profissional.

Art. 68 - Quando da seleção de candidatos, não pode ser feita qualquer distinção ou exclusão com base na sua orientação sexual ou identidade de gênero.

Art. 69 - Constitui prática discriminatória estabelecer ou manter diferenças salariais entre empregados que trabalhem nas mesmas funções em decorrência da orientação sexual ou identidade de gênero.

Art. 70 - Configura discriminação demitir, de forma direta ou indireta empregado, em razão da orientação sexual ou identidade de gênero.

Art. 71 - O poder público adotará programas de formação profissional, de emprego e de geração de renda voltadas a homossexuais, lésbicas, bissexuais, transexuais, travestis, transexuais e intersexuais, para assegurar a igualdade de oportunidades na inserção no mercado de trabalho.

Art. 72 - É assegurado aos transexuais, travestis, transgêneros e intersexuais, o registro do nome social na Carteira de Trabalho e nos assentamentos funcionais, devendo assim serem identificados no ambiente de trabalho.

Art. 73 - A administração pública assegurará igualdade de oportunidades no mercado de trabalho a travestis e transexuais, transgêneros e intersexuais, atentando ao princípio da proporcionalidade.

Parágrafo único - Serão criados mecanismos de incentivo a à adoção de medidas similares nas empresas e organizações privadas.

Art. 74 - A administração pública e a iniciativa privada devem promover campanhas com o objetivo de elevar a qualificação profissional de travestis, transexuais, transgêneros e intersexuais.

XII - DIREITO À MORADIA

Art. 75 - É proibida qualquer restrição à aquisição ou à locação de imóvel em decorrência da orientação sexual ou identidade de gênero do adquirente ou locatário.

Art. 76 - Os agentes financeiros públicos ou privados devem assegurar acesso às entidades familiares homoafetivas para a aquisição da casa própria.

Parágrafo único - É assegurada a conjugação de rendas do casal para a concessão de financiamento habitacional.

Art. 77 - A administração do imóvel ou do condomínio deve inibir qualquer conduta que configure prática discriminatória, na forma deste Estatuto, sob pena de responsabilização por dano moral.

Art. 78 - Os programas, projetos e outras ações governamentais, no âmbito do Sistema Nacional de Habitação de Interesse Social, devem considerar as peculiaridades sociais e econômicas, decorrentes da orientação sexual e de gênero.

Art. 79 - Os Estados, o Distrito Federal e os Municípios devem estimular e facilitar a participação de organizações e movimentos sociais na composição dos conselhos constituídos para fins de aplicação do Fundo Nacional de Habitação de Interesse Social – FNHIS.

XIII - DIREITO DE ACESSO À JUSTIÇA E À SEGURANÇA

Art. 80 - As demandas que tenham por objeto os direitos decorrentes da orientação sexual ou identidade de gênero devem tramitar em segredo de justiça.

Art. 81 - Para fins de levantamentos estatísticos é obrigatória a identificação das ações que tenham por objeto os direitos decorrentes da orientação sexual ou identidade de gênero.

Art. 82 - As ações não-criminais são da competência das Varas de Família e os recursos devem ser apreciados por Câmaras Especializadas em Direito de Família dos Tribunais de Justiça, onde houver.

Art. 83 - Os Estados, o Distrito Federal e os Municípios devem criar centros de atendimento especializado para assegurar atenção à homossexuais, lésbicas, bissexuais, transexuais, travestis e intersexuais em situação de violência, de modo a garantir sua integridade física, psíquica, social e jurídica.

Art. 84 - Devem ser criadas delegacias especializadas para o atendimento de denúncias por preconceito de sexo, orientação sexual ou identidade de gênero.

Art. 85 - É assegurada visita íntima nos presídios, independente da orientação sexual ou identidade de gênero do preso.

Art. 86 - O encarceramento no sistema prisional deve atender à identidade sexual do preso, ao qual deve ser assegurada cela separada se houver risco à sua integridade física ou psíquica.

Art. 87 - É assegurado às vítimas de discriminação a assistência do Estado para acolhimento, orientação apoio, encaminhamento e apuração de práticas delitivas.

Art. 88 - O Estado deve implementar políticas públicas de capacitação e qualificação dos policiais civis e militares e dos agentes penitenciários, para evitar discriminação motivada por orientação sexual ou identidade de gênero.

Art. 89 - O Estado adotará medidas especiais para coibir a violência policial contra homossexuais, lésbicas, bissexuais, transexuais, travestis, transgêneros e intersexuais.

Art. 90 - O Estado deve implementar ações de ressocialização e proteção da juventude em conflito com a lei e exposta a experiências de exclusão social em face de sua orientação sexual ou identidade de gênero.

Art. 91 - O poder público deve criar centros de referência contra a discriminação na estrutura nas Secretarias de Segurança Pública, objetivando o acolhimento, orientação, apoio, encaminhamento e apuração de denúncias de crimes motivados por orientação sexual e identidade de gênero.

XIV - DOS MEIOS DE COMUNICAÇÃO

Art. 92 - É assegurado respeito aos homossexuais, lésbicas, bissexuais, transexuais, travestis, transgêneros e intersexuais, de modo a terem preservadas a integridade física e psíquica, em todos os meios de comunicação de massa, como rádio, televisão, peças publicitárias, internet e redes sociais.

Art. 93 - Os meios de comunicação não podem fazer qualquer referência de caráter preconceituoso ou discriminatório em face da orientação sexual ou identidade de gênero.

Art. 94 - Constitui prática discriminatória publicar, exibir a público, qualquer aviso sinal, símbolo ou emblema que incite à intolerância.

XV - DAS RELAÇÕES DE CONSUMO

Art. 95 - Todo o consumidor tem direito a tratamento adequado, independentemente de sua orientação sexual ou identidade de gênero.

Art. 96 - Configura prática discriminatória negar o fornecimento de bens ou prestação de serviços ao consumidor em decorrência de sua orientação sexual ou identidade de gênero.

Art. 97 - Nenhum consumidor pode receber tratamento diferenciado em detrimento de outro por serem homossexuais, lésbicas, bissexuais, transexuais, travestis, transgênero e intersexuais.

Art. 98 - Nenhum estabelecimento público ou aberto ao público pode impedir acesso ou estabelecer restrições em face da orientação sexual ou identidade de gênero.

Art. 99 - Os serviços públicos e privados devem capacitar seus funcionários para melhoria de atenção e acolhimento das pessoas, evitando qualquer manifestação de preconceito e discriminação sexual e identidade de gênero.

XVI - DOS CRIMES

Crime de homofobia

Art. 100 - Praticar condutas discriminatórias ou preconceituosas previstas neste Estatuto em razão da orientação sexual ou identidade de gênero,

Pena – reclusão de 2 (dois) a 5 (cinco) anos.

Parágrafo único - Incide na mesma pena toda a manifestação que incite o ódio ou pregue a inferioridade de alguém em razão de sua orientação sexual ou de identidade de gênero.

Indução à violência

Art. 101 - Induzir alguém à prática de violência de qualquer natureza motivado por preconceito de sexo, orientação sexual ou identidade de gênero:

Pena – reclusão de 1 (um) a 3 (três) anos, além da pena aplicada à violência.

Discriminação no mercado de trabalho

Art. 102 - Deixar de contratar alguém ou dificultar a sua contratação, quando atendidas as qualificações exigidas para o cargo ou função, motivado por preconceito de sexo, orientação sexual ou identidade de gênero:

Pena – reclusão de 1 (um) a 3 (três) anos.

§ 1º - A pena é aumentada de um terço se a discriminação se dá no acesso aos cargos, funções e contratos da administração pública.

§ 2º - Nas mesmas penas incorre quem, durante o contrato de trabalho ou relação funcional, discrimina alguém motivado por preconceito de sexo, orientação sexual ou identidade de gênero.

Discriminação nas relações de consumo

Art. 103 - Recusar ou impedir o acesso de alguém a estabelecimento comercial de qualquer natureza ou negar-lhe atendimento, motivado por preconceito de sexo, orientação sexual ou identidade de gênero:

Pena – reclusão de 1 (um) a 3 (três) anos.

Art. 104 - Todo o delito em que ficar evidenciada a motivação homofóbica terá a pena agravada em um terço.

XVII - DAS POLÍTICAS PÚBLICAS

Art. 105 - A União, os Estados, o Distrito Federal e os Municípios devem adotar políticas públicas destinadas a conscientizar a sociedade da igual dignidade dos heterossexuais, homossexuais, lésbicas, bissexuais, transexuais, travestis, transgêneros e intersexuais.

Art. 106 - A participação em condição de igualdade de oportunidade, na vida econômica, social, política e cultural do País será promovida, prioritariamente, por meio de:

I – inclusão nas políticas públicas de desenvolvimento econômico e social;

II – modificação das estruturas institucionais do Estado para o adequado enfrentamento e a superação das desigualdades decorrentes do preconceito e da discriminação por orientação sexual ou identidade de gênero;

III – promoção de ajustes normativos para aperfeiçoar o combate à discriminação e às desigualdades em todas as manifestações individuais, institucionais e estruturais;

IV – eliminação dos obstáculos históricos, socioculturais e institucionais que impedem a representação da diversidade sexual nas esferas pública e privada;

V – estímulo, apoio e fortalecimento de iniciativas oriundas da sociedade civil direcionadas à promoção da igualdade de oportunidades e ao combate às desigualdades, inclusive mediante a implementação de incentivos e critérios de condicionamento e prioridade no acesso aos recursos públicos;

VII – implementação de programas de ação afirmativa destinados ao enfrentamento das desigualdades no tocante à educação, cultura, esporte e lazer, saúde, segurança, trabalho, moradia, meios de comunicação de massa, financiamentos públicos, acesso à terra, à Justiça, e outros.

Art. 107 - Na implementação dos programas e das ações constantes dos Planos Plurianuais e dos Orçamentos Anuais da União, Estados, Distrito Federal e Municípios deverão ser observadas as políticas públicas que tenham como objetivo promover a igualdade de oportunidades e a inclusão social de homossexuais, lésbicas, bissexuais, transexuais, travestis, transgêneros e intersexuais, especialmente no que tange a:

I – promoção da igualdade de oportunidades para acesso à saúde, educação, emprego e moradia;

II – incentivo à criação de programas e veículos de comunicação destinados à combater o preconceito, a discriminação e à homofobia;

III – apoio a programas e projetos dos governos federal, estaduais, distritais, municipais e de entidades da sociedade civil voltados para promover a inclusão social e a igualdade de oportunidades.

XVIII - DISPOSIÇÕES FINAIS E TRANSITÓRIAS

Art. 108 - As medidas instituídas nesta Lei não excluem outras em prol dos homossexuais, lésbicas, bissexuais, transexuais, travestis, transgêneros e intersexuais que tenham sido ou venham a ser adotadas no âmbito da União, dos Estados, do Distrito Federal ou dos Municípios.

Art. 109 - O Poder Executivo federal criará instrumentos para aferir a eficácia social das medidas previstas nesta Lei e efetuará seu monitoramento constante, com a emissão e a divulgação de relatórios periódicos, inclusive pela rede mundial de computadores.

Art. 110 - Esta Lei entra em vigor na data da sua publicação.

Proposta de Emenda Constitucional

(Texto aprovado pelo Conselho Federal Ordem dos Advogados do Brasil em 19/09/2011)

Art. 3º Constituem objetivos fundamentais da República Federativa do Brasil:

(...)

IV - promover o bem de todos, sem preconceitos de origem, etnia, raça, sexo, **orientação sexual ou identidade de gênero**, cor, idade e quaisquer outras formas de discriminação.

Art. 5º Todos são iguais perante a lei, sem distinção de qualquer natureza, garantindo-se aos brasileiros e aos estrangeiros residentes no País a inviolabilidade do direito à vida, à liberdade, à igualdade, à segurança e à propriedade, nos termos seguintes:

(...)

XLI – a lei punirá qualquer discriminação atentatória dos direitos e liberdades fundamentais **com base em raça, sexo, cor, origem, idade, orientação sexual ou identidade de gênero;**

Art. 7º São direitos dos trabalhadores urbanos e rurais, além de outros que visem à melhoria de sua condição social:

(...)

XVIII – **licença-natalidade, concedida a qualquer dos pais, sem prejuízo do emprego e do salário, com a duração de cento e oitenta dias;**

XIX – **durante os 15 dias após o nascimento, a adoção ou a concessão da guarda para fins de adoção, a licença é assegurada a ambos os pais. O período subsequente será gozado por qualquer deles, de forma não cumulada.**

(...)

XXX - proibição de diferença de salários, de exercício de funções e de critério de admissão por motivo de sexo, **orientação sexual, identidade de gênero**, idade, cor ou estado civil;

Art. 226. A família, base da sociedade, tem especial proteção do Estado.

§ 1º - É admitido o casamento civil entre **duas pessoas, independente da orientação sexual.**

(...)

§ 3º - É reconhecida a união estável **entre duas pessoas** como entidade familiar, devendo a lei facilitar sua conversão em casamento.

Legislação infraconstitucional a ser alterada		
Artigo	Redação originária	Alteração
Decreto-Lei nº 4.657/1942 Lei de Introdução às Normas do Direito Brasileiro		
Art. 7º	A lei do país em que domiciliada a pessoa determina as regras sobre o começo e o fim da personalidade, o nome, a capacidade e os direitos de família.	(...) ACRESCENTAR § 9º - Os direitos previstos neste artigo aplicam-se à união estável, independentemente de orientação sexual e identidade de gênero.
Lei nº 10.406/2002 Código Civil		
Art. 10	Far-se-á averbação em registro público:	(...) ACRESCENTAR III – da alteração do nome e da identidade de gênero dos transexuais e travestis.
Art. 551	Salvo declaração em contrário, a doação em comum a mais de uma pessoa entende-se distribuída entre elas por igual. Parágrafo único. Se os donatários, em tal caso, forem marido e mulher, subsistirá na totalidade a doação para o cônjuge sobrevivo.	(...) Parágrafo único. Se os donatários, em tal caso, forem cônjuges ou companheiros, subsistirá na totalidade a doação para o cônjuge ou companheiro sobrevivo.
Art. 1.240	Aquele que possuir, como sua, área urbana de até duzentos e cinquenta metros quadrados, por cinco anos ininterruptamente e sem oposição, utilizando-a para sua moradia ou de sua família, adquirir-lhe-á o domínio, desde que não seja proprietário de outro imóvel urbano ou rural. § 1º O título de domínio e a concessão de uso serão conferidos ao homem ou à mulher, ou a ambos independentemente do estado civil.	(...) § 1º O título de domínio e a concessão de uso serão conferidos a um ou a ambos os cônjuges ou conviventes.

Art. 1.514	O casamento se realiza no momento em que o homem e a mulher mani festam, perante o juiz, a sua vontade de estabelecer vínculo conjugal, e o juiz os declara casados.	O casamento se realiza no momento em que **ambos** os nubentes manifestam, perante o juiz, a sua vontade de estabelecer vínculo conjugal, e o juiz os declara casados.
Art. 1.517	O homem e a mulher com dezesseis anos podem casar, exigindo-se autorização de ambos os pais, ou de seus representantes legais, enquanto não atingida a maioridade civil.	**As pessoas** com dezesseis anos podem casar, exigindo-se autorização de ambos os pais, ou de seus representantes legais, enquanto não atingida a maioridade civil.
Art. 1.535	Presentes os contraentes, em pessoa ou por procurador especial, juntamente com as testemunhas e o oficial do registro, o presidente do ato, ouvida aos nubentes a afirmação de que pretendem casar por livre e espontânea vontade, declarará efetuado o casamento, nestes termos: "De acordo com a vontade que ambos acabais de afirmar perante mim, de vos receberdes por marido e mulher, eu, em nome da lei, vos declaro casados".	Presentes os contraentes, em pessoa ou por procurador especial, juntamente com as testemunhas e o oficial do registro, o presidente do ato, ouvida aos nubentes a afirmação de que pretendem casar por livre e espontânea vontade, declarará efetuado o casamento, nestes termos: "De acordo com a vontade que ambos acabais de afirmar perante mim, de vos receberdes **em casamento**, eu, em nome da lei, vos declaro casados".
Art. 1.541	Realizado o casamento, devem as testemunhas comparecer perante a autoridade judicial mais próxima, dentro em dez dias, pedindo que lhes tome por termo a declaração de: (...) III - que, em sua presença, declararam os contraentes, livre e espontaneamente, receber-se por marido e mulher.	(...) III- que, em sua presença, declararam os contraentes, livre e espontaneamente, receber-se **em casamento**.
Art. 1.565	Pelo casamento, homem e mulher assumem mutuamente a condição de consortes, companheiros e responsáveis pelos encargos da família.	Pelo casamento, **os cônjuges** assumem mutuamente a condição de consortes, companheiros e responsáveis pelos encargos da família.
Art. 1.567	A direção da sociedade conjugal será exercida, em colaboração, pelo	A direção da sociedade conjugal será exercida, em

	marido e pela mulher, sempre no interesse do casal e dos filhos.	colaboração, por **ambos os cônjuges**, sempre no interesse do casal e dos filhos.
Art. 1.597	Presumem-se concebidos na constância do casamento os filhos: (...) III - havidos por fecundação artificial homóloga, mesmo que falecido o marido; (...) V - havidos por inseminação artificial heteróloga, desde que tenha prévia autorização do marido.	Presumem-se concebidos na constância do casamento **ou da união estável** os filhos: (...) III - havidos por fecundação artificial homóloga, mesmo que falecido o **marido ou companheiro**; (...) V - havidos por inseminação artificial heteróloga, desde que tenha prévia autorização **do marido ou companheiro.**
Art. 1.642	Qualquer que seja o regime de bens, tanto o marido quanto a mulher podem livremente:	Qualquer que seja o regime de bens, os **cônjuges e os companheiros** podem livremente:
Art. 1.664	Os bens da comunhão respondem pelas obrigações contraídas pelo marido ou pela mulher para atender aos encargos da família, às despesas de administração e às decorrentes de imposição legal.	Os bens da comunhão respondem pelas obrigações contraídas **por qualquer dos cônjuges** para atender aos encargos da família, às despesas de administração e às decorrentes de imposição legal.
Art. 1.723	É reconhecida como entidade familiar a união estável entre o homem e a mulher, configurada na convivência pública, contínua e duradoura e estabelecida com o objetivo de constituição de família.	É reconhecida como entidade familiar a união estável **entre duas pessoas**, configurada na convivência pública, contínua e duradoura e estabelecida com o objetivo de constituição de família.
Art. 1.726	A união estável poderá converter-se em casamento, mediante pedido dos	A união estável poderá converter-se em casamento, mediante **requerimento** formulado dos companheiros

	companheiros ao juiz e assento no Registro Civil.	**ao oficial** do Registro Civil, **no qual declarem que não têm impedimentos para casar e indiquem o regime de bens que passam a adotar, dispensada a celebração.**
Art. 1.727	As relações não eventuais entre o homem e a mulher, impedidos de casar, constituem concubinato.	REVOGAR
	Lei nº 6.015/1973 Lei dos Registros Públicos	
Art. 21	Sempre que houver qualquer alteração posterior ao ato cuja certidão é pedida, deve o Oficial mencioná-la, obrigatoriamente, não obstante as especificações do pedido, sob pena de responsabilidade civil e penal, ressalvado o disposto nos artigos 45 e 95. Parágrafo único. A alteração a que se refere este artigo deverá ser anotada na própria certidão, contendo a inscrição de que "a presente certidão envolve elementos de averbação à margem do termo.	(...) **ACRESCENTAR Parágrafo único. Quando houver a alteração de nome ou sexo decorrente de decisão judicial, nas certidões expedidas não poderão constar quaisquer referências à mudança levada a efeito, a não ser a requerimento da parte ou por determinação judicial.**
Art. 29	Serão registrados no Registro Civil de Pessoas Naturais: (...) § 1º Serão averbados: (...)	**§1º** (...) **ACRESCENTAR g) as alterações da identidade sexual dos transexuais e travestis**
Art. 57	A alteração posterior de nome, somente por exceção e motivadamente, após audiência do Ministério Público, será permitida por sentença do juiz a que estiver sujeito o registro, arquivando-se o mandado e publicando-se a alteração pela imprensa, ressalvada a hipótese do art. 110 desta Lei. (Redação dada pela Lei nº 12.100, de 2009). (...)	(...) **§ 2º Comprovada a união estável, os conviventes podem requerer a alteração do sobrenome, de um ou de ambos os conviventes, mediante requerimento ao Oficial do Registro Civil. § 3º - REVOGAR § 4º - REVOGAR**

	§ 2º A mulher solteira, desquitada ou viúva, que viva com homem solteiro, desquitado ou viúvo, excepcionalmente e havendo motivo ponderável, poderá requerer ao juiz competente que, no registro de nascimento, seja averbado o patronímico de seu companheiro, sem prejuízo dos apelidos próprios, de família, desde que haja impedimento legal para o casamento, decorrente do estado civil de qualquer das partes ou de ambas. (Incluído pela Lei nº 6.216, de 1975). § 3º O juiz competente somente processará o pedido, se tiver expressa concordância do companheiro, e se da vida em comum houverem decorrido, no mínimo, 5 (cinco) anos ou existirem filhos da união. (Incluído pela Lei nº 6.216, de 1975). § 4º O pedido de averbação só terá curso, quando desquitado o companheiro, se a ex-esposa houver sido condenada ou tiver renunciado ao uso dos apelidos do marido, ainda que dele receba pensão alimentícia. (Incluído pela Lei nº 6.216, de 1975).	
Art. 58	O prenome será definitivo, admitindo-se, todavia, a sua substituição por apelidos públicos notórios	(...) **58-A - ACRESCENTAR A alteração do nome e da identidade sexual dos transexuais e travestis será averbada no registro de nascimento, sendo vedada que a mudança conste das certidões expedidas, a não ser a pedido da parte ou por determinação judicial.**
Art. 70	Do matrimônio, logo depois de celebrado, será lavrado assento, assinado pelo presidente do ato, os cônjuges, as testemunhas e o oficial, sendo exarados: (Renume	

	rado do art. 71, pela Lei nº 6.216, de 1975). (...) 8º o nome, que passa a ter a mulher, em virtude do casamento;	(...) **8º o nome, que os cônjuges adotaram.**
Art. 109	Quem pretender que se restaure, supra ou retifique assentamento no Registro Civil, requererá, em petição fundamentada e instruída com documentos ou com indicação de testemunhas, que o Juiz o ordene, ouvido o órgão do Ministério Público e os interessados, no prazo de cinco dias, que correrá em cartório.	(...) **109-A - ACRESCENTAR O pedido de alteração do nome e da identidade sexual dos transexuais e travestis fica sujeito ao mesmo procedimento previsto no artigo anterior. Parágrafo único. Podem ser deferidas alterações para adequação do nome ao sexo social, independentemente da realização de intervenções cirúrgicas transgenitalizantes.**
	Lei nº 8.069/1990 ECA – Estatuto da Criança e do Adolescente	
Art. 42	Podem adotar os maiores de 18 (dezoito) anos, independentemente do estado civil. (Redação dada pela Lei nº 12.010, de 2009) Vigência (...) § 4º Os divorciados, os judicialmente separados e os ex-companheiros podem adotar conjuntamente, contanto que acordem sobre a guarda e o regime de visitas e desde que o estágio de convivência tenha sido iniciado na constância do período de convivência e que seja comprovada a existência de vínculos de afinidade e afetividade com aquele não detentor da guarda, que justifiquem a excepcionalidade da concessão.	(...) § 4º Os divorciados, **os separados de fato** e os ex-companheiros podem adotar conjuntamente, contanto que acordem sobre a guarda e o regime de visitas e desde que o estágio de convivência tenha sido iniciado na constância do período de convivência e que seja comprovada a existência de vínculos de afinidade e afetividade com aquele não detentor da guarda, que justifiquem a excepcionalidade da concessão.
Art. 140	ão impedidos de servir no mesmo Conselho marido e mulher, ascendentes e descendentes, sogro e genro ou nora, irmãos, cunhados	São impedidos de servir no mesmo Conselho **cônjuges, companheiros,** ascendentes e descendentes, sogro e genro

	S, durante o cunhado, tio e sobrinho, padrasto ou madrasta e enteado.	ou nora, irmãos, cunhados, durante o cunhado, tio e sobrinho, padrasto ou madrasta e enteado.
Lei nº 8.560/1992 Regula a investigação de paternidade		
Art. 3º	E vedado legitimar e reconhecer filho na ata do casamento. Parágrafo único. É ressalvado o direito de averbar alteração do patronímico materno, em decorrência do casamento, no termo de nascimento do filho.	(...) Parágrafo único. É ressalvado o direito de averbar alteração do patronímico **materno ou paterno**, em decorrência do **casamento ou da união estável**, no termo de nascimento do filho.
Decreto-Lei nº 5.452/1943 CLT - Consolidação das Leis do Trabalho		
Art. 5º	Fica proibida a adoção de qualquer prática discriminatória e limitativa para efeito de acesso a relação de emprego ou sua manutenção, por motivo de sexo.	Fica proibida a adoção de qualquer prática discriminatória e limitativa para efeito de acesso a relação de emprego ou sua manutenção, por motivo de sexo, o**rientação sexual e identidade de gênero.**
Art. 320	§ 3º Não serão descontadas no decurso de 9 (nove) dias as faltas verificadas por motivo de gala ou de luto em consequência de falecimento do cônjuge, do pai ou mãe ou filho.	Não serão descontadas no decurso de 9 (nove) dias as faltas verificadas por motivo de gala ou de luto em consequência de falecimento do cônjuge, **companheiro**, do pai ou mãe ou filho.
Art. 392-A	À empregada que adotar ou obtiver guarda judicial para fins de adoção de criança será concedida licença-maternidade nos termos do art. 392, observado o disposto no seu § 5º. (...) § 4º A licença-maternidade só será concedida mediante apresentação do termo judicial de guarda à adotante ou guardiã.	**Ao empregado** que adotar ou obtiver guarda judicial para fins de adoção de criança será concedida **licença-natalidade** nos termos do art. 392, observado o disposto no seu § 5º. (...) § 4º A **licença-natalidade** só será concedida mediante apresentação do termo judicial de guarda à adotante ou guardiã.
Art. 473	O empregado poderá deixar de comparecer ao serviço sem prejuízo de salário: (...) II - até 3 (três) dias consecutivos, em virtude de	(...) II - até 3 (três) dias consecutivos, em virtude de casamento

	casamento; III - por um dia, em caso de nascimento de filho no decorrer da primeira semana;	ou da constituição de união estável; III - REVOGAR
Lei nº 8.213/1991 Planos de Benefícios da Previdência Social		
Art. 16	São beneficiários do Regime Geral de Previdência Social, na condição de dependentes do segurado: I - o cônjuge, a companheira, o companheiro e o filho não emancipado, de qualquer condição, menor de 21 (vinte e um) anos ou inválido; (...) § 3º Considera-se companheira ou companheiro a pessoa que, sem ser casada, mantém união estável com o segurado ou com a segurada, de acordo com o § 3º do art. 226 da Constituição Federal.	(...) § 3º Considera-se companheira ou companheiro **quem mantém união estável com o segurado, independente da orientação sexual.**
Art. 18	O Regime Geral de Previdência Social compreende as seguintes prestações, devidas inclusive em razão de eventos decorrentes de acidente do trabalho, expressas em benefícios e serviços: (...) g) salário-maternidade;	O Regime Geral de Previdência Social compreende as seguintes prestações, devidas inclusive em razão de eventos decorrentes de acidente do trabalho, expressas em benefícios e serviços: (...) g) **salário-natalidade;**
Art. 25	A concessão das prestações pecuniárias do Regime Geral de Previdência Social depende dos seguintes períodos de carência, ressalvado o disposto no art. 26: (...) III - salário-maternidade para as seguradas de que tratam os incisos V e VII do art. 11 e o art. 13: dez contribuições mensais, respeitado o disposto no parágrafo único do art. 39 desta Lei.	(...) III - **salário-natalidade** para **os segurados** de que tratam os incisos V e VII do art. 11 e o art. 13: dez contribuições mensais, respeitado o disposto no parágrafo único do art. 39 desta Lei

Art. 26	Independe de carência a concessão das seguintes prestações: VI – salário-maternidade para as seguradas empregada, trabalhadora avulsa e empregada doméstica.	(...) VI – **salário-natalidade** para **os segurados empregado, trabalhador avulso** e **empregado doméstico.**
Art. 28	O valor do benefício de prestação continuada, inclusive o regido por norma especial e o decorrente	O valor do benefício de prestação continuada, inclusive o regido por norma especial e o decorrente de acidente do
	de acidente do trabalho, exceto o salário-família e o salário-maternidade, será calculado com base no salário-de-benefício.	trabalho, exceto o salário-família e o **salário-natalidade**, será calculado com base no salário-de-benefício.
Art. 39	Para os segurados especiais, referidos no inciso VII do art. 11 desta Lei, fica garantida a concessão: (...) Parágrafo único. Para a segurada especial fica garantida a concessão do salário-maternidade no valor de 1 (um) salário mínimo, desde que comprove o exercício de atividade rural, ainda que de forma descontínua, nos 12 (doze) meses imediatamente anteriores ao do início do benefício.	(...) Parágrafo único. Para **os segurados especiais** fica garantida a concessão do **salário-natalidade** no valor de 1 (um) salário mínimo, desde que **comprovem** o exercício de atividade rural, ainda que de forma descontínua, nos **10 (dez)**[1] meses imediatamente anteriores ao do início do benefício.
	Subseção VII Do Salário-Maternidade	Subseção VII Do **Salário-Natalidade**
Art. 71	O salário-maternidade é devido à segurada da Previdência Social, durante 120 (cento e vinte) dias, com início no período entre 28 (vinte e oito) dias antes do parto e a data de ocorrência deste, observadas as situações e condições previstas na legislação no que concerne à proteção à maternidade.	O **salário-natalidade** é devido à segurada da Previdência Social, durante 120 (cento e vinte) dias, com início no período entre 28 (vinte e oito) dias antes do parto e a data de ocorrência deste, observadas as situações e condições previstas na legislação no que concerne à proteção à **natalidade.**

1 Para compatibilizar com a disposição contida no art. 25, III, da mesma Lei, no sentido de considerar 10 (dez) meses como período de carência do segurado especial para o recebimento de salário-maternidade.

Art. 71-A	À segurada da Previdência Social que adotar ou obtiver guarda judicial para fins de adoção de criança é devido salário-maternidade pelo período de 120 (cento e vinte) dias, se a criança tiver até 1(um) ano de idade, de 60 (sessenta) dias, se a criança tiver entre 1 (um) e 4 (quatro) anos de idade, e de 30 (trinta) dias, se a criança tiver de 4 (quatro) a 8 (oito) anos de idade. Parágrafo único. O salário-maternidade de que trata este artigo será pago diretamente pela Previdência Social.	Ao segurado ou à segurada da Previdência Social que adotar ou obtiver guarda judicial para fins de adoção de criança é devido salário-natalidade pelo período de 180 (cento e oitenta) dias. §1º Durante os 15 dias após o nascimento, a adoção ou a concessão da guarda para fins de adoção, a licença-natalidade é assegurada a ambos os segurados. O período subsequente será gozado por qualquer deles, de forma não cumulada. § 2º O salário-natalidade de que trata este artigo será pago diretamente pela Previdência Social.
Art. 72	O salário-maternidade para a segurada empregada ou trabalhadora avulsa consistirá numa renda mensal igual a sua remuneração integral. § 1º Cabe à empresa pagar o salário-maternidade devido à respectiva empregada gestante, efetivando-se a compensação, observado o disposto no art. 248 da Constituição Federal, quando do recolhimento das contribuições incidentes sobre a folha de salários e demais rendimentos pagos ou creditados, a qualquer título, à pessoa física que lhe preste serviço. (...) § 3º O salário-maternidade devido à trabalhadora avulsa será pago diretamente pela Previdência Social.	O salário-natalidade para os segurados empregados ou trabalhadores avulsos consistirá numa renda mensal igual a sua remuneração integral. § 1º Cabe à empresa pagar o salário-natalidade devido à respectiva empregada gestante, efetivando-se a compensação, observado o disposto no art. 248 da Constituição Federal, quando do recolhimento das contribuições incidentes sobre a folha de salários e demais rendimentos pagos ou creditados, a qualquer título, à pessoa física que lhe preste serviço. (...) § 3º O salário-natalidade devido ao trabalhador avulso será pago diretamente pela Previdência Social.

Art. 73	Assegurado o valor de um salário--mínimo, o salário-maternidade para as demais seguradas, pago diretamente pela Previdência Social, consistirá: I - em um valor correspondente ao do seu último salário-de-contribuição, para a segurada empregada doméstica; II - em um doze avos do valor sobre o qual incidiu sua última contribuição anual, para a segurada especial; III - em um doze avos da soma dos doze últimos salários-de-contribuição, apurados em um período não superior a quinze meses, para as demais seguradas.	Assegurado o valor de um salário-mínimo, o **salário--natalidade** para os **demais segurados** pago diretamente pela Previdência Social, consistirá: I - em um valor correspondente ao do seu último salário-de--contribuição, para **os segurados empregados domésticos**; II - em um doze avos do valor sobre o qual incidiu sua última contribuição anual, para os segurados especiais; III - em um doze avos da soma dos doze últimos salários-de--contribuição, apurados em um período não superior a quinze meses, para **os** demais **segurados**.
Art. 110	O benefício devido ao segurado ou dependente civilmente incapaz será feito ao cônjuge, pai, mãe, tutor ou curador, admitindo-se, na sua falta e por período não superior a 6 (seis) meses, o pagamento a herdeiro necessário, mediante termo de compromisso firmado no ato do recebimento	O benefício devido ao segurado ou dependente civilmente incapaz será feito ao cônjuge, **ao companheiro**, pai, mãe, tutor ou curador, admitindo--se, na sua falta e por período não superior a 6 (seis) meses, o pagamento a herdeiro necessário, mediante termo de compromisso firmado no ato do recebimento.
Art. 124	Salvo no caso de direito adquirido, não é permitido o recebimento conjunto dos seguintes benefícios da Previdência Social: (...) IV - salário-maternidade e auxílio--doença;	(...) IV - **salário-natalidade** e auxílio-doença;
Decreto nº 3.048/1999 Regulamento da Previdência Social		
Art. 3	A assistência social é a política social que provê o atendimento das necessidades básicas, traduzidas em proteção à família, à materni-dade, à infância, à adolescência,	A assistência social é a política social que provê o atendimento das necessidades básicas, traduzidas em proteção à família, à **natalidade**, à infância, à

	à velhice e à pessoa portadora de deficiência, independentemente de contribuição à seguridade social.	adolescência, à velhice e à pessoa portadora de deficiência, independentemente de contribuição à seguridade social.
Art. 5	A previdência social será organizada sob a forma de regime geral, de caráter contributivo e de filiação obrigatória, observados critérios que preservem o equilíbrio financeiro e atuarial, e atenderá a: (...) II - proteção à maternidade, especialmente à gestante;	(...) II - proteção à **natalidade**, especialmente à gestante;
Art. 16	São beneficiários do Regime Geral de Previdência Social, na condição de dependentes do segurado: (...) § 6º Considera-se união estável aquela configurada na convivência pública, contínua e duradoura entre o homem e a mulher, estabelecida com intenção de constituição de família, observado o § 1º. do art. 1.723 do Código Civil, instituído pela Lei nº 10.406, de 10 de janeiro de 2002.	(...) § 6º Considera-se união estável aquela configurada na convivência pública, contínua e duradoura entre **duas pessoas**, independente da orientação sexual.
Art. 25	O Regime Geral de Previdência Social compreende as seguintes prestações, expressas em benefícios e serviços: I - quanto ao segurado: g) salário-maternidade;	(...) g) **salário-natalidade**;
Art. 29	A concessão das prestações pecuniárias do Regime Geral de Previdência Social, ressalvado o disposto no art. 30, depende dos seguintes períodos de carência: (...) III - dez contribuições mensais, no caso de salário-maternidade, para as seguradas contribuinte individual, especial e facultativa, respeitado o disposto no § 2º do art. 93 e no inciso II do art. 101.	(...) III - dez contribuições mensais, no caso de **salário-natalidade**, para **os segurados** contribuinte individual, especial e **facultativo** respeitado o disposto no § 2º do art. 93 e no inciso II do art. 101.

Art. 30	Independe de carência a concessão das seguintes prestações: (...) II - salário-maternidade, para as seguradas empregada, empregada doméstica e trabalhadora avulsa;	(...) II - **salário-natalidade**, para os **segurados empregados, empregados domésticos** e **trabalhadores avulsos;**
Art. 31	Salário-de-benefício é o valor básico utilizado para cálculo da renda mensal dos benefícios de prestação continuada, inclusive os regidos por normas especiais, exceto o salário-família, a pensão por morte, o salário-maternidade e os demais benefícios de legislação especial.	Salário-de-benefício é o valor básico utilizado para cálculo da renda mensal dos benefícios de prestação continuada, inclusive os regidos por normas especiais, exceto o salário-família, a pensão por morte, o **salário--natalidade** e os demais benefícios de legislação especial.
Art. 60	Até que lei específica discipline a matéria, são contados como tempo de contribuição, entre outros: (...) V - o período em que a segurada esteve recebendo salário-maternidade;	(...) V - o período em que **o segurado** esteve recebendo salário--natalidade;
Art. 65	Considera-se trabalho permanente, para efeito desta Subseção, aquele que é exercido de forma não ocasional nem intermitente, no qual a exposição do empregado, do trabalhador avulso ou do cooperado ao agente nocivo seja indissociável da produção do bem ou da prestação do serviço. Parágrafo único. Aplica-se o disposto no caput aos períodos de descanso determinados pela legislação trabalhista, inclusive férias, aos de afastamento decorrentes de gozo de benefícios de auxílio-doença ou aposentadoria por invalidez acidentários, bem como aos de percepção de salário-maternidade, desde que, à data do afastamento, o segurado estivesse exercendo atividade considerada especial.	(...) Parágrafo único. Aplica-se o disposto no caput aos períodos de descanso determinados pela legislação trabalhista, inclusive férias, aos de afastamento decorrentes de gozo de benefícios de auxílio-doença ou aposentadoria por invalidez acidentários, bem como aos de percepção de **salário--natalidade**, desde que, à data do afastamento, o segurado estivesse exercendo atividade considerada especial.

	Subseção VII Do Salário-maternidade	Subseção VII Do **Salário-natalidade**
Art. 93	O salário-maternidade é devido à segurada da previdência social, durante cento e vinte dias, com início vinte e oito dias antes e término noventa e um dias depois do parto, podendo ser prorrogado na forma prevista no § 3º § 1º Para a segurada empregada, inclusive a doméstica, observar-se-á, no que couber, as situações e condições previstas na legislação trabalhista relativas à proteção à maternidade. § 2º Será devido o salário-maternidade à segurada especial, desde que comprove o exercício de atividade rural nos últimos dez meses imediatamente anteriores à data do parto ou do requerimento do benefício, quando requerido antes do parto, mesmo que de forma descontínua, aplicando-se, quando for o caso, o disposto no parágrafo único do art. 29. (...) § 5º Em caso de aborto não criminoso, comprovado mediante atestado médico, a segurada terá direito ao salário-maternidade correspondente a duas semanas.	O **salário-natalidade** é devido à segurada da previdência social, durante cento e vinte dias, com início vinte e oito dias antes e término noventa e um dias depois do parto, podendo ser prorrogado na forma prevista no § 3º. § 1º Para **os segurados empregados**, inclusive **os domésticos**, observar-se-á, no que couber, as situações e condições previstas na legislação trabalhista relativas à proteção à **natalidade**. § 2º Será devido o **salário-natalidade** à segurada especial, desde que comprove o exercício de atividade rural nos últimos dez meses imediatamente anteriores à data do parto ou do requerimento do benefício, quando requerido antes do parto, mesmo que de forma descontínua, aplicando-se, quando for o caso, o disposto no parágrafo único do art. 29. (...) § 5º Em caso de aborto não criminoso, comprovado mediante atestado médico, a segurada terá direito ao **salário-natalidade correspondente a duas semanas.**
Art. 93-A	O salário-maternidade é devido à segurada da Previdência Social que adotar ou obtiver guarda judicial para fins de adoção de criança com idade: I - até um ano completo, por cento e vinte dias; II - a partir de um ano até quatro anos completos, por sessenta dias; ou III - a partir de quatro anos até completar oito anos, por trinta dias.	O **salário-natalidade** é devido ao **segurado** da Previdência Social que adotar ou obtiver guarda judicial para fins de adoção pelo prazo de 180 dias.

§ 1º O salário-maternidade é devido à segurada independentemente de a mãe biológica ter recebido o mesmo benefício quando do nascimento da criança.

§ 2º O salário-maternidade não é devido quando o termo de guarda não contiver a observação de que é para fins de adoção ou só contiver o nome do cônjuge ou companheiro.

§ 3º Para a concessão do salário-maternidade é indispensável que conste da nova certidão de nascimento da criança, ou do termo de guarda, o nome da segurada adotante ou guardiã, bem como, deste último, tratar-se de guarda para fins de adoção.

§ 4º Quando houver adoção ou guarda judicial para adoção de mais de uma criança, é devido um único salário-maternidade relativo à criança de menor idade, observado o disposto no art. 98.

§ 5º A renda mensal do salário-maternidade é calculada na forma do disposto nos arts. 94, 100 ou 101, de acordo com a forma de contribuição da segurada à Previdência Social.

§ 6º O salário-maternidade de que trata este artigo é pago diretamente pela previdência social.

§ 1º O **salário-natalidade** é devido ao **segurado** independentemente de o **genitor biológico** ter recebido o mesmo benefício quando do nascimento da criança.

§ 2º O **salário-natalidade** não é devido quando o termo de guarda não contiver a observação de que é para fins de adoção ou só contiver o nome do cônjuge ou companheiro.

§ 3º Para a concessão do **salário-natalidade** é indispensável que conste da nova certidão de nascimento da criança, ou do termo de guarda, o nome **do adotante** ou **guardião**, bem como, deste último, tratar-se de guarda para fins de adoção.

§ 4º Quando houver adoção ou guarda judicial para adoção de mais de uma criança, é devido um único **salário-natalidade** relativo à criança de menor idade, observado o disposto no art. 98.

§ 5º A renda mensal do **salário-natalidade** é calculada na forma do disposto nos arts. 94, 100 ou 101, de acordo com a forma de contribuição da segurada à Previdência Social.

§ 6º O **salário-natalidade** de que trata este artigo é pago diretamente pela previdência social.

ACRESCENTAR

§ 7º **Durante os 15 dias após o nascimento, a adoção ou a concessão da guarda para fins de adoção, a licença-natalidade é assegurada a ambos os** segurados. O período subsequente será gozado por qualquer deles, de forma não cumulada.

Art. 94	O salário-maternidade para a segurada empregada consiste numa renda mensal igual à sua remuneração integral e será pago pela empresa, efetivando-se a compensação, observado o disposto no art. 248 da Constituição, quando do recolhimento das contribuições incidentes sobre a folha de salários e demais rendimentos pagos ou creditados, a qualquer título, à pessoa física que lhe preste serviço, devendo aplicar-se à renda mensal do benefício o disposto no art. 198. (...) § 3º A empregada deve dar quitação à empresa dos recolhimentos mensais do salário-maternidade na própria folha de pagamento ou por outra forma admitida, de modo que a quitação fique plena e claramente caracterizada.	O **salário-natalidade** para **os segurados empregados** consiste numa renda mensal igual à sua remuneração integral e será pago pela empresa, efetivando-se a compensação, observado o disposto no art. 248 da Constituição, quando do recolhimento das contribuições incidentes sobre a folha de salários e demais rendimentos pagos ou creditados, a qualquer título, à pessoa física que lhe preste serviço, devendo aplicar-se à renda mensal do benefício o disposto no art. 198. (...) § 3º **O empregado** deve dar quitação à empresa dos recolhimentos mensais do **salário-natalidade** na própria folha de pagamento ou por outra forma admitida, de modo que a quitação fique plena e claramente caracterizada.
Art. 95	Compete à interessada instruir o requerimento do salário-maternidade com os atestados médicos necessários.	Compete à interessada instruir o requerimento do **salário-natalidade** com os atestados médicos necessários.
Art. 96	O início do afastamento do trabalho da segurada empregada será determinado com base em atestado médico ou certidão de nascimento do filho.	O início do afastamento do trabalho do **segurado empregado** será determinado com base em atestado médico ou certidão de nascimento do filho.
Art. 97	O salário-maternidade da segurada empregada será devido pela previdência social enquanto existir relação de emprego, observadas as regras quanto ao pagamento desse benefício pela empresa. Parágrafo único. Durante o período de graça a que se refere o art. 13, a segurada desempregada fará	O **salário-natalidade do segurado empregado** será devido pela previdência social enquanto existir relação de emprego, observadas as regras quanto ao pagamento desse benefício pela empresa. Parágrafo único. Durante o período de graça a que se refere o art. 13, a segurada desempre

	jus ao recebimento do salário-maternidade nos casos de demissão antes da gravidez, ou, durante a gestação, nas hipóteses de dispensa por justa causa ou a pedido, situações em que o benefício será pago diretamente pela previdência social.	gada fará jus ao recebimento do **salário-natalidade** nos casos de demissão antes da gravidez, ou, durante a gestação, nas hipóteses de dispensa por justa causa ou a pedido, situações em que o benefício será pago diretamente pela previdência social.
Art. 98	No caso de empregos concomitantes, a segurada fará jus ao salário-maternidade relativo a cada emprego.	No caso de empregos concomitantes, **o segurado** fará jus ao **salário-natalidade** relativo a cada emprego.
Art. 100	O salário-maternidade da segurada trabalhadora avulsa, pago diretamente pela previdência social, consiste numa renda mensal igual à sua remuneração integral equivalente a um mês de trabalho, devendo aplicar-se à renda mensal do benefício o disposto no art. 198.	O **salário-natalidade dos segurados trabalhadores avulsos**, pago diretamente pela previdência social, consiste numa renda mensal igual à sua remuneração integral equivalente a um mês de trabalho, devendo aplicar-se à renda mensal do benefício o disposto no art. 198.
Art. 101	O salário-maternidade, observado o disposto nos arts. 35, 198, 199 ou 199-A, pago diretamente pela previdência social, consistirá: I - em valor correspondente ao do seu último salário-de-contribuição, para a segurada empregada doméstica; II - em um salário mínimo, para a segurada especial; III - em um doze avos da soma dos doze últimos salários-de-contribuição, apurados em período não superior a quinze meses, para as seguradas contribuinte individual, facultativa e para as que mantenham a qualidade de segurada na forma do art. 13.	O **salário-natalidade**, observado o disposto nos arts. 35, 198, 199 ou 199-A, pago diretamente pela previdência social, consistirá: I - em valor correspondente ao do seu último salário-de-contribuição, para **os segurados empregados domésticos**; II - em um salário mínimo, para **os segurados especiais**; III - em um doze avos da soma dos doze últimos salários-de-contribuição, apurados em período não superior a quinze meses, para os **segurados** contribuinte individual, **facultativos** e para os que mantenham a qualidade de **segurado** na forma do art. 13.

	§ 3º O documento comprobatório para requerimento do salário-maternidade da segurada que mantenha esta qualidade é a certidão de nascimento do filho, exceto nos casos de aborto espontâneo, quando deverá ser apresentado atestado médico, e no de adoção ou guarda para fins de adoção, casos em que serão observadas as regras do art. 93-A, devendo o evento gerador do benefício ocorrer, em qualquer hipótese, dentro do período previsto no art. 13.	§ 3º O documento comprobatório para requerimento do **salário-natalidade** da segurada que mantenha esta qualidade é a certidão de nascimento do filho, exceto nos casos de aborto espontâneo, quando deverá ser apresentado atestado médico, e no de adoção ou guarda para fins de adoção, casos em que serão observadas as regras do art. 93-A, devendo o evento gerador do benefício ocorrer, em qualquer hipótese, dentro do período previsto no art. 13.
Art. 102	O salário-maternidade não pode ser acumulado com benefício por incapacidade. Parágrafo único. Quando ocorrer incapacidade em concomitância com o período de pagamento do salário-maternidade, o benefício por incapacidade, conforme o caso, deverá ser suspenso enquanto perdurar o referido pagamento, ou terá sua data de início adiada para o primeiro dia seguinte ao término do período de cento e vinte dias.	O **salário-natalidade** não pode ser acumulado com benefício por incapacidade. Parágrafo único. Quando ocorrer incapacidade em concomitância com o período de pagamento do **salário-natalidade**, o benefício por incapacidade, conforme o caso, deverá ser suspenso enquanto perdurar o referido pagamento, ou terá sua data de início adiada para o primeiro dia seguinte ao término do período de cento e vinte dias.
Art. 103	A segurada aposentada que retornar à atividade fará jus ao pagamento do salário-maternidade, de acordo com o disposto no art. 93.	O **segurado aposentado** que retornar à atividade **fará** jus ao pagamento do **salário-natalidade**, de acordo com o disposto no art. 93
Art. 120	Será devido abono anual ao segurado e ao dependente que, durante o ano, recebeu auxílio-doença, auxílio-acidente, aposentadoria, salário-maternidade, pensão por morte ou auxílio-reclusão.	Será devido abono anual ao segurado e ao dependente que, durante o ano, recebeu auxílio-doença, auxílio-acidente, aposentadoria, **salário-natalidade**, pensão por morte ou auxílio-reclusão.

	§ 2º O valor do abono anual correspondente ao período de duração do salário-maternidade será pago, em cada exercício, juntamente com a última parcela do benefício nele devida.	§ 2º O valor do abono anual correspondente ao período de duração do **salário-natalidade** será pago, em cada exercício, juntamente com a última parcela do benefício nele devida.
Art. 162	O benefício devido ao segurado ou dependente civilmente incapaz será pago ao cônjuge, pai, mãe, tutor ou curador, admitindo-se, na sua falta e por período não superior a seis meses, o pagamento a herdeiro necessário, mediante termo de compromisso firmado no ato do recebimento.	O benefício devido ao segurado ou dependente civilmente incapaz será pago ao cônjuge, **companheiro**, pai, mãe, tutor ou curador, admitindo-se, na sua falta e por período não superior a seis meses, o pagamento a herdeiro necessário, mediante termo de compromisso firmado no ato do recebimento.
Art. 167	Salvo no caso de direito adquirido, não é permitido o recebimento conjunto dos seguintes benefícios da previdência social, inclusive quando decorrentes de acidente do trabalho: (...) IV - salário-maternidade com auxílio-doença;	(...) IV - **salário-natalidade** com auxílio-doença;
Lei nº 8.112/1990 Dispõe sobre o regime jurídico dos servidores públicos civis da União, das autarquias e das fundações públicas federais		
Art. 184	O Plano de Seguridade Social visa a dar cobertura aos riscos a que estão sujeitos o servidor e sua família, e compreende um conjunto de benefícios e ações que atendam às seguintes finalidades: (...) II - proteção à maternidade, à adoção e à paternidade;	(...) II - proteção **à natalidade e à adoção.**
Art. 196	O auxílio-natalidade é devido à servidora por motivo de nascimento de filho, em quantia equivalente ao menor vencimento do serviço público, inclusive no caso de natimorto.	O auxílio-natalidade é devido à **servidor** por motivo de nascimento de filho, em quantia equivalente ao menor vencimento do serviço público, inclusive no caso de natimorto.

	§ 1º Na hipótese de parto múltiplo, o valor será acrescido de 50% (cinquenta por cento), por nascituro. § 2º O auxílio será pago ao cônjuge ou companheiro servidor público, quando a parturiente não for servidora.	(...) **§ 2º O auxílio será pago ao servidor que adotar ou obtiver guarda judicial para fins de adoção.** **§ 3º O auxílio será pago ao cônjuge ou companheiro servidor público, quando a parturiente ou o adotante não for servidor.**
Art. 199	Quando o pai e mãe forem servidores públicos e viverem em comum, o salário-família será pago a um deles; quando separados, será pago a um e outro, de acordo com a distribuição dos dependentes	Quando **ambos os pais** forem servidores públicos e viverem em comum, o salário-família será pago a um deles; quando separados, será pago a um e outro, de acordo com a distribuição dos dependentes.
Art. 207	Será concedida licença à servidora gestante por 120 (cento e vinte) dias consecutivos, sem prejuízo da remuneração. § 1º A licença poderá ter início no primeiro dia do nono mês de gestação, salvo antecipação por prescrição médica.	Será concedida **licença-natalidade** ao servidor por 180 (cento e oitenta dias) dias consecutivos, sem prejuízo da remuneração. § 1º A licença **à servidora** poderá ter início no primeiro dia do nono mês de gestação, salvo antecipação por prescrição médica. **§ 5º ACRESCENTAR Durante os 15 dias após o nascimento, a adoção ou a concessão da guarda para fins de adoção, a licença é assegurada a ambos os pais. O período subsequente será gozado por qualquer deles, de forma não cumulada.**
Art. 208	Pelo nascimento ou adoção de filhos, o servidor terá direito à licença-paternidade de 5 (cinco) dias consecutivos.	**A licença-natalidade é concedida também em caso de adoção ou guarda para fins de adoção.**
Art. 209	Para amamentar o próprio filho, até a idade de seis meses, a servidora lactante terá direito, durante a jornada de trabalho, a uma hora de descanso, que poderá ser parcelada em dois períodos de meia hora.	REVOGAR

Art. 210	À servidora que adotar ou obtiver guarda judicial de criança até 1 (um) ano de idade, serão concedidos 90 (noventa) dias de licença remunerada. Parágrafo único. No caso de adoção ou guarda judicial de criança com mais de 1 (um) ano de idade, o prazo de que trata este artigo será de 30 (trinta) dias.	REVOGAR
Art. 241	Consideram-se da família do servidor, além do cônjuge e filhos, quaisquer pessoas que vivam às suas expensas e constem do seu assentamento individual. Parágrafo único. Equipara-se ao cônjuge a companheira ou companheiro, que comprove união estável como entidade familiar.	Consideram-se da família do servidor, além do cônjuge **ou o companheiro**, os filhos, quaisquer pessoas que vivam às suas expensas e constem do seu assentamento individual. Parágrafo único. **O reconhecimento da entidade familiar independe da orientação sexual do casal.**
	**Lei nº 9.029/1995** **Proíbe a exigência de atestados de gravidez e esterilização**	
Art. 1	Fica proibida a adoção de qualquer prática discriminatória e limitativa para efeito de acesso a relação de emprego, ou sua manutenção, por motivo de sexo, origem, raça, cor, estado civil, situação familiar ou idade, ressalvadas, neste caso, as hipóteses de proteção ao menor previstas no inciso XXXIII do art. 7º da Constituição Federal.	Fica proibida a adoção de qualquer prática discriminatória e limitativa para efeito de acesso a relação de emprego, ou sua manutenção, por motivo de sexo, origem, raça, cor, estado civil, **orientação sexual, identidade de gênero,** situação familiar ou idade, ressalvadas, neste caso, as hipóteses de proteção ao menor previstas no inciso XXXIII do art. 7º da Constituição Federal.
	Lei nº 11.770/2008 **Cria o Programa Empresa Cidadã**	
	REVOGAR	
	Decreto nº 3.000/1999 Regulamenta a tributação, fiscalização, arrecadação e administração do Imposto sobre a Renda e Proventos de Qualquer Natureza	
Art.77	Na determinação da base de cálculo sujeita à incidência mensal do imposto, poderá ser deduzida do rendimento tributável a quantia equivalente a noventa reais por	

	dependente (Lei nº 9.250, de 1995, art. 4º, inciso III). § 1º Poderão ser considerados como dependentes, observado o disposto nos arts. 4º, § 3º, e 5º, parágrafo único (Lei nº 9.250, de 1995, art. 35): (...) II - o companheiro ou a companheira, desde que haja vida em comum por mais de cinco anos, ou por período menor se da união resultou filho;	(...) II – os companheiros, independente da identidade sexual do casal.
	**Lei nº 6.815/1980** **Define a situação jurídica do estrangeiro no Brasil**	
Art. 55	Poderá ser concedido passaporte para estrangeiro: (...) II - no Brasil e no exterior, ao cônjuge ou à viúva de brasileiro que haja perdido a nacionalidade originária em virtude do casamento.	(...) II - no Brasil e no exterior, ao cônjuge **ou companheiro,** ao viúvo **ou companheiro sobrevivente** que haja perdido a nacionalidade originária em virtude do casamento **ou união estável.**
	**Decreto-Lei nº 2.848/1940** **Código Penal**	
Art. 61	São circunstâncias que sempre agravam a pena, quando não constituem ou qualificam o crime: II - ter o agente cometido o crime:	(...) ACRESCENTAR **m) motivado por discriminação ou preconceito de gênero, sexo, orientação sexual ou identidade de gênero.**
Art. 121 Homicídio	Matar alguém: § 2º Se o homicídio é cometido:	(...) ACRESCENTAR **VI - em decorrência de discriminação ou preconceito de gênero, sexo, orientação sexual ou identidade de gênero.**
Art. 129 Lesão corporal	Ofender a integridade corporal ou a saúde de outrem: § 9º Se a lesão for praticada contra ascendente, descendente, irmão, cônjuge ou companheiro, ou com	(...) § 9º Se a lesão for praticada contra ascendente, descendente, irmão, cônjuge ou companheiro, ou com quem conviva ou tenha convivido, ou, ainda,

	quem conviva ou tenha convivido, ou, ainda, prevalecendo-se o agente das relações domésticas, de coabitação ou de hospitalidade.	prevalecendo-se o agente das relações domésticas, de coabitação ou de hospitalidade **ou motivada por discriminação ou preconceito de gênero, sexo, orientação sexual ou identidade de gênero.**
Art. 140 Injúria	Injuriar alguém, ofendendo-lhe a dignidade ou o decoro: Pena - detenção, de um a seis meses, ou multa. § 3º Se a injúria consiste na utilização de elementos referentes a raça, cor, etnia, religião, origem ou a condição de pessoa idosa ou portadora de deficiência: Pena - reclusão de um a três anos e multa.	(...) § 3º Se a injúria consiste na utilização de elementos referentes a raça, cor, etnia, religião, origem, **gênero, sexo, orientação sexual e identidade de gênero** ou a condição de pessoa idosa ou portadora de deficiência:
Art. 288 Quadrilha ou bando	Associarem-se mais de três pessoas, em quadrilha ou bando, para o fim de cometer crimes: Parágrafo único – A pena aplica-se em dobro, se a quadrilha ou bando é armado.	(...) Parágrafo único – A pena aplica-se em dobro, se a quadrilha ou bando é armado **ou se a associação destina-se a cometer crimes por motivo de discriminação ou preconceito gênero, sexo, orientação sexual ou identidade de gênero.**
Decreto-Lei nº 3.689/1941 Código de Processo Penal		
Art. 448	São impedidos de servir no mesmo Conselho: I – marido e mulher;	(...) **I – cônjuges ou companheiros;**
Lei nº 7.210/1984 Lei das Execuções Penais		
Art. 41	Constituem direitos do preso: (...)	(...) X - Visita do cônjuge, **do companheiro**, de parentes e amigos em dias determinados;
	X - Visita do cônjuge, da companheira, de parentes e amigos em dias determinados;	**ACRESCENTAR** XVII - **Visita intima do cônjuge ou do companheiro, independentemente da orientação sexual ou identidade de gênero.**

Decreto-Lei nº 1.001/1969 Código Penal Militar		
Art. 232 Estupro	Constranger mulher a conjunção carnal, mediante violência ou grave ameaça: Pena - reclusão, de três a oito anos, sem prejuízo da correspondente à violência.	Constranger **alguém** a conjunção carnal, mediante violência ou grave ameaça:
Art. 235 - Pederastia ou outro ato de libidinagem	Praticar, ou permitir o militar que com ele se pratique ato libidinoso, homossexual ou não, em lugar sujeito a administração militar: Pena - detenção, de seis meses a um ano.	REVOGAR
Lei nº 6.880/1980 Estatuto dos Militares		
Art. 69-A	Licença para acompanhar cônjuge ou companheiro(a) é a autorização para o afastamento total do serviço, concedida a militar com mais de 10 (dez) anos de efetivo serviço que a requeira para acompanhar cônjuge ou companheiro(a) que, sendo servidor público da União ou militar das Forças Armadas, for, de ofício, exercer atividade em órgão público federal situado em outro ponto do território nacional ou no exterior, diverso da localização da organização militar do requerente. (...) § 3º Para a concessão da licença para acompanhar companheiro(a), há necessidade de que seja reconhecida a união estável entre o homem e a mulher como entidade familiar, de acordo com a legislação específica.	(...) **§ 3º Para a concessão da licença para acompanhar o companheiro, é necessário comprovar a existência da união estável.**
Lei nº 7.716/1989 Lei do Racismo		
Art. 1	Serão punidos, na forma desta Lei, os crimes resultantes de discriminação ou preconceito de raça,	crimes resultantes de discriminação ou preconceito de raça, cor, etnia, religião ou proce-

		dência nacional. Serão punidos, na forma desta Lei, os crimes resultantes de discriminação ou preconceito de raça, cor, etnia, religião ou procedência nacional, **gênero, sexo, orientação sexual e identidade de gênero.**
	cor, etnia, religião ou procedência nacional.	
Art. 3	Impedir ou obstar o acesso de alguém, devidamente habilitado, a qualquer cargo da Administração Direta ou Indireta, bem como das concessionárias de serviços públicos. Parágrafo único. Incorre na mesma pena quem, por motivo de discriminação de raça, cor, etnia, religião ou procedência nacional, obstar a promoção funcional.	(...) Parágrafo único. Incorre na mesma pena quem, por motivo de discriminação de raça, cor, etnia, religião ou procedência nacional, gênero, sexo, orientação sexual **e identidade de gênero**, obstar a promoção funcional.
Art. 4	Negar ou obstar emprego em empresa privada. § 1º Incorre na mesma pena quem, por motivo de discriminação de raça ou de cor ou práticas resultantes do preconceito de descendência ou origem nacional ou étnica	(...) § 1º Incorre na mesma pena quem, por motivo de discriminação de raça ou de cor ou práticas resultantes do preconceito de descendência ou origem nacional, étnica, **gênero, sexo, orientação sexual e identidade de gênero.**
Art. 8	Impedir o acesso ou recusar atendimento em restaurantes, bares, confeitarias, ou locais semelhantes abertos ao público. Pena: reclusão de um a três anos.	**(...) ACRESCENTAR Parágrafo único: Incide nas mesmas penas aquele que impedir ou restringir a expressão e a manifestação de afetividade em locais públicos ou privados abertos ao público de pessoas com as características previstas no art. 1º desta Lei, sendo estas expressões e manifestações permitida às demais pessoas.**
Art. 20	Praticar, induzir ou incitar a discriminação ou preconceito de raça, cor, etnia, religião ou procedência nacional. Pena: reclusão de um a três anos e multa.	Praticar, induzir ou incitar a discriminação ou preconceito de raça, cor, etnia, religião, procedência nacional, **gênero, sexo, orientação sexual e identidade de gênero**. Pena: reclusão de um a três anos e multa

REFERÊNCIAS

BRANDÃO, D. V. C. **Parcerias homossexuais: aspectos jurídicos**. São Paulo: RT, 2002.

BRASIL, Instituto Nacional de Estudos e Pesquisas Educacionais. **Pesquisa sobre preconceito e discriminação**. Brasília: INEP, 2009.

CHAVES, Mariana. **Homoafetividade e Direito. Proteção constitucional, uniões, casamento e parentalidade – um panorama luso-brasileiro**. Curitiba: Juruá. 2011.

COSTA, Ronaldo Pamplona. **Os onze sexos: as múltiplas faces da sexualidade humana**. 4ª Ed. São Paulo: Editora Gente, 1995.

DIAS, Maria Berenice. **União homoafetiva: O preconceito & a justiça**. 4ª. ed. rev. e atual. São Paulo: Ed. Revista dos Tribunais, 2009.

_____. (Coord.) **Diversidade dexual e direito homoafetivo**. Revista dos Tribunais, 2011.

_____. **Manual de Direito das famílias**. 4. ed. São Paulo: Revista dos Tribunais, 2007.

_____. **A Lei Maria da Penha na Justiça: a efetividade da Lei 11.340/2006 de combate à violência doméstica e familiar contra a mulher**. São Paulo: Revista dos Tribunais, 2008.

_____. **Conversando sobre homoafetividade**. Porto Alegre: Livraria do Advogado, 2004.

_____. **Manual das sucessões**. 2ª Ed. – São Paulo: Editora Revista dos Tribunais, 2011.

Dicionário Jurídico, Academia Brasileira de Letras Jurídicas, Forense Universitária, 8ª Edição, Rio de Janeiro, 2003.

DINIZ, Maria Helena. **Curso de Direito Civil brasileiro** – Direito de Família. 22 ed. São Paulo: Saraiva, 2007.

VENTURI, Gustavo e BOKANY, Vilma. (orgs.) **Diversidade sexual e homofobia no Brasil** – São Paulo: Editora Fundação Perseu Abramo, 2011.

GRANATO, Eunice Ferreira Rodrigues. **Adoção Doutrina e Prática – com comentários à nova Lei de Adoção**. 2ª ed., Curitiba: Juruá, 2ª ed., 2010.

MADALENO, Rolf. **Curso de Direito de Família**. Rio de Janeiro: Forense, 2011.

NEGRÃO, Theotônio; GOUVÊA, José Roberto F. com a colaboração de Luiz Guilherme Aidar Bondioli. Código de Processo Civil e legislação processual em vigor. 40ª. ed. São Paulo: Saraiva, 2008.

LANSER, Emely Agnes. Adote seu filho todos os dias. Blumenau: Novas Letras, 2007.

MARTINS, Sergio Pinto. **Direito da Seguridade Social**. 25ª – São Paulo: Atlas, 2008.

PEREIRA, Caio Mario da Silva. **Instituições de Direito Civil. Direito de Família**, v. 5, 18ª ed., Rio de Janeiro: Editora Forense, 2010.

PEREIRA, Rodrigo da Cunha. Direito de Família: uma abordagem psicanalítica. 3ª. ed. ver. e atual. Belo Horizonte: Del Rey, 2003.

_____. Princípios fundamentais norteadores do Direito de Família. Belo Horizonte: Del Rey, 2005.

_____. **Afeto, ética, família e o novo Código Civil Brasileiro**. Belo Horizonte: Del Rey, 2004.

PINHEIRO, Jorge Duarte. **O Direito da família contemporâneo**, 2ª ed., Lisboa: AAFDL, 2009

ROUDINESCO, E. (2003). **A família em desordem**. (A. Telles, Trad.). Rio de Janeiro: Zahar.

SANDEL, Michael J. Justiça – **O que é fazer a coisa certa** (tradução de Heloisa Matias e Maria Alice Máximo). Rio de Janeiro: Civilização Brasileira, 2011.

SILVA JUNIOR, Enézio de Deus. A possibilidade jurídica de adoção por casais homossexuais. 3ª. ed. rev. e atual. Curitiba: Juruá, 2008.

SIMÕES, J. A; FACCHINI, R. **Na trilha do arco-íris: do movimento homossexual ao LGBT**. São Paulo; Editora Fundação Perseu Abramo, 2009.

TEPEDINO, Gustavo. Temas de Direito Civil. 3ª. ed. Rio de Janeiro: Renovar, 2004.

VELOSO, Zeno. **Direito hereditário do cônjuge e do companheiro**. São Paulo: Saraiva. 2010.

VIEIRA, Tereza Rodrigues. **Nome e sexo:mudanças no registro civil**. São Paulo: Editora Revista dos Tribunais, 2008.

_____. **Mudança de sexo: aspectos médicos, psicológicos e jurídicos**. São Paulo: Livraria Santos Editora, 1996.

WEBER, Lidia. **Adote com carinho – um manual sobre aspectos essenciais da adoção.** Curitiba: Juruá, 2010.

Trabalhos Doutrinários não publicados:

OLIVEIRA, Caio Damian Monteiro de Castro. Trabalho de conclusão do Curso de Direito. Disponível na Biblioteca Faculdades Integradas FAFIBE, Bebedouro – SP. 2010

Endereços Eletrônicos consultados:

Ana Gerbase Advocacia: http://www.anagerbase.adv.br. Acesso em 08. 09.2009.

Presidência da República Federativa do Brasil: http://www.planalto.gov.br . Acesso em 19.09.2009.

STF - Superior Tribunal Federal. Disponível em http://www.stf.jus.br/portal/principal/principal.asp

Tribunal de Justiça do Rio Grande do Sul: http://www.tjrs.jus.br. Acesso em 05.10.2009.

Tribunal Regional Eleitoral – Santa Catarina: http://www.tre-sc.gov.br . Acesso em 05.10.2009.

ILGA – International lesbian, Gay, Bissexual, Trans and Intersex Association: http://ilga.org/ilga/pt/article/1161. Acesso em 26/05/2012.

http://www.npr.org acesso em 22/02/2012

http://oglobo.globo.com/mundo. acesso em 20/02/2012

http://portal.mte.gov.br/trab_estrang/resolucoes-recomendadas.htm

http://eur-lex.europa.eu/LexUriServ/LexUriServ.do?uri=OJ:C:2010:083:0389:0403:pt:PDF

http://www.europarl.europa.eu/sides/getDoc.do?type=REPORT&reference=A7-2012-0041&language=pt&mode=XML#title2.

http://www.stf.jus.br/portal/processo/verProcessoAndamento.

http://www.direitohomoafetivo.com.br/NoticiaView.php?idNoticia=167

http://www.stj.gov.br/portal_stj/publicacao/engine.wsp?tmp.area=398&tmp.texto=103687&tmp.area_anterior=44&tmp.argumento_pesquisa=homoafetivo

http://www.stf.jus.br/portal/processo/verProcessoAndamento. Acesso em 19.09.2009.

http://www.stj.gov.br/portal_stj/publicacao/download.wsp?tmp.arquivo=2249

http://www.arpensp.org.br/principal/index.cfm?tipo_layout=SISTEMA&url=noticia_mostrar.cfm&id=15586

http://www.ibge.gov.br/home/estatistica/populacao/censo2010/caracteristicas_da_populacao/resultados_do_universo.pdf

http://www.arpenbrasil.org.br/index.php?option=com_content&task=view&id=5406&Itemid=83.

http://www.portalconsular.mre.gov.br = Circtel 77658

http://www.stf.jus.br/portal/jurisprudenciaRepercussao/verAndamentoProcesso.asp?incidente=4100069&numeroProcesso=646721&classeProcesso=RE&numeroTema=498#

http://direitohomoafetivo.com.br/jurisprudencia.php?a=12&s=52#t

http://www.arpenbrasil.org.br/index.php?option=com_content&task=view&id=2818&Itemid=83. Acesso em 20/02/2012.

http://www.stj.gov.br/portal_stj/publicacao/engine.wsp?tmp.area=398&tmp.texto=100691. Acesso em 20/02/2012.

http://columbo2.cjf.jus.br/juris/unificada/Resposta

http://www.planalto.gov.br/ccivil_03/leis/L8213cons.htm

http://www81.dataprev.gov.br/sislex/indexpub.asp

http://www.dataprev.gov.br/servicos/pesmor/pesmor_ajuda_req.htm

http://www.caixa.gov.br/Voce/Social/Beneficios/Abono_Salarial/saiba_mais.asp

http://columbo2.cjf.jus.br/juris/unificada/Resposta

http://www.ibdfam.org.br/?clippings&clipping=4852

http://www.conjur.com.br/2010-fev-09/parceiro-mesmo-sexo-direito-receber-previdencia-privada

http://www.direitohomoafetivo.com.br/uploads_normatizacao/parecer_pgfn_cat_1053-2010%5B1%5D.pdf

http://www.ans.gov.br/texto_lei.php?id=70.

http://direitohomoafetivo.com.br/JurisprudenciaList.php?idJurisAssunto=22&idJurisSubAssunto=23

http://www.dpvatseguro.com.br

http://www.mte.gov.br/legislacao/resolucoes_normativas/2008/rn_20080129_77.pdf

http://www.portalconsular.mre.gov.br/retorno/guia-do-brasileiro-regressado-1/visto-permanente-com-finalidade-de-reunificacao-familiar/ Acesso em 10/01/2012.

http://www.arpehttp://www.ibdfam.org.br/?clippings&clipping=5284 nbrasil.org.br/index.php?option=com_content&task=view&id=6665&Itemid=96

http://www.ibdfam.org.br/?clippings&clipping=5284

http://direitohomoafetivo.com.br/JurisprudenciaList.php?idJurisAssunto=29

http://www.ibdfam.org.br/?clippings&clipping=286

http://wwhttp://direitohomoafetivo.com.br/JurisprudenciaList.php?idJurisAssunto=7w.ibdfam.org.br/?clippings&clipping=286

http://g1.globo.com/brasil/noticia/2012/02/196-presos-homossexuais--tem-visita-intima-no-brasil-aponta-levantamento.html.

http://www.conselhos.mg.gov.br/cpen/noticia/ato-resoluo-n-04-de-29-de--junho-de-2011

http://www.ufmg.br/boletim/bol1393/quinta.shtml. Acesso em 04/03/2012.

http://www.ufmg.br/boletim/bol1393/quinta.shtml

http://portal.saude.gov.br/portal/saude/visualizar_texto.cfm?idtxt=34017&janela=1

http://direitohomoafetivo.com.br/jurisprudencia.php?a=2&s=37#t.

http://www.camara.gov.br/proposicoesWeb/fichadetramitacao?idProposicao=15009. Acesso em 22/02/2012.

http://www.senado.gov.br/atividade/materia/detalhes.asp?p_cod_mate=82449. Acesso em 22/02/2011.

http://www.camara.gov.br/proposicoesWeb/fichadetramitacao?idProposicao=501425. Acesso em 22/02/2012.

http://www.stf.jus.br/portal/processo/verProcessoAndamento

http://www.ibdfam.org.br/?noticias&noticia=4704. Acesso em 26/02/2012

http://jornal.jurid.com.br/materias/noticias/justica-autoriza-mudanca-sexo-nome/idp/38075

http://tj-rs.jusbrasil.com.br/noticias/2424167/justica-estadual-autoriza-transexual-a-mudar-de-nome-sem-cirurgia-de-mudanca-de-sexo

http://www.stj.jus.br/portal_stj/publicacao/engine.wsp?tmp.area=398&tmp.texto=94241

http://www.santacasasp.org.br/museu/docs/downloads-disponiveis-roda-dos-expostos.pdf

Instituto de Pesquisa Econômica Aplicada. (2003). Levantamento Nacional dos Abrigos para Crianças e Adolescentes da Rede de Serviço de Ação Continuada (SAC) (Relatório de Pesquisa No. http://www.cnj.jus.br/noticias/cnj/18297-mais-de-37-mil-jovens-vivem-em-abrigos, acesso em 12/03/2012

http://www.cnj.jus.br/cna/View/consultaPublicaView.php

http://www.amb.com.br/mudeumdestino/docs/Manual%20de%20adocao.pdf

http://pt.wikipedia.org/wiki/Homofobia

http://pt.wikipedia.org/wiki/Homofobia

http://www.safernet.org.br/site/

http://acnudh.org/pt-br/2012/03/alta-comissaria-apresenta-relatorio-inovador-sobre-a-violencia-e-a-discriminacao-baseada-na-orientacao-sexual/

http://portal.mj.gov.br/sedh/homofobia/planolgbt.pdf

http://portal.mj.gov.br/data/Pages/MJ1BFF9F1BITEMIDCE96CA-6F346441268C752FC2837E85DBPTBRIE.htm

http://www.oestadorj.com.br/?pg=noticia&id=7544